D1695368

Reihe: Steuer, Wirtschaft und Recht · Band 313

Herausgegeben von vBP StB Prof. Dr. Johannes Georg Bischoff, Wuppertal, Dr. Alfred Kellermann, Vorsitzender Richter (a. D.) am BGH, Karlsruhe, Prof. (em.) Dr. Günter Sieben, Köln, und WP StB Prof. Dr. Norbert Herzig, Köln

Dr. Andrea Kamp

Steuercontrolling im internationalen Konzern

Aufbau eines Steuerinformationssystems

Bibliografische Information der Deutschen Nationalbibliothek

Die Deutsche Nationalbibliothek verzeichnet diese Publikation
in der Deutschen Nationalbibliografie; detaillierte bibliografische
Daten sind im Internet über <http://dnb.d-nb.de> abrufbar.

Dissertation, Universität Mannheim, 2010

ISBN 978-3-8441-0074-7
1. Auflage September 2011

© JOSEF EUL VERLAG GmbH, Lohmar – Köln, 2011
Alle Rechte vorbehalten

JOSEF EUL VERLAG GmbH
Brandsberg 6
53797 Lohmar
Tel.: 0 22 05 / 90 10 6-6
Fax: 0 22 05 / 90 10 6-88
E-Mail: info@eul-verlag.de
http://www.eul-verlag.de

**Bei der Herstellung unserer Bücher möchten wir die Umwelt schonen. Dieses
Buch ist daher auf säurefreiem, 100% chlorfrei gebleichtem, alterungsbestän-
digem Papier nach DIN 6738 gedruckt.**

Vorwort

Die vorliegende Arbeit wurde im September 2010 von der Fakultät für Betriebswirtschaftslehre der Universität Mannheim als Dissertation angenommen. Die Arbeit entstand während meiner Tätigkeit als wissenschaftliche Mitarbeiterin am Lehrstuhl für Allgemeine Betriebswirtschaftslehre und Betriebswirtschaftliche Steuerlehre II der Universität Mannheim.

Mein ganz besonderer Dank gilt meinem Doktorvater Prof. Dr. Christoph Spengel für die fachliche Betreuung dieser Arbeit, seine stetige Unterstützung und konstruktiven Anregungen, die zum erfolgreichen Abschluss dieser Arbeit beigetragen haben. Daneben danke ich Prof. Dr. Ulrich Schreiber als Korreferent für die zügige Erstellung des Zweitgutachtens sowie Prof. Dr. Hans-Wolfgang Arndt für die freundliche Übernahme der Wahlfachprüfung. Darüber hinaus danke ich allen, die das zugrundeliegende Praxisprojekt und damit die vorliegende Dissertation ermöglicht haben.

Den Kolleginnen und Kollegen am Lehrstuhl sowie am Zentrum für Europäische Wirtschaftsforschung (ZEW) möchte ich für die gute Zusammenarbeit sowie für eine sehr schöne gemeinsame Zeit danken.

Abschließend möchte ich ganz herzlich meiner Familie für ihre Unterstützung danken, vor allem meinen Eltern, die meine Vorhaben immer gefördert und mich stets ermutigt haben. Bei Michael bedanke ich mich insbesondere für das gezeigte Verständnis und die Rücksichtnahme sowie für die Aufmunterungen in anstrengenden Zeiten.

Mannheim, im Juni 2011   *Andrea Kamp*

Inhaltsübersicht

Inhaltsverzeichnis

XI

Abkürzungsverzeichnis

XIII

ETR	Konzernsteuerquote (Effective Tax Rate)
EU	Europäische Union
evtl.	eventuell
EWG	Europäische Wirtschaftsgemeinschaft
f.	folgende
ff.	fortfolgende
FR	Finanz-Rundschau
gem.	gemäß
GewStG	Gewerbesteuergesetz
ggf.	gegebenenfalls
GmbHR	GmbH Rundschau
HB	Handelsbilanz
Hrsg.	Herausgeber
IHK	Industrie- und Handelskammer
i. H. v.	in Höhe von
i. V. m.	in Verbindung mit
IStR	Internationales Steuerrecht
KapG	Kapitalgesellschaft
KStG	Körperschaftsteuergesetz
lt.	laut
n. a.	nicht anwendbar
NZG	Neue Zeitschrift für Gesellschaftsrecht

Abbildungsverzeichnis

Tabellenverzeichnis

1 Problemstellung, Zielsetzung und Aufbau der Arbeit

Zum Bereich der Führungsebene eines (internationalen) Konzerns gehört auch die Konzernsteuerabteilung. Der Aufgabenbereich der Steuerabteilung umfasst dabei Compliance Tätigkeiten, Steuerplanung und steuerlicher Beratung der Konzerngesellschaften sowie die Anlieferung steuerspezifischer Informationen an die Konzernführung bzw. weitere Abteilungen im Finanzbereich. Aufgrund der Komplexität der Anforderungen im Bereich der Steuern ist ein Steuercontrolling erforderlich, das die o. g. Tätigkeiten der Konzernsteuerabteilung unterstützt. Das Steuercontrolling übernimmt hierbei eine Informations-, Planungs- und Kontrollfunktion. Zur Erfüllung dieser Aufgaben ist eine Vielzahl von Daten erforderlich, sodass die aktuelle Herausforderung vor allem in der Informationsbeschaffung und -auswertung liegt. Das bedeutet, dass die richtigen Informationen zum richtigen Zeitpunkt verfügbar sein müssen. Hierfür sollte ein steuerliches Informationssystem eingeführt werden, das alle relevanten Daten zentral bereitstellt. Zu den relevanten Informationen gehören sowohl interne als auch externe Informationen. Interne Informationen umfassen etwa die unternehmenseigenen Daten der Gesellschaften, z. B. aus dem Rechnungswesen. Unter die externen Informationen fallen z. B. die steuerrechtlichen Vorschriften und aktuellen Steuersätze. Aufgrund des stetig ansteigenden Informationsvolumens sowie der unterschiedlichen Quellen für diese Informationen ist ein den Bedürfnissen des Konzerns angepasstes Steuerinformationssystem aufzubauen, das gleichzeitig die Kommunikation zwischen den unterschiedlichen Abteilungen eines Konzerns erleichtert.

Die Zielsetzung dieser Arbeit ist es, die Aufgaben und Ziele für ein Steuercontrolling herzuleiten und darauf aufbauend ein Konzept für ein Steuerinformationssystem zur Unterstützung der Tätigkeit einer Steuerabteilung zu entwerfen und umzusetzen. Die Arbeit war eingebunden in ein Projekt zum Steuermanagement für einen Konzern der DAX 30. Die Aufgaben, Inhalte und technischen Voraussetzungen für ein steuerliches Informationssystem wurden dabei einerseits abstrakt hergeleitet und andererseits anhand des Projekts konkretisiert. Die Umsetzung des Systems erfolgte innerhalb der Konzernsteuerabteilung des betrachteten Unternehmens und umfasst die Unterstützung der Tax Compliance.

Der Aufbau der Arbeit untergliedert sich dabei wie folgt. Im zweiten Kapitel sind die Ziele und Aufgaben sowie die funktionale Einbettung der Steuerabteilung eines internationalen Konzerns darzustellen, wobei sich zwei Aufgabenbereiche unterscheiden lassen. Kapitel 2.2 beinhaltet als ersten Bereich die laufende Beratung sowie die Compliance Tätigkeit, für die als Zielsetzung die Risikominimierung im Mittelpunkt steht. Das Kapitel beschreibt die Compliance Aufgaben anhand eines Prozessablaufs und legt somit die Grundlagen für das Steuerinformationssystem fest. Der zweite Bereich wird in Kapitel 2.3 dargestellt und betrifft die strukturelle Beratung und Steuerplanung. Diese Aufgaben richten sich an quantitativen Zielgrößen aus, sodass vorab der Steuerbarwert und die Konzernsteuerquote erläutert werden. Das Kapitel enthält die Darstellung der verschiedenen Steuerplanungsbereiche und der jeweils zu berücksichtigenden Parameter, die für ein Konzept zur Weiterentwicklung des Systems aufgegriffen werden. Das zweite Kapitel endet mit einem Fazit und begründet darin die Einführung eines Steuercontrollings, das die Ausrichtung der Tätigkeiten einer Steuerabteilung an den zuvor definierten Zielgrößen sowie an den Unternehmenszielen sicherstellt. In diesem Zusammenhang werden die Funktionen und Ziele eines Steuercontrollings definiert und die Grundlagen zur Abbildung in einem System gezeigt.

Im dritten Kapitel erfolgt der konzeptionelle Aufbau eines steuerlichen Informationssystems. Dabei werden die im Rahmen der Umsetzung zu erfüllenden Anforderungen definiert. Der Informationsbedarf ist aus den Aufgaben und Zielsetzungen der Steuerabteilung abzuleiten. Weiterhin werden die steuerrechtlichen Anforderungen zur Erfüllung der Compliance Aufgaben zusammengefasst sowie die Anforderungen an ein erforderliches Steuerbelastungs- und Planungsmodell dargestellt. Darüber hinaus sind die zu berücksichtigenden technischen Anforderungen zu beschreiben.

Das vierte Kapitel dokumentiert die konkrete Umsetzung eines Steuerinformationssystems in einem internationalen Konzern. Die Anforderungen für dieses spezifische System wurden aus der konkreten Fragestellung des Projekts und den Daten des betrachteten Konzerns abgeleitet. Insofern liegt die Restriktion zugrunde, dass nur die im Konzern vorhandenen Daten verwendet werden, woraus sich Einschränkungen gegenüber dem aufgezeigten Optimum ergeben. Die Dokumentation in Kapitel 4.1 umfasst das Compliance System und folgt dem modularen Aufbau des Informationssystems entsprechend den Aufgabenbereichen der Steuerabteilung. Für jedes Modul werden die Zielsetzungen, die eingehenden Informationen, die verarbeitenden Prozesse sowie die Auswertungen und Ergebnisse aufgezeigt. Das Kapitel 4.2 skizziert die Integration von Steuerplanungsaufgaben in das Informationssystem und beschreibt somit mögliche Erweiterungen, die auf den Ergebnissen des Projekts basieren jedoch nicht konkret umgesetzt wurden. Dabei werden die jeweils idealen Voraussetzungen für eine umfassende Datengrundlage und die Einbindung in das Unternehmenssystem aufgezeigt. Das fünfte Kapitel fasst die wichtigsten Ergebnisse der Arbeit zusammen.

2 Aufgaben, Ziele und funktionale Einbettung der Konzernsteuerabteilung

2.1 Organisatorische Struktur und Funktionsverteilung im Konzern

2.1.1 Einbindung der Steuerabteilung in die Konzernorganisation und Konzernführung

Für die Darstellung und Analyse der Aufgaben und Zielsetzungen der Steuerabteilung eines Konzerns ist vorab die Stellung dieser Abteilung innerhalb der Konzernorganisation und Konzernführung zu betrachten. In diesem Zusammenhang sind vor allem die funktionalen Verbindungen zu anderen Abteilungen sowie zur Führungsebene relevant. Als Rahmen dieser Betrachtung wird eine strategische Managementholding zugrunde-gelegt.[1] Diese Form der Konzernführung bedeutet, dass die Konzernzentrale die strategische Leitung des gesamten Konzerns übernimmt und dabei keine operativen Tätigkeiten ausübt.[2] Die Konzernzentrale besteht dabei aus der eigentlichen Konzernleitung in Form des Vorstands und der Geschäftsführer sowie aus verschiedenen Zentralbereichen. Die Aufgaben der Konzernleitung lassen sich grundsätzlich zusammenfassen in Leitungsaufgabe, Serviceaufgabe und Koordinations- und Kontrollaufgabe.[3] Die Konzernleitung einer strategischen Management-Holding übernimmt folglich als zentrales Organ die Leitungsfunktion der nationalen und internationalen Tätigkeiten.

Zu den Aufgaben gehören die Festlegung der Konzern-Strategie und die darauf aufbau-ende Portfolio-Entscheidung. Ferner obliegt dem Vorstand das Management der Führungskräfte, der Ressourcen sowie der Finanzen. Der Konzernvorstand legt zu diesen Aufgabenbereichen die strategischen Vorgaben fest, an denen sich die Konzerngesellschaften auszurichten haben. Die Konzerngesellschaften sind daher der Koordination und Kontrolle durch die Konzernleitung unterstellt. Die Zentralbereiche, auch Corporate Center genannt, übernehmen dabei bestimmte Serviceaufgaben und unterstützen die Konzernleitung bei ihren Tätigkeiten. In den Zentralbereichen sind solche Funktionen

---

[1] Diese Führungsstruktur ist im Bereich internationaler Konzerne die am weitesten verbreitete Form. Darüber hinaus lässt sich die Stellung der Steuerabteilung in dieser Struktur gut darstellen. Die Ergebnisse hieraus sind jedoch in Grundzügen auf andere Führungsformen übertragbar.

[2] Vgl. Keller, T., Holdingkonzepte, 1993, S. 53 f.; Mellewigt, T., Konzernorganisation, 1995, S. 36; Bühner, R., Konzernzentralen, 1996, S. 3; Schulte-Zurhausen, M., Organisation, 2005, S. 283.

[3] Vgl. Bühner, R., Konzernzentralen, 1996, S. 5 f. Siehe auch Keller, T., Holdingkonzepte, 1993, S. 54; Mellewigt, T., Konzernorganisation, 1995, S. 37.

zusammengefasst, die sich einerseits besonders für eine Zentralisierung auf Ebene der Konzernführung eignen[4] oder die die Eigenadministration der Holding betreffen. Geeignet für einen Zentralbereich in der Konzernholding sind vor allem bestimmte Führungsaufgaben zur Sicherstellung der Unternehmensinteressen (z. B. Konzerncontrolling, Finanzen, Konzernrechnungslegung, Konzernplanung), Funktionen, durch die Synergieeffekte genutzt werden können (z. B. Beschaffung, Forschung und Entwicklung, Technik) sowie Dienstleistungsfunktionen, die für die Konzernunternehmen erbracht werden (z. B. Öffentlichkeitsarbeit, Recht, Steuern und Versicherungen, Datenverarbeitung).[5] Die Organisationsstruktur einer strategischen Managementholding mit Zentralbereichen ist in Abbildung 1 dargestellt. Eine Zentralabteilung weist insbesondere gegenüber einer reinen Stabsabteilung den Vorteil auf, dass sie mit funktionalen Weisungsrechten ausgestattet ist.[6]

Bei einer solchen Ausgestaltung der Organisation wird der Bereich der Steuern häufig nicht als eigenständiger Zentralbereich betrachtet, sondern den Abteilungen Finanzen und Kontrolle oder Konzernadministration untergeordnet.[7] Diese Funktionen werden in der Mehrheit internationaler Konzerne mit einer strategischen Managementholding zentralisiert durchgeführt[8], sodass dies auch für die darin enthaltene Steuerabteilung gilt.[9] Im Folgenden wird daher die Einbindung der Steuerabteilung in Form einer Zentralabteilung näher betrachtet. Besonders interessant sind hierbei die Informations- und Weisungsrechte der Steuerabteilung in dieser Organisationsform. Als Zentralabteilung besitzt die Steuerabteilung weitgehende Informationsrechte mit kurzen Informationswegen sowie funktionale Weisungsrechte bei steuerrelevanten Entscheidungen gegenüber anderen Funktionsbereichen.[10]

Hinsichtlich der Weisungsrechte sind verschiedene Ausprägungen zu unterscheiden. Offensichtlich kann es bei einer umfassenden Entscheidungsbefugnis zu Konflikten mit der Konzernleitung kommen, da fast alle Entscheidungen Auswirkungen auf die Steuern haben. Daher ist das Weisungsrecht der Steuerabteilung vorwiegend auf die Informati-

[4] Siehe für eine Untersuchung verschiedener Funktionen hinsichtlich ihrer Eignung zur Zentralisierung Mellewigt, T., Konzernorganisation, 1995, S. 108 ff.
[5] Vgl. Bühner, R., Konzernzentralen, 1996, S. 8 f.; Schulte-Zurhausen, M., Organisation, 2005, S. 269 f.
[6] Vgl. Vera, A., Organisation, 2001, S. 109; Laux, H./Liermann, F., Organisation, 2003, S. 185.
[7] Siehe hierzu Rieder, H.P., Organisation, 1996, S. 56 ff.; Bühner, R., Konzernzentralen, 1996, S. 23.
[8] Vgl. Bühner, R., Konzernzentralen, 1996, S. 28, 50.
[9] Zu diesem Ergebnis kommt bereits Hebig, M., Steuerabteilung, 1984, S. 162.
[10] Vgl. Herzig, N./Vera, A., DB 2001, S. 443.

onsherausgabe beschränkt.[11] Dies bedeutet, dass andere Abteilungen der Steuerabteilung bestimmte Informationen mitzuteilen haben, anhand welcher einerseits die steuerlichen Tätigkeiten auszuüben sind und die es andererseits ermöglichen, indirekt über die Unternehmensführung bestimmte Handlungen durchzusetzen oder zu verhindern. Darüber hinaus sind erweiterte Weisungsrechte möglich, die es der Steuerabteilung erlauben, direkt in Entscheidungen anderer Bereiche einzugreifen, um z. B. eine geplante Investition aufgrund hoher steuerlicher Risiken zu verhindern.[12]

Abbildung 1: Organisationsstruktur einer strategischen Managementholding

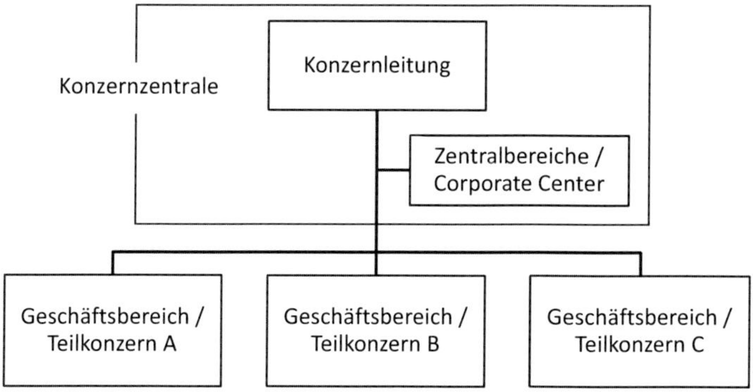

Quelle: in Anlehnung an Bühner, R., Konzernzentralen, 1996, S. 8.

Als Empfänger dieser Weisungsrechte ist vor allem das Rechnungswesen zu nennen, da zwischen diesen Abteilungen sehr enge Informationsbeziehungen bestehen. Weitere Weisungsempfänger sind die Abteilungen Finanzen, M&A, Controlling und Personal sowie die Konzerntochtergesellschaften.[13] Zur Eingrenzung der Weisungsrechte sind die Aufgaben und Zielsetzungen der Steuerabteilung heranzuziehen, sodass die Abteilung mit den zur Erfüllung dieser Aufgaben erforderlichen Rechten ausgestattet wird, jedoch nicht mit darüber hinaus reichenden Rechten, die den Gesamtablauf im Konzern aufgrund Überschneidungen behindern könnten. Insgesamt wird die Informationsgewinnung sowie die Ausübung der Weisungsrechte dadurch unterstützt, dass die Steuerabteilung einerseits eine hohe hierarchische Stellung im Unternehmen einnimmt sowie

---

[11] Siehe hierzu Herzig, N./Vera, A., DB 2001, S. 444; Vera, A., Organisation, 2001, S. 255.
[12] Vgl. Vera, A., Organisation, 2001, S. 255.
[13] Vgl. hierzu Vera, A., Organisation, 2001, S. 258 f., sowie bereits Hebig, M., Steuerabteilung, 1984, S. 151.

andererseits mit anderen Abteilungen, vor allem Bereiche, zu denen enge Informationsbeziehungen bestehen, in eine Hauptabteilung zusammengefasst wird.[14]

2.1.2 Zielsetzungen und funktionale Beziehungen der Steuerabteilung

Die Steuerabteilung ist in der Regel dem Zentralbereich Finanzen untergeordnet. Sie
übernimmt somit Aufgaben zur Unterstützung der dort ausgeführten Funktionen, z. B.
Steuerfragen im Zusammenhang mit der Gestaltung der konzerninternen Finanzierung,
der Konzernstruktur, des Transferpreissystems sowie insgesamt die steuerliche Beratung der Konzerngesellschaften.[15] Die für den Zentralbereich Finanzen geltenden Zielsetzungen stellen damit die Oberziele für die Steuerabteilung dar, sodass die Tätigkeiten
der Steuerabteilung an diesen Zielen auszurichten sind. Die im Bereich der Finanzen
verankerte Zielsetzung der Wertsteigerung wird dabei durch die Unterziele der Minimierung der Steuerbelastung, der Optimierung der Kapitalstruktur sowie der Verbesserung des Finanz-Cashflows unterstützt. In den Bereich der Steuerabteilung fallen somit
die Aufgaben der Steuerplanung und Steuerpolitik. Dabei dienen steuergestalterische
Maßnahmen in den zuvor genannten Bereichen der Minimierung der Steuerbelastung.
Eine präzise Prognose der Steuerzahlungen und somit der an das Finanzamt zu entrichtenden Steuer-Vorauszahlungen unterstützt dagegen eine Optimierung des Cashflows.

Zusätzlich zur Steuerplanung ist die Steuerabteilung jedoch auch für die Ermittlung der
Bemessungsgrundlagen, die Abwicklung des Besteuerungsverfahrens, die Prüfung von
Steuervergünstigungen, die Beteiligungs- und Vertragsprüfung, die Lohnsteuerberatung
und die Zölle verantwortlich.[16] Diese Aufgaben werden im Rahmen einer zentralen
Konzernsteuerabteilung für alle inländischen Konzerngesellschaften ausgeführt. Sie
dienen nur indirekt der Wertsteigerung des Unternehmens, als direkte Zielsetzung ist für
diesen Bereich die Risikominimierung zu nennen. Für die ausländischen Tochtergesellschaften sind für diesen Aufgabenbereich entsprechende im Ausland angesiedelte Steuerabteilungen bzw. externe Steuerberater zuständig.[17]

Zur Erfüllung dieser Aufgaben sind Weisungsrechte und Informationsbeziehungen erforderlich, die nachfolgend für die Konzernsteuerabteilung betrachtet werden. Die aus-

---

[14] Vgl. Vera, A., Organisation, 2001, S. 263, 265 ff.
[15] Vgl. Rieder, H.P., Organisation, 1996, S. 66.
[16] Siehe Hebig, M., Steuerabteilung, 1984, S. 216 ff.
[17] Siehe hierzu auch Abschnitt 2.2.3.1.

ländischen Steuerverantwortlichen sind wiederum mit eigenen für ihre Zwecke angemessenen Informationsrechten auszustatten, die hier jedoch nicht explizit genannt werden, da sie an den dargestellten Rechten der zentralen Steuerabteilung für diese Aufgaben abzuleiten sind. Als erste funktionale Beziehung ist der Austausch mit den weiteren Bereichen des Corporate Center Finanzen zu betrachten. Hierzu ist vor allem das Rechnungswesen zu nennen, zu dem aufgrund der gleichen verwendeten Datenbasis eine besonders enge Informationsbeziehung besteht.[18] Das Rechnungswesen hat der Steuerabteilung alle relevanten Daten der Gesellschaften zur Verfügung zu stellen, insbesondere die Grundlagen zur Aufstellung einer Steuerrechnung stammen aus dem Rechnungswesen. Als direkte Weisungsrechte seitens der Steuerabteilung kommen z. B. Vorgaben zur Bilanzierung oder zur Verbuchung in Betracht.[19] Eine weitere Abteilung des Finanzbereichs, mit welcher Informationsbeziehungen notwendig sind, ist das Finanzcontrolling, das für die Ergebnisplanungen und Finanzierungsströme verantwortlich ist. Die dort erarbeiteten Plandaten sind durch das Controlling auch als Grundlage für die Steuerplanung zur Verfügung zu stellen. Die Steuerabteilung hat darüber hinaus an Entscheidungen zur Finanzierung und zu Ausschüttungen mitzuwirken. Die Informationsbeziehungen bestehen jedoch auch in die andere Richtung, sodass die Steuerabteilung z. B. Informationen an das Controlling zu liefern hat. Hierzu zählen z. B. die Steuerquote, die für die Planungsrechnungen verwendet werden soll, sowie Auskünfte über die steuerliche Behandlung von Dividenden und anderen internen Finanzströmen. Weitere Weisungsrechte bestehen zur M&A-Abteilung, da beim Kauf und Verkauf von Gesellschaften oder Beteiligungen steuerliche Aspekte von besonderer Bedeutung sind und somit bei der Durchführung nicht vernachlässigt werden dürfen. Im Rahmen der Abwicklung solcher Vorgänge ist durch die Steuerabteilung insbesondere eine entsprechende Steuerklausel in den Verträgen aufzunehmen. Insgesamt sollte die Steuerabteilung in solche Projekte einbezogen werden, um steuerliche Nachteile zu vermeiden, die durch eine Umstrukturierung entstehen können, z. B. der Untergang von Verlustvorträgen.

Darüber hinaus bestehen Weisungsrechte und Informationsbeziehungen zu Bereichen außerhalb der Finanzabteilung. Hierzu gehört u.a. der Personalbereich, der vor allem Anweisungen hinsichtlich lohnsteuerlichen Fragestellungen von der Steuerabteilung

---

[18] Vgl. Hebig, M., Steuerabteilung, 1984, S. 151.
[19] Vgl. Herzig, N./Vera, A., DB 2001, S. 445.

erhält.[20] Informationsbeziehungen bestehen zusätzlich zu den Konzerntochtergesellschaften. Da die Steuerabteilung für die Bearbeitung der laufenden Steuerpflichten der inländischen Gesellschaften zuständig ist, hat sie entsprechende Informationsrechte und Weisungsbefugnisse. Die Tochtergesellschaften haben sämtliche relevanten steuerlichen Informationen zur Verfügung zu stellen, sodass Steuererklärungen und -anmeldungen erstellt werden können. Darüber hinaus kann die Steuerabteilung zu allen Konzerntöchtern Anweisungen in Bezug auf steuerliche Sachverhalte erteilen, sofern dies erforderlich ist. Hierunter fällt z. B. die Festsetzung der Verrechnungspreismargen.

Die Steuerabteilung selbst ist der Unternehmensleitung direkt unterstellt, sodass gegenüber der Konzernführung Verpflichtungen und Verantwortlichkeiten bestehen. Hierzu gehören z. B. die steuerliche Berichterstattung, Beratung im Rahmen von Unternehmensprojekten sowie die Teilnahme und Einflussnahme auf steuerpolitische Diskussionen. Die steuerliche Berichterstattung umfasst dabei die Erläuterung der Steuerposition im Jahresabschluss sowie die Erklärung zu der dort veröffentlichten Steuerquote. Darüber hinaus übernimmt die Steuerabteilung die steuerliche Beratung zu Unternehmensentscheidungen, um die steuerlichen Auswirkungen aufzuzeigen. Die Konzernführung ist weiterhin daran interessiert, inwiefern aktuelle Entwicklungen des Steuerumfelds das eigene Unternehmen betreffen, sodass die Steuerabteilung solche Informationen bereit halten muss. Zu diesem Zweck ist eine Teilnahme an entsprechenden Veranstaltungen und Diskussionen erforderlich, über die gegebenenfalls auch eine Einflussnahme auf die Steuerpolitik möglich ist. Hierunter fällt insbesondere die Zusammenarbeit mit den verschiedenen Interessenverbänden,[21] wie z. B. der BDI (Bundesverband der Deutschen Industrie), der VCI (Verband der Chemischen Industrie) oder der VDMA (Verband Deutscher Maschinen- und Anlagenbau). Vor allem größere Unternehmen sind in der Regel in den ihrer Branche angehörigen Verbänden vertreten.

Für die nachfolgende Betrachtung werden die genannten Aufgabenstellungen in zwei Hauptkategorien eingeteilt, zum einen in Compliance und laufende Beratung (Tax Compliance) und zum anderen in strukturelle Beratung und Steuerplanung (Steuerplanung).[22] Unter Compliance wird dabei allgemein die Erfüllung der steuerlichen Verpflichtungen verstanden, z. B. gegenüber dem Finanzamt. Die Steuerplanung hingegen

---

[20] Vgl. Herzig, N./Vera, A., DB 2001, S. 445.
[21] Vgl. Hebig, M., Steuerabteilung, 1984, S. 205.
[22] Siehe zu dieser Einteilung auch Franke, W., Steuerverwaltungskosten, 1980, S. 9; Vera, A., Organisation, 2001, S. 60 f.

ist auf die steuerlich optimale Gestaltung des Konzerns und der konzerninternen Beziehungen ausgerichtet. Eine detaillierte Erläuterung der darunter verstandenen Aufgaben wird in den Kapiteln 2.2 und 2.3 vorgenommen. Die vorgenommene Unterteilung der Aufgaben ist insofern sinnvoll, da sie unterschiedliche Zielsetzungen verfolgen. Der erste Bereich zur Erfüllung der Compliance Anforderungen ist hauptsächlich der Gesetzmäßigkeit und Risikominimierung zuzuordnen, wohingegen der zweite Bereich zur Steuerplanung hauptsächlich der Minimierung der Steuerbelastung zuzuordnen ist. Die Ausprägung dieser Ziele wird daher den Ausführungen zu den entsprechenden Aufgabenbereichen der Steuerabteilung vorangestellt. Das bedeutet jedoch nicht, dass diese Einteilung ausschließlich gilt, z. B. ist auch in der Steuerplanung eine Risikominimierung hinsichtlich der Steuergestaltung enthalten.

Die Arbeit ist im Hinblick auf das Steuerinformationssystem so aufgebaut, dass die Tax Compliance mit der dort enthaltenen Steuerrechnung die Grundlage für die Aufgaben der Steuerplanung bildet. Da für die Steuerplanung lediglich die Ertragsteuern betrachtet werden, wird die Darstellung der Steuerrechnung und der Tax Compliance ebenfalls auf die Ertragsteuern begrenzt.[23]

2.2 Tax Compliance

2.2.1 Definition und rechtliche Verankerung der Tax Compliance

Zur Definition der Tax Compliance ist vorab der Begriff Compliance zu bestimmen. Compliance hat vielseitige Bedeutungen, wobei in dem hier verwendeten Zusammenhang die Übersetzung mit Einhaltung oder Befolgung zugrunde gelegt wird. Daraus entstanden ist der Begriff Corporate Compliance, der heutzutage in jedem Unternehmen vorzufinden ist. Dieser aus dem englischsprachigen Raum stammende Begriff wird nicht direkt übersetzt und bedeutet ganz allgemein „das Einhalten von Gesetzen und Vorschriften im Unternehmen".[24] Darüber hinaus bedeutet Corporate Compliance jedoch vor allem die organisatorische Umsetzung der Gesetzesbefolgung anhand eines

---

[23] Die Aufgaben der Steuerabteilung umfassen grundsätzlich neben der Verantwortung für die Ertragsteuern auch die Verkehr- und Substanzsteuern, wie z. B. die Umsatzsteuer und die Grundsteuer.
[24] Vgl. hierzu Streck, M./Binnewies, B., DStR 2009, S. 229; Kort, M., NZG 2008, S. 81; Lösler, T., NZG 2005, S. 104.

11

Sicherungssystems.[25] Dies bedeutet, dass neben der Zielsetzung der Gesetzesbefolgung die Aufgabenerfüllung hinsichtlich der Compliance durch eine entsprechende Organisation zu unterstützen ist.[26] Die allgemeine Corporate Compliance umfasst dabei sämtliche Rechtsgebiete, mit denen ein Unternehmen in Berührung kommt. Durch die Einhaltung der Regeln und Vorschriften werden negative Konsequenzen vermieden, sodass der Compliance eine Risikobegrenzungsfunktion sowie eine Kontrollfunktion zukommt.[27] Die Forderung nach Gesetzeskonformität sowie nach einem damit verbundenen Risikomanagement ist bereits in verschiedenen Bestimmungen und Gesetzen verankert. Insbesondere enthält der von einer Regierungskommission entwickelte Deutsche Corporate Governance Kodex in der Neufassung 2007 die folgende Formulierung: „Der Vorstand hat für die Einhaltung der gesetzlichen Bestimmungen und der unternehmensinternen Richtlinien zu sorgen und wirkt auf deren Beachtung durch die Konzernunternehmen hin (Compliance)".[28] Diese Umschreibung dient als Grundlage einer allgemeinen Definition und verdeutlicht, dass Compliance als Bestandteil guter Corporate Governance gilt und somit eine wichtige Bedeutung im Unternehmen erzielt.[29] Darüber hinaus wird die Einrichtung eines Überwachungssystems sowohl durch das Aktiengesetz als auch durch internationale Vorschriften wie z. B. den Sarbanes-Oxley Act (SOA) gefordert.[30] Das Aktiengesetz enthält in § 91 Abs. 2 die Vorgabe, ein Risikofrühwarn- und Überwachungssystem einzurichten, über das im Rahmen der Corporate Governance berichtet wird. Die mit diesem System verbundenen Berichtspflichten sind aufgrund Ziffer 3. 4. Abs. 2 Deutscher Corporate Governance Kodex um Informationen zur Compliance zu ergänzen.[31] Compliance steht daher in enger Verbindung zum Aufbau eines Risikomanagement-, Frühwarn- und Informationssystems.[32] Für internationale Unternehmen, die an der US-Börse gelistet sind, beinhaltet der Sarbanes-Oxley Act die Pflicht zur Aufstellung eines internen Kontrollsystems, das insbesondere Fehlinformati-

---

[25] Vgl. Schneider, U.H., ZIP 2003, S. 646; Mengel, A./Hagemeister, V., BB 2006, S. 2466; Streck, M./Binnewies, B., DStR 2009, S. 229; Jäger, A./Rödl, C./Campos Nave, J.A., Compliance, 2009, S. 75, 80.

[26] Vgl. Vetter, E., Compliance, 2009, S. 33.

[27] Vgl. Bergmoser, U./Theusinger, I./Gushurst, K.-P., BB 2008, S. 2; Vetter, E., Compliance, 2009, S. 35.

[28] Deutscher Corporate Governance Kodex Ziffer 4.1.3.

[29] Vgl. Schneider, U.H., ZIP 2003, S. 647; Vetter, E., DB 2007, S. 1963; Bürkle, J., BB 2007, S. 1797; Kort, M., NZG 2008, S. 84.

[30] Vgl. hierzu Wessing, J., SAM 2007, S. 176 f.; Bergmoser, U./Theusinger, I./Gushurst, K.-P., BB 2008, S. 2 ff.

[31] Vgl. Vetter, E., DB 2007, S. 1964; Bürkle, J., BB 2007, S. 1800. Siehe auch Hüffer, U., NZG 2007, S. 49 f.

[32] Vgl. Lösler, T., NZG 2005, S. 105; Vetter, E., Compliance, 2009, S. 35.31.

onen in der Finanzberichterstattung vermeiden soll (SOA Section 404).[33] Ein solches Kontrollsystem soll die Richtigkeit und Vollständigkeit der Jahresabschlüsse entsprechend den Rechnungslegungsvorschriften sicherstellen, sodass diese Aufgabe ebenfalls dem Gedanken der Compliance entspricht.[34]

Dieses übergeordnete Prinzip der Corporate Compliance bezieht sich wie bereits erwähnt auf alle Rechtsgebiete und beinhaltet im Grundsatz daher auch das Steuerrecht, sodass die sog. Tax Compliance einen Unterbegriff zur Corporate Compliance darstellt.[35] Unter Tax Compliance wird speziell die Befolgung und Erfüllung der steuerrechtlichen Vorschriften und Gesetze verstanden.[36] Im nationalen Kontext zählen hierzu die einschlägigen Steuergesetze zu den verschiedenen Steuerarten, die Abgabenordnung, die hierzu ergangenen Verwaltungsvorschriften und Richtlinien sowie die für das Unternehmen relevante Rechtsprechung.[37] Die steuergesetzlichen Vorgaben können folglich in die zwei Bereiche der formellen und der materiellen Steuergesetze unterteilt werden. Zum einen gehört es zur Tax Compliance, die Pflichten eines Steuerpflichtigen gegenüber der Finanzverwaltung, z. B. die Abgabe von Steuererklärungen, die Einhaltung von Fristen, die Erfüllung der Dokumentationsanforderungen usw., zu erfüllen.[38] Zum anderen beinhaltet die Tax Compliance die korrekte Anwendung der Steuergesetze hinsichtlich der Ermittlung der Steuerbemessungsgrundlagen. Zu diesen materiellen Steuergesetzen gehören z. B. das Einkommensteuergesetz, das Körperschaftsteuergesetz sowie das Gewerbesteuergesetz. Im Bereich der Ertragsteuern geht es um die Überprüfung der Betriebseinnahmen und Betriebsausgaben und dabei auch um die steuerfreien Erträge und nicht abzugsfähigen Ausgaben sowie darüber hinaus um Aktivierungen und Passivierungen in der Steuerbilanz.[39]

Analog zur Corporate Compliance ist auch für den steuerlichen Bereich eine Organisation aufzubauen, die die Einhaltung der Steuergesetze unterstützt und gewährleistet.[40] Das Ziel eines solchen Überwachungs- und Informationssystems und somit der Tax Compliance ist die Vermeidung von steuerlichen Risiken. Aus welchen Bereichen die

---

[33] Vgl. Büssow, T./Taetzner, T., BB 2005, S. 2437; Salzberger, W., IStR 2008, S. 555.
[34] Vgl. hierzu Büssow, T./Taetzner, T., BB 2005, S. 2438 f.
[35] Vgl. Streck, M./Binnewies, B., DStR 2009, S. 229; Vetter, E., Compliance, 2009, S. 40 f.
[36] Vgl. Künstler, T./Seidel, F., Compliance, 2009, S. 244.
[37] Vgl. Petrak, L./Schneider, J., BC 2008, S. 11; Streck, M./Binnewies, B., DStR 2009, S. 232.
[38] Vgl. Büssow, T./Taetzner, T., BB 2005, S. 2443.
[39] Vgl. Streck, M./Binnewies, B., DStR 2009, S. 232.
[40] Vgl. Wessing, J., SAM 2007, S. 175.

verschiedenen Steuerrisiken entstehen und welche Konsequenzen daraus drohen wird im folgenden Kapitel 2.2.2. erläutert.

2.2.2 Reduzierung steuerlicher Risiken als Zielsetzung der Tax Compliance

Im Rahmen der laufenden Tätigkeit einer Steuerabteilung[41] sind verschiedene steuerliche Risiken auszumachen. Der Steuerabteilung kommt daher die Aufgabe eines Steuerrisikomanagements zu, für dessen Grundlage die Ursachen und Bereiche der möglichen Risiken festzulegen sind.[42] Die Steuerrisiken lassen sich dabei in externe und interne Risiken unterteilen.

Zu den externen Risiken zählen Änderungen im Steuerrecht sowie Unsicherheiten über die Anwendung der Gesetze.[43] Als externes Umfeldrisiko sind diese Faktoren nicht vom Unternehmen zu beeinflussen. Risiken für das Unternehmen entstehen insofern, dass Steuerrechtsänderungen berücksichtigt werden müssen bzw. auf diese Änderungen reagiert werden muss. Eine neue oder veränderte steuerliche Vorschrift kann sich für das Unternehmen in der momentanen Struktur nachteilig auswirken, sodass eine Anpassung der Struktur notwendig wird. Vor allem ist jedoch eine neue Rechtslage in den laufenden Aufgaben umzusetzen, um einen Verstoß gegen das Steuerrecht zu vermeiden. Im Zusammenhang mit steuerrechtlichen Vorschriften verbleibt teilweise Unsicherheit darüber, wie diese anzuwenden oder auszulegen sind, sodass hier ebenfalls Risiken entstehen. Zur Reduzierung dieser Risiken muss vor allem Kenntnis über jegliche Änderungen der Steuergesetze sowie über Richtlinien und Urteile bestehen. Darüber hinaus sind die Konsequenzen für das Unternehmen zu bestimmen, damit ein ggf. erforderlicher Handlungsbedarf erkannt wird.

Als interne Risiken lassen sich Prozessrisiken und Informationsrisiken definieren.[44] Hierbei handelt es sich um Risiken, die aus dem internen Ablauf der steuerlichen Tätigkeiten entstehen und somit durch das Unternehmen beeinflussbar sind. Im Rahmen des Prozessrisikos können Nachteile dadurch entstehen, dass die steuerlichen Pflichten ge-

---

[41] Hiervon abgegrenzt werden aperiodische Vorgänge eines Unternehmenskaufs, die wiederum eigene Steuerrisiken beinhalten. Auf solche Steuerrisiken wird in der folgenden Betrachtung nicht eingegangen.

[42] Vgl. Salzberger, W., IStR 2008, S. 556.

[43] Vgl. Röthlisberger, R./Zitter, G., ST 2005, S. 297; siehe auch Schneeloch, D., Steuerpolitik, 2002, S. 9 f.

[44] Vgl. Röthlisberger, R./Zitter, G., ST 2005, S. 297.

14

genüber der Finanzverwaltung verletzt werden oder die in den steuerlichen Regelungen enthaltenen Fristen nicht eingehalten werden.[45] Beispiele hierzu sind fehlerhafte oder verspätete Steuererklärungen sowie zu spät erhobene Rechtsbehelfe. Ebenfalls zu den Prozessrisiken gehören unzureichende Dokumentationen, die zu bestimmten Sachverhalten verlangt werden. Entspricht die Dokumentation z. B. zu Verrechnungspreisen nicht den Vorgaben, so kann eine Nichtanerkennung der angesetzten Preise sich nachteilig für das Unternehmen auswirken. Die genannten Informationsrisiken können dazu führen, dass Entscheidungen aufgrund unrichtiger Annahmen getroffen werden, d. h. dass die zugrundeliegenden Informationen nicht den tatsächlichen Gegebenheiten entsprechen und somit zu Fehlentscheidungen führen.

Die Konsequenzen aus den beschriebenen Risiken können dabei unterschiedlicher Art sein. Es lassen sich drei Kategorien einteilen, die einander jedoch nicht ausschließen. Es sind vor allem finanzielle Nachteile zu erwarten, zusätzlich jedoch auch strafrechtliche Konsequenzen sowie darüber hinaus Auswirkungen auf die Reputation des Unternehmens.[46]

Die finanziellen Nachteile resultieren dabei vor allem aus einer zu hohen Steuerzahlung, z. B. falls im Rahmen des Besteuerungsverfahrens unrichtige Erklärungen zum Nachteil des Unternehmens abgegeben werden bzw. Sachverhalte aufgrund unzureichender Dokumentationen steuerlich nicht anerkannt werden (Verrechnungspreise). Bei Nichtabgabe der Steuererklärung sind zusätzlich Steuerschätzungen möglich, die in der Regel zu einer höheren Steuerfestsetzung führen, als sie tatsächlich angefallen wäre.[47] Weitere finanzielle Nachteile können aus steuerlichen Nebenleistungen sowie Geldstrafen entstehen.[48] Steuerliche Nebenleistungen werden von der Finanzverwaltung erhoben z. B. für die verspätete Abgaben von Steuererklärungen (Verspätungszuschläge nach § 152 AO) oder für verspätete Steuerzahlungen (Säumniszuschläge nach § 240 AO).[49] Ebenso kann die Finanzverwaltung Zinsen festsetzen, wenn die ursprüngliche Steuerzahlung aufgrund der Angaben durch das Unternehmen geringer ausgefallen ist, als die im Rahmen der späteren Betriebsprüfung ermittelte Steuerlast. Zu der Steuernachzahlung sind dann noch Zinsen fällig, sodass der Liquiditätsvorteil aufgehoben wird. Weiterhin kön-

---

[45] Siehe hierzu Künstler, T./Seidel, F., Compliance, 2009, S. 253 ff.
[46] Vgl. zu dieser Einteilung Röthlisberger, R./Zitter, G., ST 2005, S. 298.
[47] Vgl. Petrak, L./Schneider, J., BC 2008, S. 12.
[48] Vgl. Petrak, L./Schneider, J., BC 2008, S. 13.
[49] Vgl. Arndt, H.-W., Steuerrecht, 2002, S. 41.

nen Geldstrafen im Rahmen eines Straf- oder Bußgeldverfahrens festgesetzt werden.[50] Diese beruhen auf dem Tatbestand einer Steuerstraftat (z. B. Steuerhinterziehung § 370 AO) oder Steuerordnungswidrigkeit (z. B. leichtfertige Steuerverkürzung nach § 378 AO).[51]

Darüber hinaus können im Rahmen eines Rechtsbehelfsverfahrens oder eines Strafverfahrens Prozesskosten entstehen, die die bisher genannten finanziellen Belastungen zusätzlich erhöhen. Solche Kosten können durch Abgabe einer vollständigen und richtigen Steuererklärung sowie durch korrekte Anwendung der Steuergesetze vermieden werden. Andererseits widerspricht ein Steuerstreit in Form von Rechtsbehelfsverfahren nicht grundsätzlich der Tax Compliance, wenn dadurch bestimmte Strukturen und Gestaltungen durchgesetzt und damit ein Steuervorteil erreicht werden kann.[52]

Neben diesen finanziellen Auswirkungen sind im Fall eines Strafverfahrens auch mit strafrechtlichen Konsequenzen zu rechnen. Kommt es tatsächlich zu einem Verfahren, so ist darüber hinaus auch der Ruf des Unternehmens geschädigt. Die genannten steuerlichen Risiken sind durch eine in Kapitel 2.2.1. definierte Tax Compliance Organisation zu minimieren. Bei dieser Betrachtung wird häufig die Vermeidung steuerstrafrechtlicher Risiken in den Vordergrund gestellt.[53] Wie jedoch gezeigt wurde sind die finanziellen Risiken aus dem laufenden Besteuerungsverfahren nicht zu vernachlässigen. Ein relevanter Risikobereich ist darüber hinaus die steuerliche Betriebsprüfung, die zu einem steuerlichen Mehrergebnis und damit zu Steuernachzahlungen führen kann. Eine gute Compliance könnte in diesem Zusammenhang zu Vorteilen und einer Risikoreduzierung führen, wenn die Finanzverwaltung ein entsprechendes Anreizsystem aufbaut.[54] In einem solchen System würden die Unternehmen aufgrund ihrer Compliance-Bewertung in Risikokategorien eingestuft, sodass durch eine gute Compliance-Erfüllung eine niedrigere Risikostufe erreicht wird und dadurch seltener eine Außenprüfung durchgeführt wird.

Insgesamt ist zur Reduzierung der dargestellten externen Risiken ein Informationssystem einzusetzen, das neben den aktuellen Steuergesetzen und ihrer Auslegung ebenfalls Erwartungen über künftige Rechtsprechungen und Steuerrechtsänderungen bereitstellt.

---

[50] Vgl. Wessing, J., SAM 2007, S. 178.
[51] Vgl. Petrak, L./Schneider, J., BC 2008, S. 12f.; Künstler, T./Seidel, F., Compliance, 2009, S. 247 ff.
[52] Vgl. Streck, M./Binnewies, B., DStR 2009, S. 232.
[53] Vgl. Streck, M./Binnewies, B., DStR 2009, S. 231.
[54] Siehe hierzu Huber, E./Seer, R., StuW 2007, S. 358 f.

Um solche Änderungen antizipieren zu können, sind politische Diskussionen, Publikationen der Verbände und Kammern sowie Fachzeitschriften zu verfolgen.[55] Eine entsprechende Compliance Organisation hat demnach zu bestimmen, wer für die Beschaffung dieser Informationen verantwortlich ist und inwiefern solche Informationen an die zuständigen Stellen kommuniziert werden.[56] Zusätzlich ist ein internes Informationssystem notwendig, um die Risiken aus unrichtigen oder unvollständigen Informationen zu reduzieren. Steuerliche Entscheidungen sowie die steuerlichen Pflichten erfordern bestimmte Informationen und Daten über die Konzernunternehmen, die den entsprechenden Stellen zur Verfügung gestellt werden müssen. Um Fehlentscheidungen und Fehler in der Compliance Erfüllung zu vermeiden, sind die relevanten Daten vollständig und korrekt in das Informationssystem aufzunehmen. Dies ist ebenfalls durch eine entsprechende Organisation zu gewährleisten. Der dritte genannte Risikobereich stammt aus dem Prozessablauf. Eine Reduzierung des Risikos bezogen auf den Arbeitsablauf kann durch ein Überwachungssystem erreicht werden. Hierbei handelt es sich um ein relativ leicht zu kontrollierendes Risiko, das durch eine gute Organisation der Tätigkeiten minimiert werden kann. Die zu erfüllenden Pflichten und einzuhaltenden Fristen sind bekannt, sodass diese als Soll-Größen in einem Überwachungssystem erfasst werden können. Über einen Vergleich mit dem Ist-Zustand werden sofort die Bereiche aufgezeigt, in denen Handlungsbedarf besteht. In dem nachfolgenden Kapitel wird ein typischer Ablauf der Aufgaben im Zusammenhang mit der Erfüllung der steuerlichen Pflichten dargestellt. Dieser Compliance Prozess bildet wiederum die Grundlage für die in Kapitel 4.1 gezeigte Umsetzung eines steuerlichen Informationssystems.

2.2.3 Aufgaben im Rahmen der Compliance-Erfüllung

2.2.3.1 Übersicht des Compliance Prozesses

Tax Compliance konkretisiert sich im Rahmen des jeweiligen Steuerrechts eines Staates. Man kann jedoch festhalten, dass der Besteuerungsprozess und die sich daraus ergebenden grundsätzlichen Pflichten für die Steuerpflichtigen und damit für die Unternehmen (z. B. die Erstellung einer Steuererklärung) in vielen Ländern vergleichbar sind,

---

[55] Vgl. Schneeloch, D., Steuerpolitik, 2002, S. 11.
[56] Vgl. Wessing, J., SAM 2007, S. 180 f.; Streck, M./Binnewies, B., DStR 2009, S. 231.

sodass der Compliance Prozess im Grundsatz in jedem Land vergleichbar abläuft. Unterschiede bestehen jedoch hinsichtlich der Steuerarten, der materiellen Steuergesetze und der Ermittlung der Bemessungsgrundlagen, sodass für die Durchführung der Tax Compliance Spezialwissen des jeweiligen Steuerrechts erforderlich ist. Aus diesem Grund sind die Compliance Aufgaben lokal zu erfüllen, sodass für jedes Land ein eigener Bereich Tax Compliance aufzubauen ist. Der nachfolgend dargestellte Prozess zeigt den allgemeingültigen Ablauf mit Verweisen und Beispielen aus dem deutschen Steuerrecht. Der Umfang der unter diesem Prozess zu erfassenden Gesellschaften bestimmt sich danach, welche Gesellschaften den jeweiligen steuerlichen Pflichten unterliegen. Dies sind in der Regel die im Inland ansässigen Gesellschaften, die nach § 1 KStG (Kapitalgesellschaften) der unbeschränkten Steuerpflicht unterliegen. Hinzu kommen im Einzelfall Personengesellschaften, bei denen sich die Steuerpflicht auf Ebene der Gesellschafter (§ 15 EStG i. V. m. § 1 EStG oder § 1 KStG) ergibt. Wird die Tax Compliance eines Konzerns jeweils zentral in einem Land durchgeführt, werden folglich im Rahmen einer deutschen Steuerabteilung die Compliance Aufgaben für alle in Deutschland ansässigen Gesellschaften bzw. Gesellschafter erfüllt.

Der Prozess zur Erfüllung der Compliance Aufgaben lässt sich anhand des allgemeinen Besteuerungsverfahrens ableiten, welches in Abbildung 2 veranschaulicht wird. Entsprechend der für diese Arbeit erfolgten Eingrenzung auf die Ertragsteuern wird in diesem Teil das Besteuerungsverfahren anhand der Ertragsteuern gezeigt. An dem Besteuerungsverfahren sind der Steuerpflichtige sowie das Finanzamt beteiligt (§ 78 AO).[57] Der Compliance Prozess stellt dabei die Aufgaben und Pflichten auf Seiten des Steuerpflichtigen dar. Dem eigentlichen Besteuerungsverfahren vorgelagert ist die Erstellung einer Steuerrechnung zum Jahresabschluss. Die Steuerrechnung enthält jedoch die Grundlagen für den Besteuerungsprozess und ist daher eng mit den weiteren Aufgaben verknüpft, sodass dieser Schritt für die weitere Betrachtung ebenfalls in den Compliance Prozess eingebunden wird. Das Besteuerungsverfahren beginnt mit der Abgabe der Steuererklärung durch den Steuerpflichtigen. Dem folgt auf Seiten des Finanzamts das Veranlagungsverfahren, das sich aus dem Ermittlungsverfahren und dem Festsetzungsverfahren zusammensetzt.[58] Im Rahmen des Ermittlungsverfahrens hat das Finanzamt den Sachverhalt zu ermitteln, hierzu sind die §§ 85 - 100 AO für die zu beachtenden

---

[57] Vgl. Arndt, H.-W., Steuerrecht, 2002, S. 35.
[58] Zum Ablauf des Besteuerungsverfahrens siehe Arndt, H.-W., Steuerrecht, 2002, S. 52 ff.; Ax, R./Große, T./Melchior, J., Abgabenordnung, 2007, S. 182; Birk, D., Steuerrecht, 2008, S. 137.

Besteuerungsgrundsätze und die zu erhebenden Beweismittel heranzuziehen. Das Festsetzungsverfahren nach § 155 ff. AO in Verbindung mit den §§ 118 ff. und 179 ff. AO schließt diesen Vorgang mit der Erstellung und Bekanntgabe der Steuerbescheide ab. Hieraus ergibt sich der nächste Schritt im Compliance Prozess des Unternehmens, nämlich die Prüfung der eingehenden Steuerbescheide. Die nach §§ 122 und 124 AO durch das Finanzamt bekanntgegebenen Steuerbescheide sind durch das Unternehmen bzw. den Steuerpflichtigen dahingehend zu prüfen, ob das Finanzamt die Sachverhalte korrekt ermittelt und die Steuer entsprechend festgesetzt hat. Dieser Schritt ist zwar nicht zwingend durch ein Gesetz vorgeschrieben, ergibt sich jedoch aus den eigenen Interessen des Unternehmens. An diesen Prozessschritt gekoppelt sind die ggf. erforderlichen Korrekturverfahren, Rechtsbehelfsverfahren oder Klageverfahren. In diesen Verfahren sind sowohl der Steuerpflichtige als auch das Finanzamt tätig zu werden. Das Besteuerungsverfahren endet mit dem Erhebungsverfahren (§ 218 ff. AO) zur Erfüllung bzw. Geltendmachung der Steueransprüche, d. h. mit der Zahlung der Steuer durch den Steuerpflichtigen.[59] Zum Besteuerungsverfahren gehört ebenfalls die Außenprüfung oder steuerliche Betriebsprüfung.[60] Da diese meist zeitlich nachgelagert stattfindet, stellt die steuerliche Betriebsprüfung in der folgenden Betrachtung den letzten Schritt des Compliance Prozesses dar.

Dem gesamten Besteuerungsverfahren und den darin enthaltenen Aufgaben des Steuerpflichtigen liegen die allgemeinen und erweiterten Mitwirkungspflichten der Beteiligten zugrunde, die in der Abgabenordnung in den §§ 90, 93 und 97 AO verankert sind. Diese Mitwirkungspflichten stellen sicher, dass der Steuerpflichtige alle relevanten Auskünfte und Unterlagen zur Ermittlung und Festsetzung der Steuer zur Verfügung stellt. Die Tax Compliance umfasst folglich auch die Mitwirkungspflichten. Diese Pflichten sind in der Erfüllung der anhand des nachfolgend beschriebenen Prozesses zu leistenden Aufgaben bereits enthalten und werden dort nicht separat betrachtet. Es ergeben sich hieraus jedoch spezielle Dokumentationsanforderungen im Hinblick auf ein steuerliches Informationssystem, sodass die relevanten Mitwirkungspflichten im Rahmen der steuerrechtlichen Anforderungen in Kapitel 3.2 näher betrachtet werden und daraus die erforderlichen Dokumentationen abgeleitet werden.

---

[59] Vgl. Ax, R./Große, T./Melchior, J., Abgabenordnung, 2007, S. 400; Birk, D., Steuerrecht, 2008, S. 137.
[60] Vgl. Keller, C., SteuerStud 2009, S. 300.

Abbildung 2: Ablauf des Besteuerungsverfahrens

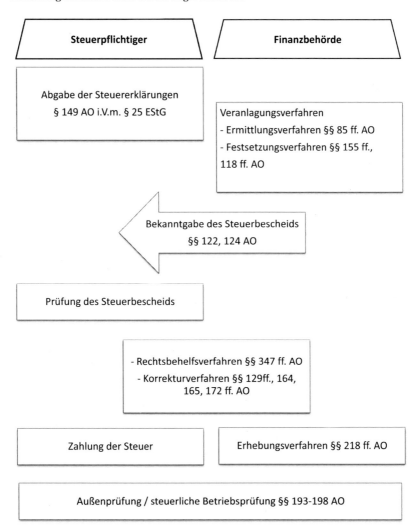

Quelle: in Anlehnung an Ax, R./Große, T./Melchior, J., Abgabenordnung, 2007, S. 4.

Die aufgezeigten Prozessschritte auf Seiten des Unternehmens bzw. des Steuerpflichtigen sind nachfolgend näher erläutert. Die Compliance Aufgaben sind jeweils für ein Wirtschaftsjahr zu erfüllen, jedoch erstreckt sich der Ablauf des Prozesses für einen Veranlagungszeitraum über mehrere Jahre. Daraus ergibt sich, dass der Prozess für das nächste Wirtschaftsjahr startet während das vorangehende Wirtschaftsjahr noch nicht abgeschlossen ist. Der Compliance Prozess läuft folglich parallel für mehrere Wirtschaftsjahre, jeweils um ein Jahr versetzt. Aufgrund des mehrjährigen Prozesszeitraums und der parallel verlaufenden Prozesse sind Interdependenzen und Rückwirkungen möglich, die sich einerseits innerhalb der Prozesskette eines Wirtschaftsjahres auswirken, andererseits aber auch zwischen den verschiedenen Wirtschaftsjahren auftreten, sodass durch die Bearbeitung eines Jahres Auswirkungen auf andere Jahre entstehen, die wiederum dort berücksichtigt werden müssen. Hierdurch entsteht eine Komplexität, die die Steuerabteilung bei der Durchführung der Compliance Aufgaben zu beachten hat.

2.2.3.2 Durchführung der Steuerrechnung

Zu Beginn der Compliance Aufgaben steht die Ertragsteuerrechnung, die dem eigentlichen Besteuerungsverfahren vorgelagert ist. Die Steuerrechnung wird im Rahmen des Konzern-Jahresabschlusses zur Ermittlung der Steuerrückstellung erstellt und umfasst die Gewerbesteuer und die Körperschaftsteuer einschließlich Solidaritätszuschlag. Das bedeutet, dass die Steuerrechnung bereits zu Beginn des Folgejahres durchgeführt wird. An der Steuerrechnung für den Jahresabschluss können mehrere Abteilungen beteiligt sein, z. B. das für den Jahresabschluss zuständige Rechnungswesen und die Steuerabteilung. Da die eigenständige Steuerpflicht von Gesellschaften bei Konzernsachverhalten bestehen bleibt, ist in einem Konzern für jede Gesellschaft eine eigene Steuerrechnung zu erstellen. Dabei sind die jeweiligen Konzern- und Organschaftbeziehungen zu berücksichtigen, d. h. die konzerninternen Zahlungsströme und Gewinnabführungen sind bei den betroffenen Gesellschaften zu erfassen. Im Ergebnis ist anschließend eine gesamte Konzernsteuerbelastung zu bestimmen, d. h. die Einzelrechnungen sind zu einer konsolidierten Steuerrechnung zusammenzufassen. Für den Fall eines Organkreises ist die Steuerlast bereits auf Ebene der obersten Muttergesellschaft enthalten. Da die Compliance Tätigkeit der inländischen Steuerabteilung auf die inländischen Gesellschaften beschränkt ist, sind auch für die Steuerrechnung lediglich die im Inland steuerpflichtigen Gesellschaften zu berücksichtigen.

Für die Erstellung der Steuerrechnung sind zwei verschiedene Arten von Informationen notwendig, zum einen die steuerrechtlichen Vorschriften zur Bestimmung des Einkom-

mens und zum anderen die Bewegungsdaten der Gesellschaften, die in das zu ermitteln-
de Einkommen einfließen. Die Daten der Gesellschaften stammen in der Regel aus dem
Rechnungswesen und werden im Rahmen des Jahresabschlusses zusammengestellt. Die
steuerlichen Vorschriften zur Bestimmung der Bemessungsgrundlage sowie der Steuerlast sind hingegen in einem Berechnungsformular für die Steuerrechnung enthalten, das
entweder innerhalb der Steuerabteilung, innerhalb des Rechnungswesens oder gemeinsam verwaltet wird. Für den Prozessschritt der Steuerrechnung sind die Gesellschaftsdaten in das Berechnungsformular einzutragen, sodass daraus die Steuerbelastung ermittelt werden kann. Die Zusammenstellung der relevanten Daten kann sowohl durch die
Steuerabteilung als auch durch das Rechnungswesen erfolgen, wobei innerhalb der
Steuerabteilung eine Prüfung der Ergebnisse auf Plausibilität vorzunehmen ist. Nach
dieser Prüfung wird aus der Steuerrechnung die noch zu bildende Steuerrückstellung
ermittelt und im Jahresabschluss berücksichtigt. Die Steuerrechnung zum Jahresabschluss ist hiermit abgeschlossen und bildet eine von mehreren möglichen Versionen
einer Steuerrechnung. Zusätzliche Steuerrechnungen sind im weiteren Verlauf des
Compliance Prozesses denkbar, z. B. im Rahmen der Anfertigung der Steuererklärung.
Da die verschiedenen Versionen zu unterschiedlichen Zeitpunkten berechnet werden,
fließen jeweils aktuelle Zahlen und neue Erkenntnisse ein, sodass die Ergebnisse der
Steuerrechnung abweichen können. Darüber hinaus wird eine Steuerrechnung benötigt,
um die Auswirkungen der Betriebsprüfung oder von Steueränderungen abzuschätzen.
Hierzu zählen auch Versionen zur Steuerplanung und zur Simulation von strukturellen
Veränderungen.

2.2.3.3 Erstellen der Steuererklärungen

Der zweite Prozessschritt ist die Erstellung und Abgabe der Steuererklärungen und leitet
das zuvor dargestellte Besteuerungsverfahren ein. Die Verpflichtung zur Abgabe von
Steuererklärungen ist in den materiellen Steuergesetzen (z. B. § 25 EStG) sowie in der
Abgabenordnung in § 181 AO für die Erklärungen zur gesonderten Feststellung verankert.[61] Steuerpflichtige in diesem Sinne sind alle im Inland ansässigen Gesellschaften
im Rahmen der unbeschränkten oder beschränkten Steuerpflicht, sodass jede inländische Gesellschaft eine Steuererklärung abzugeben hat. Frist, Form und Inhalt zur Abga-

---

[61] Vgl. Ax, R./Große, T./Melchior, J., Abgabenordnung, 2007, S. 252.

be einer Steuererklärung sind in den §§ 149 ff. AO geregelt. Danach ist eine auf ein Kalenderjahr bezogene Steuererklärung fünf Monate nach Ablauf des entsprechenden Kalenderjahres abzugeben (§ 149 Abs. 2 AO). Diese Frist wird jedoch regelmäßig verlängert, sodass die Steuererklärungen über einen längeren Zeitraum bis zu einem Jahr verzögert abgegeben werden. Eine Steuererklärung ist grundsätzlich schriftlich und nach amtlich vorgeschriebenen Vordruck abzugeben (§ 150 Abs. 1 S. 1 AO).[62] Die anzufertigenden Steuererklärungen für die Konzerngesellschaften werden von einer zentralen Steuerabteilung oder von den jeweils zuständigen Steuersachbearbeitern vorbereitet. Hierfür sind die bereits in der Steuerrechnung verarbeiteten Werte der Gesellschaften in die Erklärungsvordrucke der Finanzverwaltung einzutragen. Aufgrund der zeitlichen Verschiebung zur Jahresabschluss-Steuerrechnung können jedoch die Werte, die in die Steuererklärung einfließen, von der ursprünglichen Steuerrechnung abweichen. Aus diesem Grund werden im Rahmen der Steuererklärung aktuelle Steuerrechnungen angefertigt. Die dort enthaltenen aktuellen Werte zur Bestimmung der Steuerbemessungsgrundlagen werden in die Steuererklärung übernommen. Sind die Steuererklärungen erstellt, so sind diese seitens der Geschäftsführer der Gesellschaften zu unterzeichnen und anschließend an das Finanzamt weiterzuleiten.

Der Umfang der abzugebenden Steuererklärungen für eine Gesellschaft unterscheidet sich aufgrund verschiedener Rechtsformen sowie unterschiedlicher Besteuerungs- und Feststellungssachverhalte. Je nach gegebenen Anknüpfungspunkten für die Besteuerung sind die folgenden Erklärungen abzugeben. Jede Konzerngesellschaft unabhängig von ihrer Rechtsform hat eine Gewerbesteuererklärung abzugeben[63] sowie bei Betriebsstätten in mehreren Gemeinden eine Gewerbesteuerzerlegungserklärung, sodass der Gewerbesteuermessbetrag auf die erhebungsberechtigten Gemeinden verteilt werden kann. Für Kapitalgesellschaften ist zusätzlich eine Körperschaftsteuererklärung abzugeben sowie ggf. eine Erklärung zur gesonderten Feststellung von Besteuerungsgrundlagen.[64] In dieser Feststellungserklärung sind Bestände des steuerlichen Einlagekontos, des durch Umwandlung von Rücklagen entstandenen Nennkapitals sowie des fortgeschrie-

---

[62] Vgl. hierzu Ax, R./Große, T./Melchior, J., Abgabenordnung, 2007, S. 254 f.; Ausnahmen zur Schriftform siehe § 151 AO. Abweichend zum amtlichen Vordruck sind selbst erstellte Vordrucke zugelassen, soweit sie bestimmten Anforderungen entsprechen, siehe BMF vom 27.12.1999 BStBl I 1999, S. 1049.

[63] Dieser Aussage liegt die Annahme zugrunde, dass Konzerngesellschaften einen steuerpflichtigen Gewerbebetrieb darstellen und somit der Steuererklärungspflicht nach § 14a GewStG unterliegen.

[64] Siehe § 31 KStG.

benen Endbetrags zum EK 02 aus dem Übergang vom Anrechnungs- zum Halbeinkünfteverfahren anzugeben.[65]

Im Fall eines Organkreises sind die Erklärungen sowohl von Organträgern als auch von Organgesellschaften abzugeben. In die Steuererklärungen der Organträgergesellschaften fließen jedoch die steuerlichen Bemessungsgrundlagen der Organgesellschaften ein, d. h. das an den Organträger abzuführende Einkommen der Organgesellschaften bzw. der Gewerbesteuermessbetrag der Organgesellschaften. Aus diesem Grund sind bei einem Organkreis zuerst die Steuererklärungen der Organgesellschaften zu erstellen, bei einem mehrstufigen Organkreis ist mit den Gesellschaften der untersten Stufe zu beginnen, sodass die dort ermittelten Beträge im Rahmen der Steuererklärung des Organträgers berücksichtigt werden können.

Im Rahmen der Steuererklärungen ist es möglich, dass für ein Wirtschaftsjahr mehrere Erklärungen einer Art, z. B. Körperschaftsteuererklärung, abgegeben werden. Dies ist erforderlich, wenn nachträgliche Erkenntnisse dazu führen, dass die abgegebene Erklärung unrichtige oder unvollständige Angaben enthält, wodurch es zu einer Steuerverkürzung kommt.[66] In diesem Fall sind berichtigte Steuererklärungen nach § 153 AO zu erstellen und beim Finanzamt einzureichen. Die berichtigte Erklärung ersetzt somit die ursprünglich abgegebene Erklärung. Neue Erkenntnisse können im Zeitablauf bekannt werden oder aus der Bearbeitung weiterer Konzerngesellschaften entstehen, aus denen sich Rückwirkungen auf die bereits bearbeitete Gesellschaft und das bereits abgegebene Wirtschaftsjahr ergeben. Ein weiterer Grund für die Abgabe berichtigter Steuererklärungen kann auch die steuerliche Betriebsprüfung sein (siehe Kapitel 2.2.3.5). Ergeben sich aus der Betriebsprüfung Änderungen für die der Prüfung unterliegenden Jahre, so kann dies Auswirkungen auf die noch nicht geprüften Folgejahre haben, sodass auch hier ggf. berichtigte Erklärungen für die Folgejahre anzufertigen sind.

---

[65] Die hier aufgeführte Aufzählung der zu erstellenden Steuererklärungen erhebt nicht den Anspruch auf Vollständigkeit. Die genannten Erklärungen stellen jedoch die für die Ertragsteuern wesentlichen Erklärungen bei Betrachtung eines Konzerns dar. Zusätzliche Steuererklärungen sind für die Bereiche der Verkehr- und Substanzsteuern abzugeben, die jedoch für die vorliegende Arbeit nicht relevant sind und daher nicht näher betrachtet werden.

[66] Vgl. Ax, R./Große, T./Melchior, J., Abgabenordnung, 2007, S. 257.

2.2.3.4 Prüfung der Steuerbescheide und Rechtsbehelfsverfahren

Nach Abgabe der Steuererklärungen werden seitens der Finanzverwaltung im Rahmen des Veranlagungsverfahrens die entsprechenden Bemessungsgrundlagen und Steuerlasten festgesetzt. Die Steuerfestsetzung erfolgt durch Steuerbescheide und deren Bekanntgabe (§ 155 AO).[67] Analog zu den verschiedenen Erklärungsarten werden für jede Steuerart separate Steuerbescheide erlassen. Dabei werden neben den Bescheiden mit der zu entrichtenden Steuerlast bestimmte Bemessungsgrundlagen gesondert per Bescheid festgestellt.[68] Zu den Sachverhalten einer gesonderten Feststellung nach § 180 AO gehören Einheitswerte, Einkünfte im Rahmen der Einkommen- und Körperschaftsteuer für Gesellschaften, an denen mehrere Personen beteiligt sind, und Gewinneinkünfte, sofern unterschiedliche Finanzämter für die Gewinnfeststellung und für die Einkommensteuer zuständig sind.[69] Zusätzlich werden verrechenbare Verluste und verbleibende Verlustvorträge sowie ausländische Einkünfte gesondert festgestellt.[70] Eigene Steuerbescheide werden ebenfalls für die Festsetzung von Steuermessbeträgen für die Gewerbesteuer erlassen (§ 184 AO). Eine weitere Kategorie der Steuerbescheide sind die Zerlegungsbescheide nach § 188 AO, z. B. für die Zerlegung der Gewerbesteuer. Die hier aufgeführten Feststellungs-, Zerlegungs- und Messbetragsbescheide dienen jeweils als Grundlagenbescheid für die eigentliche Steuerfestsetzung im Rahmen der Einkommen-, Körperschaft- und Gewerbesteuer.[71]

Als Resultat erhält ein Unternehmen eine Vielzahl an Steuerbescheiden, die zu überwachen und auf ihre Richtigkeit zu prüfen sind. Der nächste Prozessschritt für die Steuerabteilung ist folglich die Steuerbescheidprüfung. Da die Bescheide auf Grundlage der eingereichten Steuererklärungen erstellt werden, sollten die per Bescheid festgesetzten Werte im Idealfall mit den deklarierten Werten übereinstimmen. Die Finanzverwaltung kann jedoch im Rahmen des Ermittlungs- und Festsetzungsverfahrens auf ein anderes Ergebnis als der Steuerpflichtige kommen, sodass der Steuerbescheid von der Steuererklärung abweichen kann. Seitens des Steuerpflichtigen bzw. der Steuerabteilung sind als

---

[67] Zu den weiteren Vorschriften zu Form und Inhalt siehe § 157 AO sowie Arndt, H.-W., Steuerrecht, 2002, S. 53; Ax, R./Große, T./Melchior, J., Abgabenordnung, 2007, S. 312 ff.
[68] Dies ermöglicht ein gesondertes Vorgehen gegen die Steuerbemessungsgrundlagen, die sonst zum nicht anfechtbaren Teil des Bescheids zum Steuerbetrag gehören. Siehe hierzu ausführlich Birk, D., Steuerrecht, 2008, S. 152 f.
[69] Vgl. Birk, D., Steuerrecht, 2008, S. 154 ff.
[70] Für weitere Beispiele siehe Ax, R./Große, T./Melchior, J., Abgabenordnung, 2007, S. 325.
[71] Diese Beziehung ist vor allem für die unten erläuterten Rechtsbehelfs- und Korrekturverfahren von Bedeutung. Vgl. Birk, D., Steuerrecht, 2008, S. 153.

Prüfungshandlung somit die erwarteten Werte laut Steuererklärung und dazugehöriger Steuerrechnung mit den im Bescheid festgesetzten Werten zu vergleichen. Darüber hinaus ist eine abweichende Steuerfestsetzung daraufhin zu beurteilen, ob die Veranlagung richtig ist und akzeptiert wird. Im Rahmen des Prüfungsprozesses ist durch das Unternehmen folglich zu entscheiden, ob der Steuerbescheid korrekt ist oder ob eine Änderung anzustreben ist. Wird der Bescheid als korrekt eingestuft, ist der Prüfungsprozess damit abgeschlossen. Dies ist unabhängig davon, ob die festgestellten Werte genau den deklarierten Werten entsprechen.

Im Gegensatz dazu gibt es verschiedene Anlässe und Möglichkeiten gegen den Steuerbescheid anzugehen, um eine Änderung der Steuerfestsetzung zu erreichen. Die Grundlage zur Änderung bilden das Korrekturverfahren und das Rechtsbehelfsverfahren im Sinne der Abgabenordnung sowie das Klageverfahren im Sinne der Finanzgerichtsordnung.

Im Rahmen des Korrekturverfahrens kann die Änderung grundsätzlich sowohl von Seiten des Steuerpflichtigen als auch von Seiten der Finanzverwaltung erfolgen. Für den hier dargestellten Compliance Prozess wird jedoch nur die vom Steuerpflichtigen ausgehende Änderung betrachtet. Es sind drei verschiedene Ansatzpunkte zur Änderung eines Steuerbescheids zu unterscheiden. Hierzu zählen die Änderung aufgrund offenbarer Unrichtigkeiten, die Änderung nicht endgültiger Steuerfestsetzungen und die Änderung endgültiger Steuerfestsetzungen unter bestimmten Voraussetzungen.[72]

Die erste Möglichkeit bezieht sich auf die Korrekturvorschriften in den §§ 129 ff. AO und erlaubt z. B. eine Änderung des Steuerbescheids aufgrund offenbarer Unrichtigkeiten. Eine solche Korrektur ist zu jeder Zeit innerhalb der Festsetzungsfrist[73] möglich und bezieht sich auf Schreib- oder Rechenfehler sowie Übertragungsfehler. Die Änderung wird durch einen entsprechenden Antrag des Steuerpflichtigen erreicht.

Die zweite Möglichkeit in Bezug auf nicht endgültige Festsetzungen beinhaltet die Änderung von Steuerbescheiden, die unter dem Vorbehalt der Nachprüfung nach § 164 AO oder als vorläufige Steuerfestsetzung nach § 165 AO erlassen werden. Diese Vermerke halten den Steuerbescheid als Ganzes oder in einem bestimmten Punkt offen, sodass

---

[72] Vgl. hierzu Birk, D., Steuerrecht, 2008, S. 121; siehe auch Arndt, H.-W., Steuerrecht, 2002, S. 58 ff.

[73] Die Festsetzungsfrist beträgt nach § 169 AO vier Jahre, sofern es sich nicht um Verbrauchsteuern oder Einfuhr- und Ausfuhrabgaben handelt. Bei Steuerhinterziehung bzw. leichtfertiger Steuerverkürzung beträgt die Frist zehn bzw. fünf Jahre. Zum Beginn der Frist siehe § 170 AO.

eine spätere Änderung oder Aufhebung möglich ist.[74] In der Regel erfolgt die Änderung durch das Finanzamt, wenn die entsprechenden Gründe für eine Vorläufigkeit wegfallen bzw. die Nachprüfung stattgefunden hat. Allerdings kann auch der Steuerpflichtige innerhalb der Festsetzungsfrist einen Antrag auf Änderung des Bescheids stellen, solange die Festsetzung nicht endgültig ist. Zulässig für nicht endgültige Festsetzungen ist auch der Einspruch innerhalb der Rechtsbehelfsfrist.

Die dritte Möglichkeit umfasst die Korrekturvorschriften für endgültige Steuerfestsetzungen. Für einen endgültig festgesetzten Steuerbescheid ist eine Änderung oder Aufhebung nur unter den Voraussetzungen der §§ 172 ff. AO zugelassen. Die im Compliance Prozess betrachteten Bescheide der Ertragsteuern sind demnach nur innerhalb der Rechtsbehelfsfrist änderbar. Der Steuerpflichtige kann hierzu entweder einen Antrag stellen oder Einspruch einlegen.

Die Aufgabe des Steuerpflichtigen bzw. der Konzernsteuerabteilung ist in diesem Zusammenhang die Beurteilung der im Steuerbescheid festgesetzten Sachverhalte sowie der aufgezeigten Korrekturmöglichkeiten. Anschließend ist eine Entscheidung darüber zu treffen, ob eine Korrekturnorm in Anspruch genommen werden soll. Der Steuerpflichtige hat dabei die Wahl zwischen einem nichtförmlichen bzw. außerordentlichen Rechtsbehelf und einem förmlichen bzw. ordentlichen Rechtsbehelf. Dabei sind die nachfolgend dargestellten Vorschriften zu beachten und es ergibt sich der ebenfalls nachfolgend beschriebene Prozessablauf.

Zu den nichtförmlichen Rechtsbehelfen zählt der schlichte Antrag auf Änderung. Dieser stellt die erste Möglichkeit dar, einen Steuerbescheid zu ändern und ist in den zuvor erläuterten Korrekturnormen vorgesehen. Ein solcher Antrag bedarf keiner besonderen Form, ist jedoch z. B. im Fall einer endgültigen Steuerfestsetzung innerhalb der Rechtsbehelfsfrist zu stellen. Die Finanzbehörde kann einen solchen Antrag ablehnen oder einen entsprechend geänderten Bescheid erlassen. Die Entscheidung der Finanzverwaltung ist erneut zu prüfen und kann ggf. über einen Rechtsbehelf in Form eines Einspruchs beanstandet werden.[75]

Der Einspruch als außergerichtliches Rechtsbehelfsverfahren gehört zu den förmlichen Rechtsbehelfen und ist in den §§ 347 ff. AO geregelt. Ist nach diesen Vorschriften der

---

[74] Vgl. Birk, D., Steuerrecht, 2008, S. 148 ff.
[75] Siehe zum schlichten Antrag auf Änderung Ax, R./Große, T./Melchior, J., Abgabenordnung, 2007, S. 603; Birk, D., Steuerrecht, 2008, S. 122.

Einspruch zulässig, so hat er schriftlich und innerhalb der Rechtsbehelfsfrist von einem Monat zu erfolgen (§§ 355-357 AO). Als außergerichtlicher Rechtsbehelf wird der Einspruch bei den Finanzbehörden eingelegt, die daraufhin über den Einspruch zu entscheiden haben. Die Finanzbehörde prüft den Einspruch auf Zulässigkeit sowie daraufhin, ob der Einspruch begründet ist. Die Entscheidung über den Einspruch wird dem Steuerpflichtigen als Einspruchsentscheidung oder durch einen geänderten Steuerbescheid (Abhilfebescheid) bekannt gegeben. Entspricht die Steuerfestsetzung hiernach den Erwartungen des Steuerpflichtigen, ist das Rechtsbehelfsverfahren abgeschlossen. Ist dies nicht der Fall, kann gegen einen geänderten Steuerbescheid wiederum mit neuer Begründung Einspruch erhoben werden, um eine weitere Änderung der Festsetzung zu erreichen. Gegen eine ablehnende Einspruchsentscheidung kann in nächster Instanz Klage erhoben werden.[76]

Ein weiterer möglicher Prozessschritt im Rahmen der Bescheidprüfung ist folglich das Klageverfahren. Die Klage zählt ebenfalls zu den förmlichen Rechtsbehelfen und ist als finanzgerichtlicher Rechtsbehelf in der Finanzgerichtsordnung geregelt. Im gesamten Steuerverfahren sind verschiedene Klagearten zu unterscheiden, hinsichtlich der Steuerbescheidprüfung ist jedoch vor allem die Anfechtungsklage nach § 40 FGO relevant. Die Anfechtungsklage bietet in nächster Instanz die Möglichkeit, die Steuerfestsetzung zu ändern oder aufzuheben.[77] Auch im Klageverfahren sind bestimmte Zulässigkeitsvoraussetzungen und Formvorschriften zu beachten. Für die hier vorgenommene Darstellung des Compliance Prozesses sind vor allem die Voraussetzungen zur Einhaltung der Frist und der Form relevant. Eine Anfechtungsklage ist innerhalb der Rechtsbehelfsfrist von einem Monat in der Schriftform einzureichen (§§ 47 und 64 FGO). Eine weitere Voraussetzung ist ein erfolgloses Einspruchsverfahren, das der Klage vorausgegangen ist (§ 44 FGO).[78] Der Einspruch kann dabei ganz oder teilweise erfolglos geblieben sein bzw. unvollständig entschieden worden sein.[79] Daraus ergibt sich, dass der Steuerpflichtige im ersten Schritt die oben genannte Möglichkeit eines außergerichtlichen Rechtsbehelfsverfahrens ausschöpfen muss. Im Rahmen der nach § 45 FGO zugelassenen Sprungklage kann als Ausnahme jedoch auf ein Einspruchsverfahren verzichtet

---

[76] Zum Ablauf des außergerichtlichen Rechtsbehelfsverfahrens siehe ausführlich Ax, R./Große, T./Melchior, J., Abgabenordnung, 2007, S. 608 f.; Birk, D., Steuerrecht, 2008, S. 159 ff.
[77] Siehe hierzu Ax, R./Große, T./Melchior, J., Abgabenordnung, 2007, S. 800 f.
[78] Vgl. Birk, D., Steuerrecht, 2008, S. 165.
[79] Vgl. BFH vom 27.9.2001 X R 134/98, BStBl II 2002, S. 176 (178).

werden.[80] Die Entscheidung über eine Klage erfolgt in Form eines Urteils durch das zuständige Gericht. Auch hier startet der Prüfungsprozess erneut, da gegen finanzgerichtliche Entscheidungen wiederum Rechtsmittel zugelassen sind, z. B. die Revision oder die Beschwerde, wodurch die verschiedenen gerichtlichen Instanzen in Anspruch genommen werden können.[81]

Zusammenfassend ist festzuhalten, dass dem Steuerpflichtigen in erster Instanz grundsätzlich zwei Handlungsalternativen zur Verfügung stehen, um einen Steuerbescheid zu korrigieren. Diese sind der schlichte Antrag auf Änderung sowie der Einspruch. In beiden Fällen sind an diesen Verfahren der Steuerpflichtige sowie die Finanzbehörde beteiligt. Der Prozessablauf ist grundsätzlich vergleichbar. Der Antrag auf Änderung bzw. der Einspruch werden vom Steuerpflichtigen eingereicht, die Finanzbehörde hat diese zu prüfen und lässt dem Steuerpflichtigen wiederum eine Entscheidung zukommen. Dies kann auch ein geänderter Steuerbescheid sein. Die Aufgabe des Steuerpflichtigen und somit der Konzernsteuerabteilung ist daraufhin die Prüfung dieser Entscheidung bzw. des neuen Steuerbescheids. Der zuvor beschriebene Prozess der Bescheidprüfung startet insofern erneut. Als Ergebnis dieser Prüfung ist wiederum zu entscheiden, ob die Steuerfestsetzung korrekt ist oder ob in der nächsten Instanz dagegen vorzugehen ist. Wurde ein schlichter Antrag auf Änderung gestellt, so ist in nächster Instanz das Einspruchsverfahren zu nutzen. Ein erfolglos gebliebenes Einspruchsverfahren kann durch eine Klage angefochten werden. Der Prozess eines Klageverfahrens ist grundsätzlich mit dem oben beschriebenen Ablauf vergleichbar. Die entsprechende Klage ist durch den Steuerpflichtigen einzureichen, diesmal hat jedoch das betroffene Gericht über die Klage zu entscheiden und ein Urteil bekannt zu geben. Die Entscheidung bzw. das Urteil sind erneut Grundlage einer Prüfung durch den Steuerpflichtigen. Ein Klageverfahren kann durch mehrere Instanzen laufen, sodass sich dieser Prozessschritt wiederholt, bis eine Einigung erreicht ist oder keine weitere Instanz möglich ist.

---

[80] Dies ist der Fall, wenn es z. B. um die Verfassungsmäßigkeit eines Steuergesetzes geht, da in diesem Fall die Finanzbehörde das Gesetz bis auf weiteres trotzdem anzuwenden hat und ein Einspruch zu keinem anderen Ergebnis führen würde. Vgl. Birk, D., Steuerrecht, 2008, S. 165.
[81] Vgl. Birk, D., Steuerrecht, 2008, S. 166.

2.2.3.5 Steuerliche Betriebsprüfung

Der abschließende Prozessschritt für ein Veranlagungsjahr ist die in der Abgabenordnung verankerte Außenprüfung bzw. steuerliche Betriebsprüfung. Das Ziel einer steuerlichen Betriebsprüfung ist die umfassende Ermittlung, Prüfung und Beurteilung der Verhältnisse eines Steuerpflichtigen und dient der Sicherstellung einer gleichmäßigen Besteuerung.[82] Die allgemeinen Voraussetzungen hinsichtlich der Zulässigkeit, dem sachlichem Umfang und der Form und Bekanntgabe der Prüfungsanordnung sind in den §§ 193-198 AO zusammengefasst. Daraus ergibt sich z. B., dass die Außenprüfung mehrere Steuerarten sowie mehrere Besteuerungszeiträume umfassen kann.[83] Für Konzerne und Großunternehmen kann die Prüfung mehr als drei zusammenhängende Besteuerungszeiträume einbeziehen, jedoch wird meist der Regelprüfungszeitraum von drei Jahren geprüft.[84] Im Rahmen der Außenprüfung werden die Besteuerungsgrundlagen vor Ort, d. h. beim Steuerpflichtigen überprüft.[85] Die Aufgabe des Prüfers ist dabei, die tatsächlichen und rechtlichen Verhältnisse, die für die Steuerpflicht und für die Bemessung der Steuer maßgebend sind, zugunsten und zuungunsten des Steuerpflichtigen zu prüfen (§ 199 AO). Der Prüfer hat dabei das Recht, Grundstücke und Betriebsräume zu besichtigen sowie sämtliche Unterlagen, die für die Besteuerung erheblich sind, einzusehen.[86] Daraus ergeben sich die in § 200 AO festgeschriebenen Mitwirkungspflichten des Steuerpflichtigen. Dieser hat die für die Besteuerung relevanten Unterlagen zur Verfügung zu stellen, Auskunft zu erteilen und, wenn erforderlich, Erläuterungen zum Sachverhalt oder zu den Aufzeichnungen zu geben. Diese Pflichten gehen über die in § 90 AO enthalten allgemeinen Mitwirkungspflichten im Veranlagungsverfahren hinaus, sodass der Steuerpflichtige zusätzliches Material zur Verfügung zu stellen hat.[87] Die Konzernsteuerabteilung übernimmt für die Konzerngesellschaften zentral die Aufgabe der Betreuung der steuerlichen Betriebsprüfung und der Erfüllung der erweiterten Mitwirkungspflichten, sodass die Vorbereitung der Betriebsprüfung bei der Tax Compliance nicht vernachlässigt werden kann.[88] Hierzu gehört sowohl die Bereitstellung von Räumlichkeiten also auch die Bereitstellung der genannten Unterlagen. In der Durch-

---

[82] Vgl. Keller, C., SteuerStud 2009, S. 300.
[83] Vgl. Ax, R./Große, T./Melchior, J., Abgabenordnung, 2007, S. 581; Keller, C., SteuerStud 2009, S. 300.
[84] Vgl. Seer, R., Ubg 2009, S. 673.
[85] Vgl. Arndt, H.-W., Steuerrecht, 2002, S. 56.
[86] Vgl. Arndt, H.-W., Steuerrecht, 2002, S. 57; Birk, D., Steuerrecht, 2008, S. 145.
[87] Vgl. Ax, R./Große, T./Melchior, J., Abgabenordnung, 2007, S. 590.
[88] Vgl. Streck, M./Binnewies, B., DStR 2009, S. 233.

führung der Außenprüfung stellen die Prüfer regelmäßig Anfragen zur Erläuterung von Sachverhalten und Besteuerungsgrundlagen, die durch die Steuerabteilung zu beantworten sind. Hierdurch entsteht ein kontinuierlicher Prozess aus Fragen und Antworten, die wiederum dokumentiert werden müssen.[89] Der Prozess der steuerlichen Betriebsprüfung endet mit einer Schlussbesprechung (§ 201 AO), in der die Prüfungsfeststellungen und ihre steuerlichen Auswirkungen erläutert werden und strittige Sachverhalte diskutiert werden können. Die Schlussbesprechung ermöglicht dem Steuerpflichtigen, sich zu den Feststellungen zu äußern und ggf. verbindliche Zusagen zu beantragen.[90] Das Ergebnis der Außenprüfung wird abschließend in Form eines Prüfungsberichts dem Steuerpflichtigen mitgeteilt (§ 202 AO). Sowohl die Schlussbesprechung als auch der Prüfungsbericht haben dabei die Funktion, dem Steuerpflichtigen ausreichend rechtliches Gehör zu verschaffen.[91] Über die aufgrund der Prüfungsfeststellungen geänderten Bemessungsgrundlagen oder Steuerfestsetzungen werden geänderte Steuerbescheide erlassen. Die Steuerfestsetzung für ein Veranlagungsjahr ist nach einer Außenprüfung endgültig. Eine Änderung der aufgrund einer Außenprüfung erlassenen Steuerbescheide ist nach Eintreten der Bestandskraft nur noch im Rahmen der speziellen Vorschrift des § 173 Abs. 2 AO möglich, d. h. bei Vorliegen einer Steuerhinterziehung oder leichtfertigen Steuerverkürzung.[92] Aus diesem Grund ist die steuerliche Betriebsprüfung der letzte Prozessschritt und schließt die Compliance Tätigkeit für das entsprechende Veranlagungsjahr ab. Zeitlich findet die steuerliche Betriebsprüfung meist erst mehrere Jahre nach der Steuerfestsetzung statt, sodass sich hieraus einerseits Unsicherheiten für die Folgejahre ergeben sowie andererseits ein erhöhter Anpassungsbedarf der Handels- und Steuerbilanzen nach Abschluss einer Außenprüfung entsteht. Aus diesen Gründen wird eine zeitnahe Außenprüfung gefordert, die diesen Entwicklungen entgegenwirkt.[93]

---

[89] Siehe hierzu auch Kapitel 3.2.1.
[90] Vgl. Birk, D., Steuerrecht, 2008, S. 146; Arndt, H.-W., Steuerrecht, 2002, S. 58.
[91] Vgl. Keller, C., SteuerStud 2009, S. 307; Ax, R./Große, T./Melchior, J., Abgabenordnung, 2007, S. 591 f.
[92] Vgl. Keller, C., SteuerStud 2009, S. 301; Ax, R./Große, T./Melchior, J., Abgabenordnung, 2007, S. 577.
[93] Siehe hierzu Seer, R., Ubg 2009, S. 674.

2.3 Steuerplanung

2.3.1 Zielgrößen zur Steuerminimierung

2.3.1.1 Konzepte zur Messung effektiver Steuerbelastungen

Die Steuerplanung ist den finanzwirtschaftlichen Zielsetzungen des Unternehmens untergeordnet und verfolgt das Ziel, den Zahlungsüberschuss nach Steuern zu vermehren.[94] Die Aufgaben der Steuerplanung sind somit an quantitativen Zielsetzungen orientiert und erfordern daher entsprechend geeignete Zielgrößen zur Messung der Steuerbelastung. Zur Beurteilung von betrieblichen Investitionen werden finanzwirtschaftliche Kennzahlen wie z. B. der Kapitalwert, die Rendite oder der Endwert herangezogen, anhand derer zum einen die Vorteilhaftigkeit einer Investition gegenüber der Kapitalmarktanlage und zum anderen die Vorteilhaftigkeit einer Investition gegenüber einer Alternativinvestition gemessen werden kann.[95] Zur endgültigen Beurteilung einer Investition sind darüber hinaus die Steuerwirkungen einzubeziehen, da sich die Vorteilhaftigkeit der Investitionsobjekte aufgrund von Steuerzahlungen verschieben kann.

Dabei sind zur Bestimmung der zu erwartenden entscheidungsorientierten Steuerbelastung zukunftsorientierte Maße zu verwenden.[96] Zu den international anerkannten Zielgrößen gehören die effektive Grenzsteuerbelastung (EMTR)[97] und die effektive Durchschnittssteuerbelastung (EATR)[98].

Die effektive Grenzsteuerbelastung basiert auf dem Ansatz der neoklassischen Investitionstheorie und ermittelt die steuerliche Belastung im Rahmen einer Grenzinvestition. Die Grenzinvestition stellt die Investition dar, bei der der Ertragswert nach Steuern gerade der Anschaffungsauszahlung entspricht, d. h. der Kapitalwert dieser Investition beträgt null. Steuern haben Einfluss auf die Rendite einer Investition und verschieben daher die gerade noch durchzuführende Grenzinvestition, bis die Rendite nach Steuern der Mindestrendite, also dem Kapitalmarktzins entspricht. Daraus folgt, dass das Inves-

---

[94] Vgl. Schreiber, U., Besteuerung, 2008, S. 529; Scheffler, W., Steuerplanung, 2010, S. 2.
[95] Vgl. Scheffler, W., Steuerplanung, 2010, S. 46 ff.
[96] Vgl. Spengel, C., Unternehmensbesteuerung, 2003, S. 61 f.; Spengel, C./Wiegard, W., DB 2005, S. 517 f.
[97] Siehe hierzu den Ansatz von King, M.A./Fullerton, D., Taxation, 1984.
[98] Siehe hierzu das Modell von Devereux, M.P./Griffith, R., Discrete Investment Choices, 1999.

titionsvolumen mit Höhe der Vorsteuerrendite und folglich mit Höhe der Steuerbelastung variiert. Zur Bestimmung der effektiven Grenzsteuerbelastung wird jeweils die Rendite der Grenzinvestition vor und nach Steuern ermittelt und die Differenz daraus auf die Vorsteuerrendite bezogen. Die Betrachtung der Grenzsteuerbelastung erlaubt somit vor allem einen Vergleich und eine Beurteilung der Attraktivität verschiedener Standorte.[99]

Darüber hinaus können auf Basis der Grenzsteuerbelastung Aussagen zum Steuersystem getroffen werden. Im Unterschied zur tariflichen Steuerbelastung bildet die Grenzsteuerbelastung auch Bemessungsgrundlageneffekte ab. Dadurch ist zu erkennen, ob eine Investition mit Steuervorteilen oder Steuernachteilen behaftet ist, je nachdem ob die effektive Steuerbelastung niedriger oder höher als der Steuertarif ausfällt.[100]

Im Rahmen betrieblicher Entscheidungen werden allerdings keine Grenzinvestitionen betrachtet sondern Investitionen mit einem Kapitalwert größer null, sogenannte rentable Investitionen. Zur Beurteilung dieser Investitionen ist in der Regel eine Rangliste aufzustellen, da nicht alle rentablen Investitionen durchgeführt werden können. Hierfür ist die Betrachtung der effektiven Grenzsteuerbelastung nicht zielführend, sodass als weiteres Belastungsmaß die effektive Durchschnittssteuerbelastung zu berücksichtigen ist.[101]

Zur Beurteilung verschiedener rentabler Investitionen werden finanzwirtschaftliche Zielgrößen, z. B. Kapitalwert, Vermögensendwert oder Rendite, nach Steuern ermittelt. Die Steuern kürzen diese Zielgrößen einer Investition jeweils um einen unterschiedlichen Faktor.[102] Zur Bestimmung dieses Steueranteils ist die Differenz der Zielgrößen vor und nach Steuern auf die Zielgröße vor Steuern zu beziehen, wodurch die effektive Durchschnittssteuerbelastung bestimmt wird.[103] Hierdurch wird die Attraktivität verschiedener Handlungsalternativen bestimmt. Die effektive Durchschnittssteuerbelastung

[99] Vgl. hierzu Spengel, C./Lammersen, L., StuW 2001, S. 225 f.; Jacobs, O.H./Spengel, C., Intertax 2000, S. 337; Spengel, C., Unternehmensbesteuerung, 2003, S. 63; Jacobs, O.H., Unternehmensbesteuerung, 2007, S. 138 f.; Schreiber, U., Besteuerung, 2008, S. 592.
[100] Vgl. Schreiber, U., Besteuerung, 2008, S. 593.
[101] Vgl. Schreiber, U./Spengel, C./Lammersen, L., Steuerbelastungen, 2001, S. 3; Jacobs, O.H., Unternehmensbesteuerung, 2007, S. 139.
[102] Vgl. Schreiber, U., Besteuerung, 2008, S. 597 f.
[103] Vgl. Jacobs, O.H./Spengel, C., Intertax 2000, S. 338; Spengel, C., Unternehmensbesteuerung, 2003, S. 65.

eignet sich vor allem zur Beurteilung von Neuinvestitionen hinsichtlich des Standorts sowie der Finanzierung.[104]

In der Unternehmenspraxis finden die Maßgrößen zur Effektivbelastung jedoch keine Anwendung.[105] Vielmehr richten nationale sowie internationale Konzerne ihre Steuerplanung an der klassischen Zielgröße des Steuerbarwerts und der Konzernsteuerquote aus. Im Rahmen der steuerlichen Beratung und Entscheidungsfindung werden die Wirkungen auf diese steuerlichen Zielgrößen ermittelt und in die Investitionsentscheidung einbezogen. Aus diesem Grund werden nachfolgend der Steuerbarwert und die Konzernsteuerquote näher betrachtet.

2.3.1.2 Konzept des Steuerbarwerts

Als klassische Kennzahl der Steuerplanung wird der Steuerbarwert herangezogen, um verschiedene Handlungsalternativen zu beurteilen. Die ursprünglich aus der Steuerbilanzpolitik stammende Zielgröße summiert die Steuerzahlungen einer Planungsperiode, jeweils diskontiert auf den Planungszeitpunkt. Das Konzept des Steuerbarwerts beinhaltet, dass Steuerzahlungen zu einem späteren Zeitpunkt einen geringeren Barwert und damit einen geringeren Nachteil für das Unternehmen darstellen.[106] Folglich kann die Belastung durch Steuern insgesamt verringert werden, wenn die Zahlungszeitpunkte in die Zukunft verschoben werden, sodass Zins- und Liquiditätsvorteile entstehen.[107] Zur Abbildung dieses Zeiteffekts werden die Steuerzahlungen mit einem entsprechenden Kalkulationszinsfuß nach Steuern diskontiert.[108] Darüber hinaus bildet der Steuerbarwert jedoch auch echte Steuervorteile aufgrund steuergestalterischer Maßnahmen ab, die die Höhe der Steuerzahlungen endgültig reduzieren. Aus diesem Grund stellt der Steuerbarwert eine umfassende steuerliche Kennzahl dar. Die Berechnung erfolgt mit nachstehender Formel[109]:

---

[104] Vgl. Spengel, C., Unternehmensbesteuerung, 2003, S. 66; Spengel, C./Wiegard, W., DB 2005, S. 518; Elschner, C./Overesch, M., DB 2006, S. 1017 f.
[105] Vgl. Jacobs, O.H., Unternehmensbesteuerung, 2007, S. 854.
[106] Vgl. Marettek, A., BFuP 1970, S. 22; Schreiber, U., Unternehmensbesteuerung, 1987, S. 12 f.
[107] Vgl. Vera, A., StuW 2001, S. 309.
[108] Vgl. Marettek, A., BFuP 1970, S. 22.
[109] Vgl. Wacker, W.H., Steuerplanung, 1979, S. 37; Wagner, F. W./Dirrigl, H., Steuerplanung, 1980, S. 283; Breithecker, V./Schmiel, U., Steuerbilanz, 2003, S. 251f.

$$\sum_{t=1}^{n} s * g_t * q^{-t}$$

g_t = Gewinn der Periode

s = anzuwendender Steuersatz

$q^{-t} = 1 / (1 + i_s)^t$ = Abzinsungsfaktor

i_s = Kalkulationszinsfuß nach Steuern

n = Anzahl der Perioden im Planungszeitraum.

Aus der Zusammensetzung des Steuerbarwerts lassen sich die Einflussfaktoren direkt ableiten. Eine Senkung des Steuerbarwerts wird durch die Verringerung des steuerpflichtigen Gewinns, die Reduzierung des Steuersatzes sowie die Erhöhung des Diskontierungsfaktors erreicht, d. h. der Steuerbarwert bildet Bemessungsgrundlageneffekte, Steuersatzeffekte und Zeiteffekte ab. Zu den Zeiteffekten gehören z. B. Gewinnverlagerungen in spätere Perioden im Rahmen der Steuerbilanzpolitik. Bezüglich des Steuersatzeffekts ist im Rahmen internationaler Steuerplanung z. B. die Nutzung des Steuergefälles zu nennen, eine Beeinflussung der Bemessungsgrundlage kann z. B. durch steuerfreie Erträge erreicht werden. Während sich der Zeiteffekt einer Gewinnverlagerung grundsätzlich positiv auf den Steuerbarwert auswirkt, ist der Steuersatzeffekt näher zu betrachten. Unterliegt der Gewinn einem progressiven Steuertarif, z. B. der Einkommensteuer bei Personengesellschaften, so kann durch die Gewinnverlagerung ein höherer Steuersatz zur Anwendung kommen, der dem Zeiteffekt entgegenwirkt.[110] Im Rahmen eines proportionalen Steuertarifs, z. B. bei der deutschen Körperschaftsteuer, entsteht kein Steuersatzeffekt. Dennoch ist bei der Planung eine mögliche Änderung des Steuersatzes z. B. aufgrund einer Steuerreform zu berücksichtigen. Eine zu erwartende Steuersenkung verstärkt dabei den Zeiteffekt, eine zukünftige Steuererhöhung mindert den Zinsvorteil.[111]

Für die Bestimmung des Steuerbarwerts ist eine zuverlässige Planung der Unternehmensentwicklung erforderlich, aus der die entsprechenden Steuerzahlungen der Planungsperiode abgeleitet werden können. Hierfür sind die Unternehmensergebnisse zu prognostizieren und um steuerliche Parameter anzupassen, sodass der steuerliche Gewinn für jede Periode ermittelt werden kann. Entsprechend sind der anzuwendende Steuersatz und Diskontierungsfaktor zu bestimmen. Aufgrund der aufwendigen Ermitt-

---

[110] Vgl. Breithecker, V./Schmiel, U., Steuerbilanz, 2003, S. 252f.
[111] Vgl. Scheffler, W., Steuerplanung, 2010, S. 222.

lung und der durch langfristige Planungszeiträume unsicheren Werte ist der Steuerbarwert für die Beurteilung steuerlicher Maßnahmen nur bedingt geeignet. Vor allem für den Vergleich mehrere Handlungsalternativen wäre eine Prognose der Unternehmensentwicklung für jede dieser Möglichkeiten erforderlich. Aus diesem Grund wird im Rahmen der Konzernsteuerplanung ein vollständiger Steuerbarwert in der Regel nicht berechnet. Dennoch werden steuerliche Entscheidungen in der Konzernsteuerabteilung anhand des Steuerbarwertkonzepts beurteilt.[112] Die grundsätzliche Idee der Minimierung des Steuerbarwerts findet dabei insofern Berücksichtigung, dass Maßnahmen zur Reduzierung der Steuerzahlungen sowie zur Verlagerung von Steuerzahlungen in die Zukunft positiv bewertet werden. Für diese Aussage ist keine vollständige Ermittlung des Steuerbarwerts notwendig. Der Vergleich verschiedener Handlungsalternativen ist hierdurch allerdings nicht möglich. Statt eines gesamten Steuerbarwerts kann für einen Vergleich zweier Optionen jedoch zur Vereinfachung der Barwert der jährlichen Steuerdifferenzen herangezogen werden, sofern diese verfügbar sind.[113] Die verschiedenen Maßnahmen zur Beeinflussung des Steuerbarwerts und ihre Auswirkung auf diese Zielgröße werden in Kapitel 2.3.2. dargestellt.

Aus den zuvor genannten Gründen ist der Steuerbarwert auch für Investoren nicht geeignet, um diesen in die Bewertung eines Unternehmens einzubeziehen. Neben einer aufwendigen Berechnung besteht hierbei schlicht das Problem, dass die erforderlichen Informationen den Investoren aus den veröffentlichten Daten des Unternehmens nicht zur Verfügung stehen. Der Steuerbarwert ist daher eine Zielgröße für die Steuerabteilung. Steuergestalterische sowie steuerbilanzielle Maßnahmen können an der Zielsetzung der relativen Steuerbarwertminimierung ausgerichtet werden, wenngleich keine vollständige Berechnung dieser Kennzahl in regelmäßigen Abständen erfolgt.

2.3.1.3 Konzernsteuerquote

Eine neuere Kennzahl zur Messung der Steuerbelastung ist die Konzernsteuerquote. Die Konzernsteuerquote ist u.a. in der IFRS-Rechnungslegung verankert, in der diese Kennzahl im Jahresabschluss veröffentlicht werden muss. Die Konzernsteuerquote zeigt das

---

[112] Vgl. Wacker, W.H., Steuerplanung, 1979, S. 42; Schmidt-Ahrens, L., Steuerplanung, 2003, S. 147, 153.
[113] Vgl. Schneeloch, D., Steuerpolitik, 2002, S. 68 f.

Verhältnis des gesamten Steueraufwandes aus Ertragsteuern zum Vorsteuerergebnis (IAS 12.86):

$$Steuerquote = \frac{Tatsächlicher + latenter\ Ertragsteueraufwand}{Jahresüberschuss\ vor\ Steuern}.$$

Die erforderlichen Informationen zur Ermittlung dieser Kennzahl sind den Jahresabschlussangaben und dem Anhang zu entnehmen, wodurch die Konzernsteuerquote für Investoren leicht zugänglich ist. Dabei erfüllt sie verschiedene Funktionen. Einerseits wird sie zur Ermittlung der am Kapitalmarkt verwendeten Beurteilungsgröße „earnings per share", also dem Nettovermögenszuwachs pro Aktie als Nachsteuergröße herangezogen.[114] Andererseits stellt die Konzernsteuerquote selbst eine eigenständige Benchmarking-Kennzahl dar, die von Investoren zum Vergleich von Unternehmen verwendet wird und für die Effektivität der Steuerpolitik des Unternehmens steht.[115] Insgesamt nimmt die Konzernsteuerquote über diese Funktionen Einfluss auf Investitionsentscheidungen und ist daher in der Steuerplanung des Unternehmens zu berücksichtigen.[116] Der Steuerabteilung stehen verschiedene Ansatzpunkte zur Gestaltung der Konzernsteuerquote zur Verfügung. Aus den Bestandteilen der Steuerquote ist abzuleiten, dass eine Beeinflussung sowohl über den Ertragsteueraufwand als auch über das Jahresergebnis erfolgen kann. Bei gleichem Jahresüberschuss vor Steuern führt ein geringerer Steueraufwand, tatsächlich oder latent, zu einer Senkung der Konzernsteuerquote. Entsprechend führt ein höheres Konzernergebnis bei unverändertem oder lediglich geringer ansteigendem Steueraufwand ebenfalls zur Senkung der Konzernsteuerquote.[117]

Aus der Definition der Konzernsteuerquote ergibt sich, dass der Verlauf der Quote eine Kurve darstellt, deren Niveau in Abhängigkeit des Unternehmensergebnisses liegt. Hieraus folgt, dass der Einfluss bestimmter Faktoren bei einem niedrigen Vorsteuerergebnis wesentlich höher ausfällt als bei einem hohen Vorsteuerergebnis. Die Kurve verläuft demnach bei sehr geringen Ergebnissen gegen unendlich, bei sehr hohen Ergebnissen nähert sie sich einer konstanten Rate, sodass sie in diesem hohen Bereich gleichzeitig

---

[114] Vgl. Kröner, M./Benzel, U., Konzernsteuerquote, 2008, S. 1092.
[115] Vgl. Herzig, N./Dempfle, U., DB 2002, S. 1; Müller, R., DStR 2002, S. 1684 f.; Haarmann, W., Konzernsteuerquote, 2002, S. 368; Herzig, N., WPg-Sonderheft 2003, S. S80; Ortgies, K., Konzernsteuerquote, 2006, S. 3 f.
[116] Siehe hierzu Becker, J./Fuest, C./Spengel, C., ZfbF 2006, S. 730-742.
[117] Vgl. Dempfle, U., Konzernsteuerquote, 2006, S. 275; Spengel, C./Kamp, A., Steuerkonsolidierung, 2008, S. 516.

stabiler verläuft und weniger stark auf schwankende Ergebnisse reagiert.[118] Aus diesem Zusammenhang ergibt sich, dass die Zielsetzung für die Steuerabteilung die Verschiebung der Kurve auf ein stabiles Niveau beinhaltet und nicht das Erreichen einer fest vorgegebenen, besonders niedrigen Konzernsteuerquote.[119] Es wird ebenfalls deutlich, dass die Steuerabteilung nicht allein verantwortlich für die Höhe der Konzernsteuerquote ist, da das Niveau der Kurve maßgeblich durch das Vorsteuerergebnis bestimmt wird und somit der operative Bereich des Konzerns erheblichen Einfluss auf die Quote nimmt.[120] Trotz gestalterischer Maßnahmen und der Verschiebung der Quote auf einen niedrigeren Verlauf kann die Konzernsteuerquote ansteigen, wenn gleichzeitig die operativen Ergebnisse sinken.[121]

Ein bedeutender Bestandteil bei der Ermittlung der Konzernsteuerquote ist der latente Steueraufwand. Die Berücksichtigung latenter Steuern ist insofern notwendig, um einen sinnvollen Zusammenhang zwischen handelsrechtlichem Jahresüberschuss und dem auf der Steuerbilanz basierenden tatsächlichen Steueraufwand herzustellen.[122] Latente Steuern werden aufgrund temporärer Differenzen zwischen Handels- und Steuerbilanz gebildet, damit der in der Handelsbilanz abgebildete Steueraufwand dem entspricht, der bei einer Besteuerung des Handelsbilanzergebnisses angefallen wäre. Dies führt jedoch dazu, dass die Wirkung steuergestalterischer Maßnahmen, die lediglich eine zeitliche Verschiebung der Bemessungsgrundlage beinhalten, durch den Einbezug latenter Steuern kompensiert wird und keine Senkung der Konzernsteuerquote erreicht wird. Hierunter fallen steuerbilanzpolitische Maßnahmen wie z. B. die Nutzung degressiver Abschreibungsmethoden, bei denen der Abschreibungsaufwand zeitlich vorverlagert wird, sowie Verlustnutzungsstrategien, die eine zeitnahe Verrechnung der Verlustvorträge ermöglichen. Für Verlustvorträge wird unter der Voraussetzung der wahrscheinlichen Nutzung eine latente Steuerposition gebildet, sodass ein latenter Steuerertrag bereits den Gesamtsteueraufwand mindert, ohne dass eine Verrechnung des Verlustvortrags vorliegt. Im Zeitpunkt der tatsächlichen Nutzung wird die Minderung des Steueraufwands durch die Auflösung der latenten Steuerposition kompensiert und es entsteht keine

---

[118] Siehe hierzu Kröner, M./Benzel, U., Konzernsteuerquote, 2008, S. 1094 f.; Kuhn, S./Röthlisberger, R./Niggli, S., ST 2003, S. 639 f.

[119] Vgl. Kröner, M./Benzel, U., Konzernsteuerquote, 2008, S. 1098. Die Kurve verläuft im Verlustbereich spiegelbildlich, sodass in diesem Fall eine Verschiebung der Kurve auf ein höheres Niveau angestrebt wird, sodass ein möglichst hoher Steuervorteil aus dem negativen Ergebnis erzielt wird.

[120] Vgl. Spengel, C./Kamp, A., Steuerkonsolidierung, 2008, S. 517.

[121] Vgl. Kröner, M./Beckenhaub, C., Konzernsteuerquote, 2008, S.227; Kuhn, S./Röthlisberger, R./Niggli, S., ST 2003, S. 640.

[122] Vgl. Hannemann, S./Peffermann, P., BB 2003, S. 727; Herzig, N., WPg-Sonderheft 2003, S. S81.

Auswirkung mehr auf die Konzernsteuerquote. Dadurch werden die anhand von zeitlichen Gewinnverlagerungen erreichten Zins- und Liquiditätsvorteile durch die Konzernsteuerquote nicht abgebildet. Dies liegt an einer fehlenden Abzinsung der latenten Steuerpositionen. Hierdurch entsteht ein Konflikt zwischen einer am Steuerbarwert ausgerichteten Steuerplanung und einer Ausrichtung an der Konzernsteuerquote.[123] Durch die Konzernsteuerquote werden folglich nur dauerhafte Minderungen der Bemessungsgrundlage dargestellt. Demnach zählen zu den steuerlichen Gestaltungsmaßnahmen die Senkung der Gesamtbemessungsgrundlage sowie die Reduzierung der relevanten Steuersätze.[124] Für eine langfristige Beeinflussung und Senkung der Konzernsteuerquote ist eine Steuerplanung anhand von strukturellen Einflussfaktoren vorzunehmen, d. h. der Konzern ist so zu gestalten, dass die entsprechenden Maßnahmen die Steuerquote nachhaltig reduzieren.[125] Zusätzlich reagiert die Konzernsteuerquote auf kurz- und mittelfristige Sondereinflüsse, die jedoch aufgrund ihrer fehlenden Nachhaltigkeit nicht den Fokus der Steuerplanung darstellen.

Zur Analyse der Zusammensetzung der Steuerquote hinsichtlich dieser strukturellen Effekte und Sondereinflüsse dient die Überleitungsrechnung (tax reconciliation).[126] Die steuerliche Überleitungsrechnung gehört zu den erforderlichen Abschlussangaben (IAS 12.81) und zeigt, wie sich der effektive Steueraufwand bzw. die effektive Steuerquote der Gewinn- und Verlustrechnung von dem erwarteten Steueraufwand bzw. der erwarteten Steuerquote herleitet.[127] Im Rahmen des häufig verwendeten Home Based Ansatzes wird ein kombinierter Ertragsteuersatz[128] des Sitzstaates der Konzernzentrale zugrunde gelegt und anhand der verschiedenen Einflussfaktoren aufgezeigt, wie sich der effektive Steuersatz daraus ableitet.[129] Zu den strukturellen Modifikationen gehören vor allem die Nutzung des internationalen Steuergefälles, die Nutzung von Steueranrechnungsbeträgen, die Vermeidung nicht abzugsfähiger Betriebsausgaben, die Generierung steuerfrei-

[123] Vgl. Herzig, N./Dempfle, U., DB 2002, S. 4 f.; Müller, R., DStR 2002, S. 1687; Schmidt-Ahrens, L., Steuerplanung, 2003, S. 151 ff.; Scheffler, W./Eickhorst, D., BB 2004, S. 821; Spengel, C., Einflussfaktoren, 2005, S. 180.
[124] Siehe hierzu Müller, R., DStR 2002, S. 1687 f.; Spengel, C./Kamp, A., Steuerkonsolidierung, 2008, S. 518.
[125] Vgl. Hannemann, S./Peffermann, P., BB 2003, S. 728; Dempfle, U., Konzernsteuerquote, 2006, S. 275 f.
[126] Siehe hierzu auch Spengel, C./Kamp, A., Steuerkonsolidierung, 2008, S. 519.
[127] Vgl. hierzu Kirsch, H., StuB 2002, S. 1191.
[128] Siehe zur Bestimmung eines fiktiven Steuersatzes Baetge, J./Lienau, A., Analyse, 2005, S. 436 f.
[129] Vgl. Kirsch, H., StuB 2002, S. 1193. Alternativ zum Home Based Ansatz wird beim Konzernansatz für den erwarteten Steuersatz ein Mischsteuersatz aller beteiligten Staaten verwendet. In diesem Fall sind jedoch Effekte aufgrund von internationalen Steuersatzdifferenzen nicht erkennbar.

er Einkünfte sowie die Nutzung von Qualifikationskonflikten.[130] Werden z. B. Gewinne in ein Niedrigsteuerland verlagert, kommt auf einen Teil des Ertrags ein geringerer Steuersatz als der erwartete Steuersatz des Heimatstaates zur Anwendung, sodass die effektive Steuerquote dadurch reduziert wird. Ein vergleichbarer Effekt wird durch steuerfreie Erträge generiert, da auf diesen Teil des Einkommens keine Steuer berechnet wird. Einmalige Effekte ergeben sich aus Sondereinflüssen, die sich z. B. im Rahmen einer Gesetzesänderung ergeben. Hierbei kann eine Neubewertung der latenten Steuerpositionen aufgrund einer Steuersatzänderung zu erheblichen Verzerrungen der effektiven Steuerquote führen, weshalb dieser Effekt isoliert und entsprechend kommuniziert werden sollte.[131] Die Aufgabe für die Steuerabteilung besteht somit nicht nur in der Reduzierung der Steuerquote durch steuergestaltende Maßnahmen, sondern auch in der Analyse und Aufbereitung der jeweiligen Einflussfaktoren sowie in der externen und internen Kommunikation darüber. In diesem Zusammenhang wird deutlich, dass die Zuständigkeit für die Konzernsteuerquote innerhalb der Steuerabteilung liegt. Aus diesem Grund sollte die Verantwortung für den Bereich der latenten Steuern nicht nur im Rechnungswesen angesiedelt sein, sondern auch in der Steuerabteilung liegen, um einen entsprechenden Einfluss darauf zu ermöglichen.[132]

Die Bedeutung der Konzernsteuerquote in der Praxis ist folglich differenziert zu betrachten. Als alleinige Zielgröße für steuerplanerische Maßnahmen ist sie eher ungeeignet.[133] Nichtsdestotrotz besitzt die Konzernsteuerquote eine bedeutsame Funktion sowohl am Kapitalmarkt als auch innerhalb des Unternehmens, sodass eine Ausrichtung der Tätigkeiten an dieser Zielgröße gewährleistet sein sollte. Innerhalb des Konzerns findet die Konzernsteuerquote zudem Verwendung in anderen Bereichen, z. B. dient diese Größe im Rahmen der Finanzabteilung als relevante Steuerquote für Planungsrechnungen, sodass die Steuerabteilung diese Kennzahl liefern muss. Die Darstellung und Überwachung der Konzernsteuerquote gehört somit zu den Aufgaben einer Steuerabteilung.

Zusammenfassend ist festzuhalten, dass im Rahmen der Steuerplanung Bemessungsgrundlageneffekte und Steuersatzeffekte durch die Konzernsteuerquote abgebildet wer-

---

[130] Vgl. hierzu Herzig, N./Dempfle, U., DB 2002, S. 5; Kuhn, S./Röthlisberger, R./Niggli, S., ST 2003, S. 642; Hannemann, S./Peffermann, P., BB 2003, S. 728 f.
[131] Vgl. Hannemann, S./Peffermann, P., BB 2003, S. 731 f.; Kröner, M./Benzel, U., Konzernsteuerquote, 2008, S. 1099.
[132] Vgl. Müller, R., DStR 2002, S. 1685; Kröner, M./Beckenhaub, C., Konzernsteuerquote, 2008, S. 231.
[133] Vgl. Schmidt-Ahrens, L., Steuerplanung, 2003, S. 153.

den. Allerdings haben aufgrund der Berücksichtigung latenter Steuern reine Zeiteffekte keinen Einfluss auf die Steuerquote. Dies bedeutet, dass steuerbilanzpolitische Maßnahmen bzw. eine zeitnahe Verlustnutzung bei alleiniger Ausrichtung an der Konzernsteuerquote nicht zu den Maßnahmen der Steuerplanung gehören. Diese Faktoren sollten jedoch aus Sicht der relativen Steuerbarwertminimierung nicht vernachlässigt werden, da hierdurch Zins- und Liquiditätsvorteile erreicht werden können.[134] Ebenso sind die Nicht-Ertragsteuern bei der Ermittlung der Konzernsteuerquote nicht enthalten. Diese Aspekte sollten daher über ein separates Steuermanagement Berücksichtigung finden.[135] Im Ergebnis ist festzuhalten, dass für eine umfassende Steuerplanung die Berücksichtigung beider Belastungsmaße erforderlich ist. Aus diesem Grund werden der Steuerbarwert und die Konzernsteuerquote nebeneinander als Zielgröße für die Steuerplanung in der Konzernsteuerabteilung verwendet.

2.3.2 Aufgaben der Konzernsteuerabteilung in der Konzernsteuerplanung

2.3.2.1 Steuerbelastungsplanung

Der erste Bereich der Steuerplanung bezieht sich darauf, die zukünftige Steuerbelastung zu ermitteln, d. h. eine Steuerplanungsrechnung aufzustellen. Die Prognose der zu erwartenden Steuerzahlungen unterstützt dabei zwei verschiedene Zielsetzungen. Zum einen ist der Liquiditätsbedarf zu planen, sodass für die fällig werdenden Steuerzahlungen ausreichend Mittel zur Verfügung stehen. Zum anderen kann durch eine Planung der Steuervorauszahlungen ein Liquiditätsvorteil und gleichzeitig eine Senkung des Steuerbarwerts erreicht werden.

Eine Aufgabe der Finanzplanung eines Konzerns ist die Sicherstellung der Liquidität. Steuern verursachen regelmäßig Auszahlungen, die in die Liquiditätsplanung einbezogen werden müssen.[136] Bei der Planung sind die verschiedenen Steuerarten zu berücksichtigen. Der Planungszeitraum richtet sich nach der Finanzplanung. Insgesamt sind neben der Höhe der Steuerzahlungen auch die Zeitpunkte der Zahlung zu planen. Dabei sind auch ggf. anfallende Einmalzahlungen für bestimmte Geschäftsvorgänge (z. B.

---

[134] Siehe Kapitel 2.3.1.2.
[135] Vgl. Herzig, N., WPg-Sonderheft 2003, S. S84 f.
[136] Vgl. Wacker, W.H., Steuerplanung, 1979, S. 158; Horváth, P., Controlling, 2002, S. 270.

Kauf eines Grundstücks) und Betriebsprüfungen zu berücksichtigen. Die Planung solcher Zahlungen unterliegt jedoch höheren Ungenauigkeiten, da nicht alle Vorgänge vorhersehbar sind. Insbesondere die Abschlusszahlung nach einer Betriebsprüfung ist nur schwer kalkulierbar, da im Rahmen der Betriebsprüfung einerseits nicht erkannte Risiken aufgedeckt werden können und andererseits bekannte Risiken nicht unbedingt zu einer Nachzahlung führen.[137]

Zusätzlich zur reinen Liquiditätsplanung können durch eine gute Steuerbelastungsplanung echte Vorteile erzielt werden. Der zweite Bereich der Belastungsplanung konzentriert sich daher auf die Steuer-Vorauszahlungen. Die Steuer-Vorauszahlungen werden seitens des Finanzamts festgesetzt und beziehen sich auf die Ertragsteuern.[138] Im Rahmen der Ertragsteuern wird das Veranlagungsjahr besteuert, sodass ohne Vorauszahlungen die Steuern erst nach Abgabe der Steuererklärung und nach Festsetzung der Steuern per Bescheid gezahlt werden würden. Zur Sicherung des Mittelzuflusses im Bundeshaushalt werden daher von der Finanzverwaltung Steuer-Vorauszahlungen für das laufende Jahr gefordert. Für die Berechnung werden die Ergebnisse und Bemessungsgrundlagen des Vorjahres bzw. des letzten veranlagten Jahres zugrundegelegt. Unter diesen Voraussetzungen ist es Aufgabe der Steuerabteilung, die laufenden Vorauszahlungen zu kontrollieren und ggf. rechtzeitig anzupassen. Dies ist vor allem dann vorteilhaft, wenn sich die Ertragslage des laufenden Jahres im Vergleich zum Vorjahr verschlechtert, d. h. wenn mit niedrigeren Gewinnen zu rechnen ist.[139] In diesem Fall werden die Vorauszahlungen aufgrund einer zu hohen Bemessungsgrundlage berechnet. Insgesamt wird die korrekte Steuer im Rahmen des Veranlagungsverfahrens ermittelt und zu viel gezahlte Steuerbeträge werden erstattet. Wie jedoch bereits in Kapitel 2.2.3 gezeigt, kann die Veranlagung von Konzerngesellschaften und vor allem des Organträgers erst im übernächsten Jahr nach Ablauf des betroffenen Veranlagungsjahres stattfinden, sodass hier ein deutlicher Zins- und Liquiditätsnachteil entsteht. Durch rechtzeitige Anpassung dieser Vorauszahlungen kann ein solcher Nachteil verhindert werden.

Zur Kontrolle der laufenden Vorauszahlungen ist eine Planung der steuerlichen Bemessungsgrundlagen erforderlich. Die Grundlage hierfür bildet die Planungsrechnung des Konzerns, in der die einzelnen Planergebnisse der Konzerngesellschaften enthalten sind.

---

[137] Siehe hierzu Hebig, M., Steuerabteilung, 1984, S. 254ff.
[138] Für andere Steuerarten ist dies nicht erforderlich, da diese entweder nicht regelmäßig anfallen oder anhand von Steuer-Voranmeldungen wie z. B. bei der Umsatzsteuer laufend gezahlt werden.
[139] Vgl. hierzu auch Hebig, M., Steuerabteilung, 1984, S. 262.

Für das laufende Jahr können diese Planzahlen aufgrund der bereits verwirklichten Ergebnisse aktualisiert werden. Die Werte der Planungsrechnung stammen dabei aus dem Rechnungswesen und dem Controlling. Darauf aufbauend sind diese Werte in eine Steuerrechnung zu überführen, um die erwartete Steuerbelastung zu bestimmen. Die im Rahmen der Steuerrechnung erforderlichen Parameter und Werte sind ebenfalls zu planen. Die auf diese Weise errechnete Steuerlast stellt die erwartete Summe der Vorauszahlungen für das entsprechende Veranlagungsjahr dar. Die festgesetzten Vorauszahlungsbeträge der Finanzverwaltung sollten davon nicht signifikant abweichen. Sind die Vorauszahlungsbeträge zu hoch angesetzt, so ist eine entsprechende Änderung der Vorauszahlungen zu beantragen. Eine Herabsetzung der Vorauszahlungen ist jedoch nicht ohne Begründung durchzusetzen, sodass durch die Steuerabteilung plausibel dargelegt werden muss, dass sich die Steuerbemessungsgrundlage für das betreffende Jahr der Vorauszahlungen gegenüber dem Vorjahr mindert.

Eine auf diese Weise vorgenommene Planung der Steuervorauszahlungen entspricht somit im weiteren Sinne auch dem Steuerbarwert-Konzept. Eine Verschiebung der Steuerzahlungen auf einen möglichst späten Zeitpunkt bzw. die Senkung der Steuerzahlungen des laufenden Jahres verringert den Steuerbarwert. Das Steuerbarwertmodell betrachtet zwar regelmäßig Steuerzahlungen je Veranlagungsperiode, lässt sich aber auch auf eine Quartalsbetrachtung übertragen, da auch hier Zins- und Liquiditätsvorteile generiert werden.

Die Aufgabe der Überwachung der Steuervorauszahlungen sollte vergleichbar zu den Compliance Aufgaben für jedes Land durchgeführt werden. Die lokalen Steuerrechnungen werden in der Regel bereits von den jeweiligen Steuerexperten vor Ort erstellt, sodass eine Steuerrechnung zur Vorauszahlungsplanung ebenfalls lokal durchgeführt werden kann. Mit der Konzernzentrale sollte in diesem Zusammenhang eine Abstimmung der Planergebnisse erfolgen. Darüber hinaus sollte die Konzernzentrale, wenn möglich, geplante oder absehbare außerordentliche Ereignisse, die für die Höhe der Vorauszahlungen relevant sind, kommunizieren. Die Steuerexperten vor Ort können daraufhin eine erforderliche Anpassung der Vorauszahlungen vornehmen und durchsetzen. Die Anpassung von Steuervorauszahlungen geschieht in der Regel auf Basis der Vorschriften zum Besteuerungs- und Veranlagungsverfahren, sodass diese Aufgabe in dieselbe Zuständigkeit wie die Erfüllung des Compliance Prozesses fällt.

2.3.2.2 Optimierung der Steuerbelastung

2.3.2.2.1 Allgemeine Maßnahmen und Zielsetzungen

Neben der reinen Belastungsplanung ist die Steuerabteilung für die Optimierung der Steuerbelastung zuständig. Hierfür ist eine Ausrichtung der Tätigkeiten an den bereits dargestellten quantitativen Zielgrößen Steuerbarwert und Konzernsteuerquote erforderlich. Für eine Verbesserung der Steuerposition stehen verschiedene Ansatzpunkte aus den unterschiedlichen Geschäftsbereichen zur Verfügung.[140] Die grundsätzliche Wirkung der verschiedenen Ansätze auf die Zielgrößen wird nachfolgend kurz erläutert, bevor in den darauf folgenden Kapiteln näher auf die steuerplanerischen Maßnahmen und Aufgaben der Steuerabteilung eingegangen wird.

Als erster Ansatzpunkt sind die Bemessungsgrundlageneffekte zu betrachten, die sowohl die Konzernsteuerquote als auch den Steuerbarwert mindern. Die Steuerbemessungsgrundlage wird durch Verrechnung von Erträgen und Aufwendungen ermittelt, sodass eine Reduzierung der Bemessungsgrundlage einerseits durch die Verringerung der steuerpflichtigen Erträge sowie andererseits durch die Erhöhung der steuerlichen Aufwandsabzüge erreicht wird.

Das erste Subziel der Steuerplanung zur Senkung der Bemessungsgrundlage ist daher die Verringerung der steuerpflichtigen Erträge. Zu diesem Ziel gehört eine steuerfreie Vereinnahmung der Erträge in möglichst großem Umfang.[141] In diesem Zusammenhang ist vor allem darauf zu achten, dass Erträge nicht doppelt besteuert werden, wenn diese innerhalb des Konzerns weitergeleitet werden. Eine Reduzierung der steuerpflichtigen Erträge kann darüber hinaus durch die Nutzung von Qualifikationskonflikten erreicht werden, wenn Erträge hierdurch nicht erfasst werden. Als weitere Maßnahme ist sicherzustellen, dass den Erträgen aus konzerninternen, schuldrechtlichen Beziehungen ein gleich hoher Aufwandsabzug gegenübersteht und die Gesamtbemessungsgrundlage hierdurch nicht erhöht wird.[142]

---

[140] Siehe hierzu Schmidt-Ahrens, L., Steuerplanung, 2005, S. 149 ff.; Jacobs, O.H., Unternehmensbesteuerung, 2007, S. 856 ff.
[141] Vgl. Dempfle, U., Konzernsteuerquote, 2006, S. 280.
[142] Vgl. zu den verschiedenen Maßnahmen Grotherr, S., Grundlagen, 2003, S. 11 f.; Schmidt-Ahrens, L., Steuerplanung, 2005, S. 147; Lühn, A., Konzernsteuerplanung, 2009, S. 25.

Das zweite Subziel zur Reduzierung der steuerlichen Bemessungsgrundlage umfasst die Erhöhung der steuerlichen Aufwandsabzüge. Die Zielsetzung hierbei ist eine möglichst hohe Aufwandsverrechnung, d. h. dass die entstandenen Aufwendungen im Idealfall alle steuerlich wirksam sind und das zu versteuernde Einkommen und dadurch die zu zahlende Steuerlast mindern. Im Rahmen dieses Subziels ist vor allem die Vermeidung der Nichtabzugsfähigkeit von Betriebsausgaben enthalten, aber auch das Erreichen eines mehrfachen Abzugs der Aufwendungen aufgrund von Zurechnungskonflikten sowie die Vermeidung des Untergangs von Aufwandsvorträgen.[143]

Das dritte Subziel zur Reduktion der Steuerbemessungsgrundlage betrifft Verluste. Die steuerliche Bemessungsgrundlage wird zusätzlich durch die Verrechnung von laufenden Verlusten bzw. Verlustvorträgen gemindert. Vergleichbar zu den laufenden Aufwendungen bzw. Aufwandsvorträgen gibt es in diesem Zusammenhang zwei Zielsetzungen für die Steuergestaltung im Konzern. Zum einen sind Verluste und Verlustvorträge möglichst zeitnah mit Gewinnen zu verrechnen, zum anderen ist zu gewährleisten, dass Verluste überhaupt steuerlich nutzbar sind. Die Ziele zur Erhöhung der steuerlichen Verlustabzüge sind demnach die Vermeidung der Entstehung nicht nutzbarer Verlustvorträge sowie die Vermeidung des Verfalls bzw. des Untergangs von Verlustvorträgen.[144]

Weitere Ansatzpunkte zur Steuerplanung sind Steuersatzeffekte, die sich ebenfalls auf die steuerlichen Zielgrößen Steuerbarwert und Konzernsteuerquote auswirken. Die auf die Bemessungsgrundlagen anzuwendenden Steuersätze bestimmen maßgeblich die Steuerlast für den Konzern. Daher ist es ein Ziel der Steuerplanung, die relevanten Steuersätze zu verringern.[145] Zu diesen relevanten Steuersätzen zählen die jeweiligen Ertragsteuersätze der Tätigkeitsstaaten sowie die Quellensteuersätze. Aufgrund der unterschiedlichen Höhe dieser Steuersätze besteht die Möglichkeit, durch entsprechende Gestaltungen die Steuerlast zu senken. Zu den Gestaltungsmöglichkeiten zählen Gewinnverlagerungen in einen Staat mit einem niedrigeren Steuerniveau, das Ausnutzen von Steuersatzänderungen sowie die Nutzung unterschiedlicher Steuersätze auf verschiedene Einkunftsarten.[146]

---

[143] Vgl. Lühn, A., Konzernsteuerplanung, 2009, S. 29.
[144] Vgl. Lühn, A., Konzernsteuerplanung, 2009, S. 32.
[145] Vgl. Grotherr, S., Grundlagen, 2003, S. 11.
[146] Vgl. hierzu Lühn, A., Konzernsteuerplanung, 2009, S. 34.

Neben den Bemessungsgrundlagen- und Steuersatzeffekten gibt es weitere Ansatzpunkte zur Optimierung der Gesamtsteuerbelastung. Eine Minderung der steuerlichen Zielgrößen kann z. B. ebenfalls durch eine direkte Reduzierung des Steueraufwands erreicht werden. Eine solche Reduzierung erfolgt durch die Anrechnung ausländischer Quellensteuern im Rahmen der Anrechnungsmethode zur Vermeidung grenzüberschreitender Doppelbesteuerungen. Die Anrechnung von Steuerbeträgen ist in der Regel begrenzt auf die anteilige inländische Steuer, die auf die ausländischen Einkünfte anfällt. Bei einem höheren ausländischen Steuerniveau kann es dadurch zu Anrechnungsüberhängen kommen. Ein Anrechnungsüberhang erhöht die Gesamtsteuerbelastung, da hierdurch ein Teil der Einkünfte doppelt besteuert wird. Zu den Zielsetzungen der Steuerplanung gehört daher die Vermeidung von Anrechnungsüberhängen bzw. die Sicherstellung der Steueranrechnung. Die Minderung des tatsächlichen Steueraufwands zeigt sich dabei sowohl in der Konzernsteuerquote als auch im Steuerbarwert.

Ein weiterer Bereich der Steuerplanung sind steuerbilanzpolitische Maßnahmen zur Beeinflussung des Zeitpunkts der Gewinnrealisierung. Durch zeitliche Gewinnverlagerungen wird die Gesamtbemessungsgrundlage über die Betrachtungsperiode hinweg zwar nicht gemindert, jedoch entstehen durch die zeitliche Verschiebung der Steuerzahlungen Liquiditätsvorteile.[147] Solche Zeiteffekte mindern lediglich die Zielgröße des Steuerbarwerts, da Differenzen der Steuerbilanz zur Handelsbilanz durch latente Steuern ausgeglichen werden, die wiederum in die Konzernsteuerquote einbezogen werden und den Zeiteffekt somit kompensieren. Zur Erzielung von Zinsvorteilen sind die Möglichkeiten der zeitlichen Gewinnverlagerung jedoch stets auszunutzen. Solche Möglichkeiten ergeben sich aus Wahlrechten innerhalb der Steuerbilanz, z. B. im Rahmen der Abschreibungsmethode und des Abschreibungszeitraums bzw. beim Ansatz von Rückstellungen. Ziel der Steuerplanung ist es in diesem Zusammenhang, den Aufwand vorzuverlagern und Gewinne möglichst spät auszuweisen.

Vor dem Hintergrund dieser Zielsetzungen ist es die Aufgabe der Steuerabteilung, ein steuerliches Gesamtoptimum für den Konzern herzustellen, d. h. im Idealfall ist der Konzern so aufzubauen, dass für alle steuerlichen Sachverhalte lediglich die minimale Belastung anfällt. Ein internationaler Konzern ist jedoch sehr komplex, was eine solche Gesamtoptimierung erschwert. Insbesondere die Struktur des Konzerns ist aufgrund betriebswirtschaftlicher und ökonomischer Aspekte entstanden, die nicht automatisch

---

[147] Vgl. Scheffler, W. Besteuerung, 2007, S. 386.

der steuergünstigsten Gestaltung entsprechen. Die Steuerplanung hat daher hauptsächlich im Rahmen der gegebenen Strukturen zu erfolgen, in einzelnen Fällen ist jedoch auch eine Veränderung der Struktur zur Steuerersparnis umsetzbar. Für diese Zwecke lassen sich verschiedene Eingriffsbereiche definieren, in welchen die Steuerabteilung vornehmlich tätig wird. Im Rahmen dieser Bereiche ist es die Aufgabe der Steuerabteilung, eine zentrale Strategie festzulegen, die durch die Konzerntochtergesellschaften umzusetzen ist. Zur Durchsetzung dieser strategischen Vorgaben sind die aus der Organisationsstruktur zugewiesenen Weisungsrechte gegenüber den Konzerngesellschaften erforderlich.

Zu den verschiedenen Maßnahmen und Eingriffsbereichen gehören insbesondere die konzerninternen Beziehungen und Zahlungsströme sowie strukturelle Veränderungen, daher werden nachfolgend die Steuerplanungsbereiche Gewinnverlagerung, Finanzierungsentscheidung, Planung der Ausschüttungsbelastung, Verlustnutzung und aperiodische Vorgänge betrachtet. Dabei ist es Aufgabe der Steuerabteilung, die zuvor dargestellten Subziele der Steuerplanung, soweit relevant, im Rahmen dieser Maßnahmen zu berücksichtigen und umzusetzen.

2.3.2.2.2 Gewinnverlagerungen

Die Gewinne eines Konzerns werden in der Regel in dem Staat der Besteuerung unterworfen, in dem die Erträge generiert werden. Über eine entsprechende Funktionsverteilung ist es daher möglich, die Erträge auf Ebene einer Tochtergesellschaft in einem Niedrigsteuerland anfallen zu lassen und dort zu versteuern. Die Dividenden der Tochter an die Mutter sind wiederum steuerfrei zu vereinnahmen. Hierdurch wird insgesamt eine Senkung auf das niedrigere Auslandsteuerniveau erreicht. Die Nutzung des internationalen Steuergefälles ist darüber hinaus aufgrund der Möglichkeit von konzerninternen, schuldrechtlichen Liefer- und Leistungsbeziehungen zwischen den rechtlich selbständigen Konzerngesellschaften erreichbar, z. B. durch Gestaltung der Verrechnungspreise. Im Rahmen dieser Verträge entsteht bei einer Gesellschaft Aufwand und bei der anderen Gesellschaft ein entsprechender Ertrag. Zur Optimierung der Steuerbelastung können Gewinn- und Aufwandsverlagerungen vorgenommen werden, sodass die Gewinne möglichst gering besteuert werden und der Aufwand einen möglichst hohen Steuereffekt erzielt. Bei solchen Gestaltungen ist darauf zu achten, dass keine Bemessungsgrundlagennachteile entstehen, wenn die vertraglichen Vereinbarungen bei einer Gesellschaft nicht anerkannt werden und die nachträgliche Anpassung jedoch nicht auf beiden Seiten nachvollzogen wird.[148]

Die Grundlage für die Bestimmung der Verrechnungspreise bilden die Funktionen, Chancen und Risiken der einzelnen Konzerngesellschaften, sodass im Rahmen der strategischen Verrechnungspreispolitik die Verteilung dieser Merkmale und die Auswahl der entsprechenden Verrechnungspreismethoden zu optimieren sind.[149] Die Funktionsverteilung basiert jedoch vornehmlich auf betriebswirtschaftlichen Aspekten und ist für die steuerliche Optimierung in der Regel als gegeben zu betrachten. Vor diesem Hintergrund sind auch die vereinbarten Verrechnungspreise oftmals aus betriebswirtschaftlicher Sicht entstanden, sodass es zu den Aufgaben der Steuerabteilung gehört, diese Vertragsgestaltungen auf ihre Angemessenheit hin zu überprüfen.[150] Basierend auf dieser Funktionsanalyse[151] kann die Verrechnungspreisgestaltung steuerlich optimiert werden. Hierzu sind die zulässigen Bandbreiten für die verschiedenen Verrechnungspreise zu bestimmen und entsprechend den steuerlichen Zielsetzungen auszunutzen, welches auch als taktische Verrechnungspreispolitik verstanden wird.[152] Ist die Empfängergesellschaft der Leistungen in einem Hochsteuerland ansässig, so sollten die vereinbarten Verrechnungspreise möglichst hoch innerhalb der angemessenen Bandbreiten angesetzt werden, sodass eine hohe Steuerersparnis erreicht werden kann und umgekehrt. Die Konzerngesellschaften erhalten hierzu konkrete Vorgaben für die Margen bei der Preisfestlegung. Ein weiteres wichtiges Thema für die Anerkennung der Verrechnungspreise durch die Finanzverwaltung ist die Verrechnungspreisdokumentation.[153] Die Dokumentationsanforderungen enthalten eine Sachverhalts- und eine Angemessenheitsdokumentation.[154] Im Rahmen der Sachverhaltsdokumentation ist vor allem eine Übersicht über die vorhandenen Transaktionen einschließlich der Transaktionspartner, Art der Geschäftsbeziehung sowie des Transaktionsvolumens festzuhalten.[155] Zusätzlich ist hierzu eine Funktions- und Risikoanalyse zu den zugrundeliegenden Konzernstrukturen abzugeben. Im Rahmen der Angemessenheitsdokumentation sind die verwendeten Methoden und

---

[148] Vgl. Endres, D., Steuerplanung, 2005, S. 173.
[149] Vgl. Borstell, T., Verrechnungspreispolitik, 2003, S. 325.
[150] Vgl. Jacobs, O.H., Unternehmensbesteuerung, 2007, S. 1022 f.
[151] Siehe hierzu ausführlich Baumhoff, H./Bodenmüller, R., Verrechnungspreispolitik, 2003, S. 355 ff.
[152] Vgl. Borstell, T., Verrechnungspreispolitik, 2003, S. 325.
[153] Vgl. Jacobs, O.H., Unternehmensbesteuerung, 2007, S. 1023 f.
[154] Siehe hierzu ausführlich und kritisch Schnorberger, S., DB 2003, S. 1243 f.
[155] Vgl. hierzu Endres, D./Oestreicher, A., IStR 2003 (Beihefter zu Heft 15), S. 3; Fischer, W./Looks, C./im Schlaa, S., BB 2010, S. 159.

die Berechnungsdeterminanten zur Ermittlung der Fremdvergleichspreise darzulegen, wodurch die Finanzverwaltung die Einhaltung des Fremdvergleichsgrundsatzes prüfen kann.[156] In diesem Zusammenhang sind einerseits die Methodenwahl zu begründen und andererseits die verwendeten Margen, die sich dabei sowohl auf Datenbankanalysen als auch auf Plandaten stützen.[157]

Ein zusätzliches Risiko bei Nichtanerkennung der Verrechnungspreise ist eine mehrfache Erfassung steuerpflichtiger Erträge, wenn bei einer Konzerngesellschaft eine Einkünftekorrektur vorgenommen wird, die jedoch bei der anderen Konzerngesellschaft nicht nachvollzogen wird.[158] Eine solche Korrektur hat nicht immer eine Gegenberichtigung des Aufwands im anderen Staat zur Folge, sodass die Erträge insgesamt mehrfach in der Bemessungsgrundlage des Konzerns enthalten sind. Die Verantwortung für die Anerkennung der Verrechnungspreise liegt in der zentralen Steuerabteilung, sodass auch die erforderlichen Dokumentationen zentral zu überwachen sind. Die Steuerabteilung erstellt daher Vorlagen für die Dokumentation, die den Konzerngesellschaften zur Verfügung gestellt werden. Ein zentrales Management der Verrechnungspreise und ihrer Dokumentation ist bereits deswegen erforderlich, weil mehrere Gesellschaften daran beteiligt sind und eine entsprechende Abstimmung erfolgen muss. Zur Gewährleistung der Anerkennung der Verrechnungspreise können darüber hinaus bereits vorab Vereinbarungen mit der Finanzbehörde getroffen werden, in denen für einen bestimmten Zeitraum die zugrundeliegende Verrechnungspreismethode sowie die damit ermittelte Bandbreite der Fremdvergleichspreise festgelegt werden.[159] Die in solchen Advanced Pricing Agreements (APA) vereinbarten Bedingungen für die Verrechnungspreise werden durch die Finanzverwaltung im Vorfeld geprüft, wodurch im Rahmen einer späteren Außenprüfung lediglich die Einhaltung der vereinbarten Bedingungen zu prüfen ist. Durch solche Vereinbarungen wird das Risiko der Nichtanerkennung der Höhe der Verrechnungspreise reduziert. Zur Einhaltung der angemessenen Ergebnisse aus den konzerninternen Liefer- und Leistungsbeziehungen gehört es zu den Aufgaben der Steuerabteilung, die vereinbarten Bedingungen zu dokumentieren und ebenfalls den Konzerngesellschaften zur Verfügung zu stellen. Es ist darüber hinaus zentral zu überwachen, für welche Geschäftsbeziehungen und welche Zeiträume solche Verständigungen getroffen wurden. Die Möglichkeiten und die Ausgestaltung solcher Vereinbarungen kön-

---

[156] Vgl. Endres, D./Oestreicher, A., IStR 2003 (Beihefter zu Heft 15), S. 3.
[157] Vgl. Schnorberger, S., DB 2003, S. 1243; Fischer, W./Looks, C./im Schlaa, S., BB 2010, S. 160 f.
[158] Vgl. Jacobs, O.H., Unternehmensbesteuerung, 2007, S. 838 f.
[159] Vgl. Grotherr, S., IStR 2005, S. 356; Jacobs, O.H., Unternehmensbesteuerung, 2007, S. 845 f.

nen von Staat zu Staat unterschiedlich ausfallen, sodass die Rahmenbedingungen hierzu ebenfalls durch die Steuerabteilung zu berücksichtigen sind. Z. B. ist in Deutschland eine Kombination aus einer Verständigungsvereinbarung mit dem betroffenen ausländischen Staat und einer verbindlichen Zusage durch die Finanzverwaltung erforderlich, um die gewählte Verrechnungspreismethode vorab festzulegen und eine Anerkennung der Verrechnungspreise zu gewährleisten.[160] Insgesamt wird deutlich, dass für die optimale Ausgestaltung der Verrechnungspreise sowie zur Erfüllung der komplexen und vielfältigen Anforderungen ein Verrechnungspreismanagement durch die Steuerabteilung aufzubauen ist.

2.3.2.2.3 Finanzierungsentscheidungen

Weitere Zahlungsströme zwischen den Konzerneinheiten entstehen aufgrund interner Darlehensvergaben, d. h. der Fremdfinanzierung von Tochtergesellschaften. Die Finanzierungsentscheidung hat wiederum Auswirkungen auf die Steuerbelastung und ist daher im Rahmen der Steuerplanung zu optimieren. Die Finanzierung ist dabei so zu wählen, dass bei vergleichbaren Kreditkonditionen der Zinsaufwand die Bemessungsgrundlage in einem Hochsteuerland mindert und der entsprechende Zinsertrag in einem Niedrigsteuerland der Besteuerung unterworfen wird.[161] Die Steuerabteilung kann in dieser Hinsicht ebenfalls eine Strategie vorgeben und für bestimmte Hochsteuerländer die Finanzierung einer Tochtergesellschaft durch Fremdkapital empfehlen. Bei der Finanzierungsentscheidung ist die Gesamtbelastung auf Ebene der Tochtergesellschaft und der Muttergesellschaft einschließlich der anfallenden Quellensteuern zu betrachten und die insgesamt günstigere Alternative aus steuerlicher Sicht vorzuziehen.[162] Auf Ebene der Tochtergesellschaft ist dabei die Steuer auf den vollen Gewinn bei Eigenkapitalfinanzierung der Steuer auf den durch Abzug des Zinsaufwands geminderten Gewinn gegenüberzustellen. Auf Ebene der Muttergesellschaft fallen bei Eigenkapitalfinanzierung auf Dividendenzahlungen Quellensteuer sowie auf 5 % der Dividende Körperschaft- und Gewerbesteuer an. Bei Fremdfinanzierung sind die Zinserträge der Körperschaft- und Gewerbesteuer zu unterwerfen und ggf. Quellensteuern zu berücksichtigen. Zu den Entscheidungsparametern gehören darüber hinaus die Erfolgssituation der Gesellschaften

---

[160] Vgl. Grotherr, S., IStR 2005, S. 350; Jacobs, O.H., Unternehmensbesteuerung, 2007, S. 848.
[161] Vgl. Herzig, N., WPg 1998, S. 292; Schänzle, T., Konzernstrukturen, 2000, S. 74; Endres, D., Steuerplanung, 2005, S. 176; Jacobs, O.H., Unternehmensbesteuerung, 2007, S. 909.
[162] Vgl. hierzu Scheffler, W., IStR 1992, S. 120; Jacobs, O.H./Spengel, C., IStR 1992, S. 127.

sowie die Refinanzierungsebene.[163] Befindet sich die Tochtergesellschaft z. B. in einer Verlustsituation, so wirkt sich der Zinsaufwand steuerlich nicht sofort aus, sodass in diesem Fall eine Eigenkapitalfinanzierung günstiger sein kann.

Im Zusammenhang mit den Finanzierungsaufwendungen sind insbesondere die verschiedenen in den einzelnen Ländern bestehenden Abzugsbeschränkungen zu beachten, sog. Thin Capitalization Rules. Im Rahmen der Finanzierungsstrategie ist zu gewährleisten, dass der Zinsaufwand vollständig steuerlich abzugsfähig ist. Das Konzept von Zinsabzugsbeschränkungen kann dabei sehr unterschiedlich sein.[164] In der Steuerabteilung sind daher Informationen über die Ausprägung dieser Vorschriften in den einzelnen Ländern vorzuhalten und die darin enthaltenen Kenngrößen für die Finanzierungsentscheidung zu berücksichtigen. Die Maßnahmen zur Einschränkung des abzugsfähigen Finanzierungsaufwands können sich dabei auf Eigen-/Fremdkapitalverhältnisse oder auf Zins-/Gewinnverhältnisse beziehen.[165] Die durch die Unternehmensteuerreform 2008 in Deutschland eingeführte Zinsschranke begrenzt etwa den zulässigen Zinsaufwand in Abhängigkeit des modifizierten Jahresüberschusses. Zinsaufwand ist nach § 4h EStG i. V. m. § 8a KStG nur in Höhe des Zinsertrags und darüber hinaus in Höhe von 30 % des steuerlichen EBITDA (verrechenbares EBITDA) als Betriebsausgabe abzugsfähig.[166] Im laufenden Veranlagungsjahr nicht abzugsfähiger Zinsaufwand wird als Zinsvortrag festgehalten und kann in den folgenden Veranlagungszeiträumen im Rahmen des zulässigen Zinsaufwands abgezogen werden.

Die Zinsschranke ist grundsätzlich bei jeder Konzerngesellschaft anzuwenden, sofern nicht ein Ausnahmetatbestand greift. Zu den Ausnahmetatbeständen gehört eine Freigrenze, sodass die Zinsschranke keine Anwendung findet, wenn der Betrag der Zinsaufwendungen weniger als drei Millionen Euro beträgt (§ 4h Abs. 2 S. 1 Buchst. a EStG).[167] Eine weitere Ausnahme stellt die Konzernklausel dar, die eine Anwendung ausschließt soweit der Betrieb nicht oder nur anteilig zu einem Konzern gehört (§ 4h Abs. 2 S. 1 Buchst. b EStG). Als dritte Ausnahme gibt es die Escape-Klausel, die über

---

[163] Vgl. Scheffler, W., IStR 1992, S. 119; Schänzle, T., Konzernstrukturen, 2000, S. 65; Jacobs, O.H., Unternehmensbesteuerung, 2007, S. 946.
[164] Siehe hierzu Herzig, N./Bohn, A., IStR 2009, S. 254 f.
[165] Vgl. hierzu Jacobs, O.H., Unternehmensbesteuerung, 2007, S. 954 ff.
[166] Vgl. zur Einführung des verrechenbaren EBITDA Rödding, A., DStR 2009, S. 2650; Herzig, N./Liekenbrock, B., DB 2010, S. 690.
[167] Unbefristete Anhebung der Freigrenze auf drei Millionen Euro durch Wachstumsbeschleunigungsgesetz vom 22.12.2009, BGBl 2009, S. 3950. Vgl. Bien, R./Wagner, T., BB 2009, S. 2631 f.; Rödding, A., DStR 2009, S. 2650.

einen Eigenkapitalvergleich die Zinsschrankenregelung aussetzt, wenn die Eigenkapitalquote eines konzernzugehörigen Betriebs am Schluss des vorangegangenen Abschlussstichtags gleich hoch oder höher ist als die des Konzerns (§ 4h Abs. 2 S. 1 Buchst. c EStG). Bei diesem Eigenkapitalvergleich ist ein Unterschreiten der geforderten Quote um 2 % unschädlich.[168] Für Körperschaften sind in § 8a KStG Rückausnahmen zu den zuvor genannten Klauseln verankert, die im Falle einer schädlichen Gesellschafterfremdfinanzierung die Anwendung der Zinsschrankenregelung sicherstellen.[169]

Darüber hinaus ist im Rahmen des Wachstumsbeschleunigungsgesetzes vom 22.12.2009 als Erleichterung zur Zinsschranke die Möglichkeit eines EBITDA-Vortrags eingeführt worden.[170] Nach § 4h Abs. 1 S. 3 ff. EStG kann der nicht genutzte Teil des verrechenbaren EBITDA in folgende Veranlagungszeiträume vorgetragen werden. Übersteigt der Zinssaldo in zukünftigen Veranlagungszeiträumen das laufende verrechenbare EBITDA, kann zusätzlicher Zinsaufwand mit dem EBITDA-Vortrag verrechnet werden. Die Nutzung des Vortrags erfolgt entsprechend der Entstehungsreihenfolge und ist auf fünf Jahre begrenzt. Der EBITDA-Vortrag ist ausgeschlossen, sofern in einem Wirtschaftsjahr einer der Ausnahmetatbestände greift. Zur Überwachung der Konsequenzen aus den Regelungen zur Zinsschranke sind durch die Steuerabteilung der laufende Zinssaldo aus Zinsaufwand und Zinsertrag, das EBITDA und ein ggf. bestehender Zins- oder EBITDA-Vortrag je Konzerngesellschaft zu betrachten. Hinsichtlich der Escape-Klauseln sind darüber hinaus die Eigenkapitalquoten der Gesellschaften und des Konzerns zu überwachen.

Das vorrangige Ziel der Steuerplanung hinsichtlich der Zinsschranke ist die Nichtanwendung der Zinsabzugsbeschränkung, sodass von der Steuerabteilung zu prüfen ist, ob die Ausnahmetatbestände erfüllt sind oder durch gestalterische Maßnahmen erfüllt werden können, z. B. durch Erfüllen der Eigenkapitalquote der Escape-Klausel oder durch Senkung des Zinsaufwands unter die Freigrenze.[171] Ergibt sich hingegen aufgrund von Thin Capitalization Rules die Nichtabzugsfähigkeit von Finanzierungsaufwand, so sind entsprechende steuerplanerische Gegenmaßnahmen zu ergreifen. Bei Anwendung der Zinsschranke kann es dann erforderlich sein, Erträge auf die betroffene Gesellschaft zu

---

[168] Erhöhung der Toleranzgrenze auf 2 % durch Wachstumsbeschleunigungsgesetz vom 22.12.2009, BGBl 2009, S. 3950. Vgl. Bien, R./Wagner, T., BB 2009, S. 2632; Rödding, A., DStR 2009, S. 2650.
[169] Vgl. hierzu Schaden, M./Käshammer, D., BB 2007, S. 2260 f.
[170] Vgl. Bien, R./Wagner, T., BB 2009, S. 2632 f.; Kessler, W./Lindemer, J., DB 2010, S. 472 f.; Herzig, N./Liekenbrock, B., DB 2010, S. 690 f.
[171] Vgl. Endres, D./Spengel, C./Reister, T., WPg 2007, S. 486.

verlagern, um das EBITDA und somit den Betrag der abzugsfähigen Zinsen zu erhöhen.[172] Ebenso wird die Anwendung der Zinsschranke vermieden, wenn durch Änderungen in der Finanzierungsstruktur entweder die Zinsaufwendungen geschmälert oder die Zinserträge dieser Gesellschaft erhöht werden können, sodass der Zinssaldo innerhalb des abzugsfähigen Betrags bleibt.[173] Durch konzerninterne Darlehensvergaben kann z. B. Zinsaufwand auf eine ausländische Gesellschaft verlagert oder auf eine Tochtergesellschaft verschoben werden, bei der der abzugsfähige Betrag noch nicht ausgeschöpft ist. Da für die Anwendung der Zinsschranke ein Organkreis als Einheit behandelt wird und die relevanten Zinserträge, Zinsaufwendungen sowie Ergebnisse der Konzerngesellschaften auf Ebene des obersten Organträgers zusammengerechnet werden, kann die Aufnahme einer Gesellschaft in den Organkreis die Anwendung der Zinsschranke bei dieser Gesellschaft vermeiden.[174] Dies ist vor allem dann vorteilhaft, wenn im gesamten Organkreis das Abzugspotential für Zinsaufwendungen nicht ausgeschöpft ist. Die Aufnahme einer Gesellschaft in den Organkreis kann aber auch dazu dienen, das verrechenbare EBITDA beim Organträger zu erhöhen, um somit einen höheren Zinsabzug für den gesamten Organkreis zu erreichen.[175] Bei anderen Zinsabzugsbeschränkungen kann es erforderlich sein, das Eigenkapital bestimmter Gesellschaften zu erhöhen, sodass diese nicht unter die Unterkapitalisierungsvorschriften fallen und den vollen Zinsaufwand steuerlich geltend machen können. Wie sich daraus zeigt, sind umfassende Kennzahlen im gesamten Konzern zu überwachen und daraus die steuergestalterischen Möglichkeiten für einen vollständigen und optimalen Abzug der Finanzierungsaufwendungen zu gewährleisten.

Entsteht trotz solcher Gegenmaßnahmen ein Zinsvortrag, der erst in zukünftigen Perioden zum Abzug gebracht werden kann, entstehen daraus Zins- und Liquiditätsnachteile. Ist dagegen der Zinsvortrag in den folgenden Jahren nicht nutzbar, so besteht die Gefahr des Untergangs dieser Aufwendungen, wodurch ein endgültiger Bemessungsgrundlagennachteil entstehen würde. Insbesondere im Zusammenhang mit Finanzierungsaufwand ist es nicht unwahrscheinlich, dass die Zinsschranke auch in den folgenden Jahren Anwendung findet, sofern sich die Ertragslage oder die Finanzierungsstruktur nicht verändern. Darüber hinaus können Zinsvorträge im Rahmen von Umstrukturierungsmaß-

---

[172] Vgl. Kußmaul, H./Ruiner, C./Schappe, C., GmbHR 2008, S. 510 f.
[173] Vgl. Endres, D./Spengel, C./Reister, T., WPg 2007, S. 486; Dörr, I./Fehling, D., Ubg 2008, S. 345 f.; Kußmaul, H./Ruiner, C./Schappe, C., GmbHR 2008, S. 507.
[174] Vgl. Kußmaul, H./Ruiner, C./Schappe, C., GmbHR 2008, S. 513.
[175] Vgl. Endres, D./Spengel, C./Reister, T., WPg 2007, S. 486; Dörr, I./Fehling, D., Ubg 2008, S. 349.

nahmen untergehen, wenn diese aufgrund eines schädlichen Beteiligungserwerbs nach § 8c KStG nicht übertragen werden können oder die betroffene Gesellschaft liquidiert wird.[176] Dies ist in die steuerliche Planung einzubeziehen und die entsprechenden Aufwandsvorträge vor Durchführung einer solchen Umstrukturierung zu nutzen. Hierfür stehen Instrumente der konzerninternen Gewinnverlagerung bzw. der Erhöhung der Erträge durch Aufdeckung stiller Reserven oder steuerbilanzieller Vorverlagerung von Gewinnen zur Verfügung.

2.3.2.2.4 Steuerliche Ausschüttungsplanung

Ein weiteres Gebiet der zentralen Steuerstrategie sind die Beteiligungsverhältnisse der Konzerngesellschaften und die Steuerung der daraus entstehenden Ausschüttungen. Durch die Weiterleitung der Gewinne an obere Konzerneinheiten besteht die Gefahr von Mehrfachbesteuerungen, da mehrere Steuersubjekte involviert sind und bei der Empfängergesellschaft Steuersubstrat geschaffen wird.[177]

Eine solche wirtschaftliche Doppelbesteuerung, also eine mehrfache Besteuerung der gleichen Einkünfte bei verschiedenen Rechtssubjekten, entsteht, wenn Einkünfte der Tochtergesellschaft zum einen der Besteuerung bei der Tochtergesellschaft und bei Ausschüttung dieser Gewinne an die Muttergesellschaft nochmals der Besteuerung unterliegen.[178] Bei grenzüberschreitenden Beteiligungen kommt es zu einer mehrfachen Besteuerung, wenn die Beteiligungserträge im Ausland einer Quellenbesteuerung unterliegen und aufgrund des Welteinkommensprinzips im Inland ebenfalls zur Besteuerung herangezogen werden.[179] Zur Vermeidung von Mehrfachbesteuerungen existieren verschiedene Methoden, die entweder im nationalen Steuersystem verankert sind oder in einem Doppelbesteuerungsabkommen vereinbart werden. Im Rahmen der Freistellungsmethode werden dabei die Beteiligungserträge auf Ebene der Muttergesellschaft von der Besteuerung freigestellt, im Rahmen der Anrechnungsmethode werden die bereits gezahlten Steuerbeträge auf die Steuerzahllast der Muttergesellschaft angerechnet.[180] Beide Methoden führen dazu, dass sowohl die Konzernsteuerquote als auch der

---

[176] Siehe hierzu auch Kapitel 2.3.2.2.7.
[177] Vgl. Kessler, W., Euro-Holding, 1996, S. 24 f.; Hoffmann, W.-D., Ausschüttungsverhalten, 2003, S. 505 ff.
[178] Vgl. Jacobs, O.H., Unternehmensbesteuerung, 2007, S. 3 f.
[179] Vgl. Oestreicher, A., Besteuerung, 2005, S. 63.
[180] Siehe hierzu ausführlich Jacobs, O.H., Unternehmensbesteuerung, 2007, S. 11 ff.

Steuerbarwert nicht durch eine doppelte Besteuerung der gleichen Erträge belastet werden, wobei die Vorteilhaftigkeit dabei von den jeweiligen Steuersätzen abhängt. Zur Verringerung der steuerpflichtigen Erträge ist es daher die Aufgabe der Konzernsteuerplanung, existierende Freistellungsregelungen in Anspruch zu nehmen, d. h. mögliche Voraussetzungen für die Freistellung, wie z. B. die Beteiligungshöhe oder die Beteiligungsdauer, aber auch die Möglichkeiten des treaty shopping sind zu beachten.[181] Zu den steuerfreien Erträgen eines Konzerns gehören insbesondere Beteiligungserträge sowie Gewinne aus der Veräußerung von Beteiligungen, die nach § 8b Abs. 1 und 3 KStG steuerfrei gestellt werden. Zur nachhaltigen Reduzierung der Konzernsteuerquote liegt der Fokus dabei auf den laufenden Beteiligungseinkünften und deren steuerfreien Vereinnahmung.[182]

Das grundsätzliche Ziel der Ausschüttungsstrategie ist daher die Vermeidung einer mehrfachen Besteuerung bzw. die Minimierung der Ausschüttungsbelastung. Die zusätzliche Steuerbelastung im Zeitpunkt der Dividendenzahlungen setzt sich aus Quellensteuern auf Ebene der Tochtergesellschaften und Ertragsteuern auf Ebene der Muttergesellschaft zusammen. Die Ertragsteuerbelastung ist dabei abhängig von dem anzuwendenden Steuersystem bzw. der Methode zur Vermeidung einer internationalen Doppelbesteuerung. Bei einem Konzern mit Sitz der Muttergesellschaft in Deutschland werden die Dividenden aufgrund der Freistellungsmethode nicht besteuert und es entsteht lediglich eine Steuerbelastung auf 5 % der Dividenden als nicht abzugsfähige Betriebsausgabe (§ 8 Abs. 5 KStG); dies gilt für nationale sowie für internationale Dividenden. Die Quellensteuerbelastung hingegen ist abhängig vom Ursprung der Dividende und des dort bestehenden Quellensteuersatzes. Hieraus ergibt sich, dass die Höhe der Ertragsteuerbelastung durch steuergestalterische Maßnahmen in der Regel nicht zu beeinflussen ist, die Quellensteuersätze jedoch im Staatenvergleich variieren und somit steuerlicher Gestaltungsspielraum entsteht. Bei Freistellung der Dividenden stellt die Quellensteuer darüber hinaus aufgrund einer fehlenden Anrechnungsmöglichkeit eine Definitivbelastung dar, die es unter steuerplanerischen Überlegungen zu minimieren gilt.[183] Die Aufgabe der Steuerabteilung ist daher die Reduzierung der Quellensteuern durch eine steuergünstige Weiterleitung der Einkünfte. Innerhalb des Geltungsbereichs

---

[181] Vgl. Lühn, A., Konzernsteuerplanung, 2009, S. 26.
[182] Vgl. Dempfle, U., Konzernsteuerquote, 2006, S. 280 f.
[183] Vgl. Laudan, D., Sitzstaaten, 2003, S. 131 f.; Hoffmann, W.-D., Ausschüttungsverhalten, 2003, S. 509. Siehe hierzu auch Spengel, C./Kamp, A., Steuerkonsolidierung, 2008, S. 521.

der Mutter-Tochter-Richtlinie[184] sind bei EU-Sachverhalten keine steuerlichen Gestaltungen erforderlich, da der Quellensteuersatz bereits 0% beträgt. Für Dividenden aus Drittstaaten ist eine Weiterleitung über andere Staaten u. U. günstiger, sofern hierdurch insgesamt eine geringere Quellensteuerbelastung erzielt wird (treaty shopping).[185] Zur Inanspruchnahme solcher günstigen Quellensteuersätze sind Holdinggesellschaften in den jeweiligen Staaten zu nutzen, wodurch eine zusätzliche Besteuerungsebene entsteht. Für eine Vorteilhaftigkeitsanalyse ist die Gesamtsteuerbelastung aus Quellensteuern heranzuziehen, also die Belastung der Ausschüttung zur Holding sowie die Weiterleitung an die Muttergesellschaft. Die Repatriierung der Dividenden über eine Holdinggesellschaft ist immer dann vorteilhaft, wenn auf diesem Weg Steuervergünstigungen in Anspruch genommen werden können, die bei einer direkten Ausschüttung nicht genutzt werden könnten.[186] Zu den Steuervergünstigungen zählen z. B. Doppelbesteuerungsabkommen, in denen die Quellensteuersätze reduziert wurden. Die Nutzung einer Holdinggesellschaft ist daher zu empfehlen, wenn hierdurch die Anwendung eines Doppelbesteuerungsabkommens überhaupt ermöglicht wird oder wenn hierdurch ein Abkommen genutzt werden kann, das günstigere Konditionen enthält.[187] Weitere Kriterien für den Holdingstandort ergeben sich aus der laufenden Besteuerung im Holdingstaat, z. B. sollte im Rahmen der Quellensteuerreduzierung darauf geachtet werden, dass die Dividenden auf Ebene der Holding steuerfrei behandelt werden, damit keine zusätzliche steuerliche Belastung den Quellensteuervorteil aufhebt.[188]

Die Aufgabe der Steuerabteilung besteht folglich darin, hinsichtlich der Dividendenströme eine steuerliche Optimierung zu erreichen. Wie aus den vorangehenden Ausführungen hervorgeht, sind dafür die existierenden Richtlinien, Doppelbesteuerungsabkommen und anzuwendenden Quellensteuersätze zu überwachen sowie die relevanten Kriterien für einen Holdingstandort zu berücksichtigen. Die Zwischenschaltung von Holdinggesellschaften unterliegt gleichzeitig jedoch auch Beschränkungen, die ebenfalls durch die Steuerabteilung zu beachten sind. Z. B. sind Auslandsholdings für eine Anerkennung mit ausreichend Substanz auszustatten, sodass eine missbräuchliche Ge-

---

[184] Vgl. Richtlinie 90/435/EWG des Rates vom 23.7.1990, Abl. L 225 vom 20.8.1990, S. 6-9.

[185] Vgl. hierzu Kessler, W., Euro-Holding, 1996, S. 83 ff.; Endres, D., Steuerplanung, 2005, S. 170 f.

[186] Vgl. Jacobs, O.H., Unternehmensbesteuerung, 2007, S. 973.

[187] Vgl. Jacobs, O.H., Unternehmensbesteuerung, 2007, S. 969 ff.; Bader, A., Holdinggesellschaften, 2007, S. 100 f.

[188] Siehe zu den steuerlichen Anforderungen an einen Holdingstandort ausführlich Kessler, W., Euro-Holding, 1996, S. 98 ff.; Schänzle, T., Konzernstrukturen, 2000, S. 76 f.; Laudan, D., Sitzstaaten, 2003, S. 129; Bader, A., Holdinggesellschaften, 2007, S. 66 ff.

staltung ausgeschlossen werden kann.[189] Zu den Abwehrmaßnahmen zählen vor allem anti-treaty-shopping-Vorschriften wie z. B. § 50d Abs. 1a EStG und die Hinzurechnungsbesteuerung nach §§ 7-14 AStG sowie verschiedene Missbrauchsklauseln der Doppelbesteuerungsabkommen.[190] Bei Nutzung der zuvor genannten Möglichkeiten zur Einsparung von Quellensteuern ist folglich die Nichtanwendung dieser Missbrauchsvorschriften sicherzustellen.

Zusätzlich kann durch eine entsprechende Thesaurierungsstrategie die Ausschüttungsbelastung auf einen späteren Zeitpunkt verschoben werden, wenn die verbleibenden Erträge der Tochtergesellschaften nicht sofort in vollem Umfang an die Muttergesellschaft ausgeschüttet werden. Durch eine vorübergehende Thesaurierung der gesamten Gewinne oder eines Teils davon entstehen Zins- und Liquiditätsvorteile, die sich positiv auf die steuerlichen Zielgrößen auswirken. Solche Überlegungen sind jedoch vor allem im Rahmen der Cash-Flow Planung zu berücksichtigen.

2.3.2.2.5 Verlustnutzung

Entstehen bei einer Konzerngesellschaft Verluste, so sind diese grundsätzlich nur mit späteren Gewinnen derselben Gesellschaft zu verrechnen, sodass ein Verlustvortrag entsteht. Dies bedeutet, dass bei Betrachtung des gesamten Konzerns Gewinne versteuert werden, die in dieser Höhe nicht entstanden sind. Aus der erst in späteren Veranlagungszeiträumen möglichen Nutzung der Verluste entstehen Zins- und Liquiditätsnachteile. Zur Minderung des Steuerbarwerts ist daher das Ziel der Konzernsteuerplanung eine zeitnahe steuerliche Verrechnung der Verluste. Im Rahmen der Konzernsteuerquote wird die zukünftige Steuerersparnis bereits durch latente Steuern abgebildet. Der Zeitpunkt der Verlustnutzung hat keine Wirkung auf die steuerliche Zielgröße, jedoch die Nutzung der Verluste an sich ist eine Zielsetzung der konzernsteuerorientierten Steuerplanung. Sind Verlustvorträge entstanden, so besteht die Gefahr des Verfalls oder des Untergangs dieser Vorträge, wodurch nicht nur Zinsnachteile, sondern dauerhafte Bemessungsgrundlageneffekte entstehen.

---

[189] Vgl. Jacobs, O.H., Unternehmensbesteuerung, 2007, S. 1005 f.
[190] Vgl. Hoffmann, W.-D., Ausschüttungsverhalten, 2003, S. 513; Streu, V., Zwischenholding, 2003, S. 156; Bader, A., Holdinggesellschaften, 2007, S. 125.

Vor diesem Hintergrund ist als weiterer Steuerplanungsbereich die Verlustnutzung zu betrachten. Wie aus den allgemeinen Zielsetzungen der Steuerplanung bereits hervorgeht, ist durch die Steuerabteilung zum einen sicherzustellen, dass die entstandenen Verluste steuerwirksam genutzt werden können, und zum anderen, dass eine möglichst zeitnahe Verlustverrechnung stattfindet. Für eine steuerwirksame Nutzung der Verluste sind diese mit Gewinnen zu verrechnen, um auf diese Weise die steuerliche Bemessungsgrundlage zu mindern. Erleidet eine Konzerngesellschaft insgesamt einen Verlust, so können die Verluste im Rahmen des Verlustvortrags mit zukünftigen Erträgen bzw. über einen Verlustrücktrag mit vorangegangenen Erträgen verrechnet werden.[191] In diesem Zusammenhang bestehen jedoch häufig Einschränkungen der jeweiligen Steuergesetze, sodass eine vollständige Verrechnung nicht immer möglich ist. Die Einschränkung kann sich dabei auf die Höhe der Verlustverrechnung beziehen, z. B. in Form einer Mindestbesteuerung sind Verluste nur bis zu einer bestimmten Höhe in Relation zum Gewinn abzugsfähig, oder auf den Zeitraum einer möglichen Verlustverrechnung, z. B. existieren zeitliche Grenzen für einen Verlustrücktrag bzw. Verlustvortrag. Vor diesem Hintergrund sind laufende Verluste sowie bereits bestehende Verlustvorträge dahingehend zu überwachen, dass ein Untergang dieses Steuersenkungspotentials vermieden wird. Daneben ist es aus Liquiditätsgründen vorteilhaft, die Verrechnung der Verluste sofort vorzunehmen anstatt über einen Verlustvortrag in die Zukunft zu verschieben. Für beide Zielsetzungen sind verschiedene Maßnahmen denkbar, die dabei weniger oder mehr in die Struktur des Konzerns eingreifen. Die Verlustnutzung ist jedoch in der Regel kein ausreichendes Motiv für eine Reorganisationsmaßnahme, sodass im Folgenden auf die Maßnahmen ohne aufwendige Strukturänderung eingegangen wird.[192]

Als erste Maßnahme kann der Verlustgesellschaft zusätzliches Gewinnpotential zugeordnet werden, z. B. über konzerninterne Verrechnungspreise oder Finanzierungsmaßnahmen.[193] Als kurzfristige Maßnahmen kommen auch die Aufdeckung stiller Reserven sowie steuerbilanzielle Gestaltungen in Betracht.[194] Eine weitere Möglichkeit stellt die Verrechnung mit Erträgen anderer Konzerneinheiten dar. Als Instrument dafür ist eine Gruppenbesteuerung von Mutter- und Tochtergesellschaften zu nutzen, bei der sämtliche Gewinne und Verluste auf Ebene der Muttergesellschaft konsolidiert und der Saldo

---

[191] Vgl. Rosenbach, G., Verlustnutzung, 2003, S. 295.
[192] Vgl. Rosenbach, G., Verlustnutzung, 2003, S. 296.
[193] Vgl. Förster, G., Verlustverrechnung, 2005, S. 46.
[194] Vgl. Lühn, A., Konzernsteuerplanung, 2009, S. 33.

daraus besteuert werden.[195] Im deutschen Steuerrecht ist hierfür ein Organkreis zu bilden, der jedoch nur nationale Gesellschaften einbezieht. Eine grenzüberschreitende Organschaft bzw. Gruppenbesteuerung ist in der Regel nicht möglich.[196] Eine weitere Voraussetzung für die steuerliche Konsolidierung im Ausland ist das Vorhandensein von mehreren Konzerngesellschaften auf verschiedenen Beteiligungsebenen. Sollte dies nicht der Fall sein, kann zur Erreichung einer Gruppenbesteuerung eine Holdinggesellschaft in diesem Staat gegründet werden, die die Gewinne und Verluste der Tochtergesellschaften vereint und eine sofortige Verrechnung der Verluste ermöglicht.[197] Zu den Aufgaben der Steuerabteilung gehören folglich die Überwachung der laufenden Verluste und der existierenden Verlustvorträge sowie die Entwicklung einer entsprechenden Verlustnutzungsstrategie. Im Bereich der Verlustvorträge sind insbesondere die Einschränkungen der Verrechnung und die darin enthaltenen Fristen zu berücksichtigen, sodass der Untergang eines Verlustvortrags vermieden wird. Für die steuerplanerische Gestaltung sind weiterhin die Möglichkeiten und Voraussetzungen zur Gruppenbesteuerung in den verschiedenen Ländern zu beachten. Bei der Nutzung der Gruppenbesteuerung ist zu berücksichtigen, dass die vor der Gründung einer Organschaft bestehenden Verlustvorträge nicht im Rahmen der Organkreisbesteuerung verrechnet werden dürfen, sodass eine vorausschauende Steuerplanung erforderlich ist.

2.3.2.2.6 Weitere Bereiche der laufenden Steuerplanung

Sonstige Bereiche zur Vorgabe einer Steuerstrategie stellen die Nutzung von Qualifikationskonflikten sowie die Vermeidung von Steueranrechnungsüberhängen dar. Bei grenzüberschreitenden Sachverhalten kommen grundsätzlich zwei verschiedene Steuerrechtsordnungen zur Anwendung, woraus sich Konflikte in der Qualifikation der Sachverhalte ergeben können. Dies kann einerseits dazu führen, dass in beiden Staaten eine Besteuerung erfolgt, andererseits ist jedoch auch der Fall der Nichtbesteuerung möglich. Im Rahmen der Steuerplanung ist es folglich das Ziel, positive Qualifikationskonflikte zu vermeiden und negative Qualifikationskonflikte zu erreichen. Als typisches Beispiel für solche Gestaltungen sind hybride Finanzierungsinstrumente zu nennen, da diese

---

[195] Vgl. Rosenbach, G., Verlustnutzung, 2003, S. 296; Endres, D., Steuerplanung, 2005, S. 178; Förster, G., Verlustverrechnung, 2005, S. 62 f.; Jacobs, O.H., Unternehmensbesteuerung, 2007, S. 974 ff.

[196] Vgl. Haase, F., BB 2009, S. 981; Ausnahme hierzu ist z. B. Dänemark, vgl. Kessler, W., IStR 1993, S. 303.

[197] Vgl. Jacobs, O.H., Unternehmensbesteuerung, 2007, S. 974; Bader, A., Holdinggesellschaften, 2007, S. 106; Kessler, W., IStR 1993, S. 304.

sowohl als Fremdkapital als auch als Eigenkapital eingestuft werden können.[198] Stimmt die Einordnung der Finanzierungsart in den beiden Staaten nicht überein, können daraus die genannten Vorteile der Qualifikationskonflikte generiert werden, sodass Zinsaufwand in einem Staat die Bemessungsgrundlage mindert und steuerfreie Dividendenerträge im anderen Staat die Bemessungsgrundlage nicht erhöhen.

Ein klassisches Ziel zur Erhöhung der steuerlichen Aufwandsabzüge stellt die Nutzung von Zurechnungskonflikten dar. Diese ermöglichen es, einen doppelten Aufwandsabzug zu erreichen, wenn der entsprechende Aufwand zwei verschiedenen Gesellschaften zugerechnet werden kann. Diese als sog. double dip bezeichneten Gestaltungen können z. B. bei Leasinggeschäften vorkommen.[199] Existieren entsprechende Zurechnungskonflikte können diese im Rahmen der Steuerplanung Berücksichtigung finden und dadurch die Steuerlast reduzieren.[200]

Die jedoch nur noch selten mögliche mehrfache Verrechnung von Aufwand aufgrund einer unterschiedlichen Qualifikation in den jeweiligen Steuergesetzen erfordert vor allem die Kenntnis über die spezifischen Zuordnungen und Beurteilungen des ausländischen Steuerrechts. Sind solche Gestaltungsmöglichkeiten bekannt, kann eine gezielte Nutzung zur Erlangung von Steuervorteilen angestrebt werden. Dabei ist jedoch vor allem darauf zu achten, dass aus einer solchen Steuergestaltung kein Risiko aufgrund einer mehrfachen Besteuerung der Erträge entsteht. Gleichzeitig ist die Gestaltung ständig zu überwachen, ob diese noch gültig ist und die gewünschten steuerlichen Wirkungen erzielt.

Im Bereich der Anrechnung ausländischer Steuern ist es die Aufgabe der Steuerabteilung, die vollständige Anrechnung zu gewährleisten. Hierzu ist bereits bei der Konzernstruktur darauf zu achten, dass solche Anrechnungsüberhänge nicht entstehen. Als Gestaltungsinstrument können in diesem Fall wiederum Holdinggesellschaften eingesetzt werden, auf deren Ebene durch das Pooling der Einkünfte die Anrechnungsüberhänge aus einem Hochsteuerland mit nicht ausgeschöpftem Anrechnungspotential eines anderen Landes verrechnet werden, sodass insgesamt eine vollständige Steueranrechnung ermöglicht wird.[201]

---

[198] Vgl. hierzu Jacobs, O.H., Unternehmensbesteuerung, 2007, S. 1325 ff.
[199] Vgl. Scheffler, W., IStR 1993, S. 541 f.; Jacobs, O.H., Unternehmensbesteuerung, 2007, S. 1319 ff.
[200] Vgl. hierzu Endres, D., Steuerplanung, 2005, S. 179 ff.
[201] Vgl. Jacobs, O.H., Unternehmensbesteuerung, 2007, S. 984.

Zur Senkung der Steuerbelastung können darüber hinaus Steuersatzdifferenzen aufgrund von Steuersatzänderungen genutzt werden. Ist eine Änderung des relevanten Ertragsteuersatzes z. B. im Rahmen einer Steuerreform bereits bekannt, so kann die Steuerplanung darauf reagieren und zeitliche Gewinnverlagerungen vornehmen. Steht eine Steuersatzsenkung an, so sollten Aufwendungen vorverlagert und Erträge erst im Folgejahr realisiert werden. Bei einer anstehenden Steuersatzerhöhung sollten entsprechend Erträge möglichst sofort realisiert und Aufwendungen in das Folgejahr verschoben werden. Für solche zeitlichen Gewinnverlagerungen stehen vor allem bilanzpolitische Wahlrechte und Spielräume als Gestaltungsinstrument zur Verfügung.[202]

Letztendlich fällt es in den Aufgabenbereich der Steuerabteilung, die Regeln der Hinzurechnungsbesteuerung zu berücksichtigen und dafür zu sorgen, dass die Voraussetzungen hierfür nicht erfüllt werden. Die Anwendung der Hinzurechnungsbesteuerung führt grundsätzlich zu einer Durchbrechung des Trennungsprinzips und einer sofortigen Besteuerung der Gewinne von Tochtergesellschaften auf Ebene der Spitzeneinheit.[203] Dabei kann es durchaus auch zu einer mehrfachen Erfassung der Erträge im Konzern und damit zu einer Doppelbesteuerung kommen. Die Voraussetzungen zur Hinzurechnungsbesteuerung sind in jedem Staat unterschiedlich ausgeprägt, sodass zur Sicherstellung der Nichtanwendung der Hinzurechnungsbesteuerung eine explizite Steuerplanung und Überwachung erforderlich ist. Hierzu ist eine Dokumentation der Voraussetzungen in das Steuerinformationssystem zu übernehmen.

2.3.2.2.7 Aperiodische Vorgänge

Ein weiteres Aufgabengebiet der Steuerplanung entsteht durch strukturelle Vorgänge im Unternehmen, die wiederum bedeutende Auswirkungen auf die Steuersituation im Unternehmen haben. Zu solchen Vorgängen gehören Umstrukturierungen, Akquisitionen sowie Verkäufe von Beteiligungen und Gesellschaften. In diesen Fällen wird die Steuerabteilung in die Unternehmensentscheidung einbezogen, um die steuerlichen Auswirkungen aufzuzeigen und ggf. verschiedene Handlungsalternativen vorzustellen. Die Ausprägung dieser Transaktionen kann dabei national sowie grenzüberschreitend ausge-

---

[202] Vgl. hierzu Scheffler, W., Besteuerung, 2007, S. 385 ff.
[203] Das Ziel der Hinzurechnungsbesteuerung ist die Vermeidung von künstlichen Gestaltungen, die lediglich aus steuerlichen Anreizen entstehen, um somit ein niedrigeres Steuerniveau in Anspruch zu nehmen.

staltet sein. Im letzteren Fall sind neben der zentralen Konzernsteuerabteilung Steuerexperten der betroffenen Länder hinzuzuziehen, um die dort relevanten steuerlichen Vorschriften zu berücksichtigen und eine steueroptimale Gestaltung umsetzen zu können. Nachfolgend werden beispielhaft die Aufgaben der Steuerabteilung anhand der relevanten Regelungen des deutschen Steuerrechts betrachtet.

Umstrukturierungsvorgänge im Unternehmen umfassen verschiedene Formen der Reorganisation, die grundsätzlich nicht aus steuerlichen Gründen vorgenommen werden, sondern nach betriebswirtschaftlichen Aspekten sinnvoll sind. Da mit solchen Vorgängen Steuerwirkungen verbunden sind, ist es Aufgabe der Steuerabteilung, die Reorganisationsmaßnahmen zu begleiten. Dabei ist es einerseits das Ziel, die neue Steuersituation und die damit verbundene Gesamtsteuerbelastung im Vorfeld aufzuzeigen, sowie andererseits steuerliche Nachteile im Rahmen des Umstrukturierungsvorgangs zu vermeiden. Die steuerliche Behandlung dieser Maßnahmen ist im Umwandlungssteuergesetz (UmwStG) verankert; darunter fallen Reorganisationsvorgänge wie z. B. die Verschmelzung, die Spaltung, der Formwechsel sowie die Übertragung von Wirtschaftsgütern.[204] Der in den verschiedenen Formen der Umwandlung enthaltene Vermögensübergang kann grundsätzlich eine Besteuerung der stillen Reserven auslösen, die wiederum den Vorgang aus Sicht des Unternehmens behindern könnte. Das Ziel des UmwStG ist daher die Vermeidung einer solchen Besteuerung, sodass die genannten Restrukturierungen steuerneutral erfolgen können.[205] An die Steuerneutralität dieser Vorgänge sind bestimmte Voraussetzungen gebunden. Diese beziehen sich einerseits auf Vorgaben über den Umfang des zu übertragenden Vermögens (z. B. Teilbetrieb, gesamtes Nennkapital)[206], andererseits auf die Sicherstellung einer späteren Besteuerung mit Körperschaftsteuer (z. B. bei Einbringung von Unternehmensteilen). Die Aufgabe der Steuerabteilung ist folglich die Gestaltung des Vorgangs in der Art, dass die Anforderungen des UmwStG erfüllt werden und die Steuerneutralität gewährleistet ist. Darüber hinaus besteht im Zusammenhang mit Reorganisationen das Risiko, dass vorhandene Verlustvorträge oder Zinsvorträge ganz bzw. anteilig verloren gehen.[207] Folglich gehört es zu den Aufgaben der Steuerabteilung, einen Untergang der Vorträge zu verhindern bzw. eine Nutzung dieser Vorträge sicherzustellen. Die Nutzung kann auch im Rahmen der

---

[204] Siehe § 1 UmwStG zum Anwendungsbereich.
[205] Vgl. Sagasser, B., in: Sagasser, B./Bula, T./Brünger, T., Umwandlungen, 2002, S. 39ff.
[206] Siehe hierzu Sagasser, B./Fahrenberg, J., in: Sagasser, B./Bula, T./Brünger, T., Umwandlungen, 2002, S. 620; Hegemann, J./Querbach, T., Umwandlungsrecht, 2007, S. 126ff.
[207] Siehe § 4 Abs. 2 Satz 2 UmwStG sowie § 15 Abs. 3 UmwStG.

Umstrukturierung erfolgen; hierfür sind jedoch die stillen Reserven aufzudecken und mit den Verlust- bzw. Zinsvorträgen zu verrechnen.[208] Zusätzlich enthält das UmwStG Vorschriften zur Vermeidung von missbräuchlichen Gestaltungen. Die Steuerneutralität im Rahmen einer Spaltung wird danach nicht gewährt, wenn an außenstehende Personen veräußert wird.[209] Dies gilt auch, wenn innerhalb von fünf Jahren mehr als 20 % der Anteile, die vor der Spaltung bestanden haben, veräußert werden.[210] Eine vergleichbare Einschränkung zur Vermeidung von Missbrauch besteht im Rahmen von Einbringungsvorgängen. Danach unterliegen die erhaltenen Anteile an einer Kapitalgesellschaft einer Sperrfrist von sieben Jahren, in welchem Zeitraum diese nicht veräußert werden dürfen. Sollte dennoch eine Veräußerung stattfinden, so wird der Einbringungsgewinn rückwirkend der Besteuerung unterworfen.[211] Die von dem Umstrukturierungsvorgang betroffenen Gesellschaften und Anteile sind demnach vorab daraufhin zu prüfen, ob sie mit einer entsprechenden Sperrfrist belegt sind. Die steuerlichen Konsequenzen daraus sind in die Entscheidung über die Maßnahme einzubeziehen. Als Ergebnis kann der Vorgang trotzdem durchgeführt werden oder aber das Ende der Sperrfrist abgewartet werden.

Insgesamt zeigt dies, dass die Überwachung bestehender Sperrfristen sowie die Verwaltung von Verlustvorträgen zu den Aufgaben der Steuerabteilung gehören. Neben dem Umwandlungssteuergesetz, das lediglich nationale Vorgänge regelt, ist für grenzüberschreitende Vorgänge innerhalb der EU die Fusionsrichtlinie[212] zu beachten, die die Möglichkeiten einer steuerneutralen Übertragung jedoch weiter eingrenzt.[213]

Zu den weiteren strukturellen Vorgängen gehören Unternehmensakquisitionen, darunter fällt der Kauf von inländischen sowie ausländischen Unternehmen. Grundsätzlich sind bei diesen Vorgängen steuerliche Überlegungen zu berücksichtigen, sodass eine Betreuung durch die Steuerabteilung erforderlich ist. Die steuerlichen Zielsetzungen im Zusammenhang mit einem Unternehmenskauf sind auf die steuerliche Risikominimierung und die Steueroptimierung gerichtet. Um ein möglichst vollständiges Bild über die Steuersituation des zu erwerbenden Unternehmens zu erhalten, wird in der Regel eine

---

[208] Vgl. Hegemann, J./Querbach, T., Umwandlungsrecht, 2007, S. 61; Brähler, G., Umwandlungssteuerrecht, 2008, S. 273f.

[209] Siehe § 15 Abs. 2 UmwStG.

[210] Vgl. hierzu Sagasser, B./Fahrenberg, J., in: Sagasser, B./Bula, T./Brünger, T., Umwandlungen, 2002, S. 635; Hegemann, J./Querbach, T., Umwandlungsrecht, 2007, S. 131.

[211] Vgl. Brähler, G., Umwandlungssteuerrecht, 2008, S. 516f.; Sinewe, P., in: Brück, M./Sinewe, P., Unternehmenskauf, 2010, S. 105.

[212] Vgl. Richtlinie 90/434/EWG des Rates vom 23.7.1990, Abl. L 225 vom 20.8.1990, S. 1-5; siehe auch Herzig, N., DB 2000, S. 2242.

[213] Vgl. Herzig, N., WPg 1998, S. 291.

steuerliche Analyse des Zielobjekts durchgeführt, die sogenannte Tax Due Diligence.[214] Die Analyse dient u. a. dazu, die enthaltenen Risiken sowie mögliches Verlustnutzungspotential aufzudecken.[215] Die Tax Due Diligence findet im Rahmen der allgemeinen Due Diligence statt und wird häufig von externen Beratern durchgeführt.[216] Handelt es sich um ein ausländisches Unternehmen, so sind Steuerexperten des jeweiligen Landes hinzuzuziehen, um die steuerlichen Vorschriften und Auswirkungen dieses Landes berücksichtigen zu können.[217] Die Ergebnisse daraus werden in einem Bericht zusammengefasst und sind durch die Steuerabteilung für die Gestaltung des Vorgangs zu berücksichtigen.

Steuerliche Risiken entstehen aus möglichen Steuernachzahlungen für das erworbene Unternehmen aufgrund von Haftungstatbeständen oder einer Außenprüfung. Grundsätzlich haftet der Erwerber im Rahmen der Haftung des Betriebsübernehmers (§ 75 AO) und der Haftung der Organgesellschaft (§ 73 AO) für betriebliche Steuerschulden und Steuerabzugsbeträge des Zielunternehmens.[218] Daher sind solche Risiken vorab zu bestimmen und bei der Abwicklung des Kaufs zu berücksichtigen. Für Haftungsrisiken kann eine spezielle Steuerklausel vereinbart werden, in der der Erwerber von der Haftung für Betriebssteuern, die sich auf einen Zeitraum vor dem Übergang beziehen, befreit wird.[219] Ein weiteres Risiko stellen Steuernachzahlungen aufgrund einer Außenprüfung dar, die sich auf Zeiträume vor dem Erwerb beziehen. Die Höhe des Außenprüfungsrisikos kann durch die Tax Due Diligence bestimmt werden, indem bisherige Außenprüfungsergebnisse und Steuerbilanzen analysiert werden.[220] Zur Vermeidung einer Haftung für solche Mehrbelastungen kann eine Ausgleichsverpflichtung vereinbart werden, wodurch die Haftung beim Veräußerer verbleibt.[221] In diesem Zusammenhang gewährt darüber hinaus eine Betriebsprüfungsklausel die Mitwirkung des Veräußerers an der Außenprüfung.[222] Die Aufgabe der Steuerabteilung besteht einerseits in der Be-

---

[214] Vgl. hierzu Eilers, S., Tax Due Diligence, 2004, S. 86 ff. Jacobs, O.H., Unternehmensbesteuerung, 2007, S. 1217 ff.; Hogh, M., in: Kneip, C./Jänisch, C., Tax Due Diligence, 2005, S. 16 f.; Holzhäuser, B.P./Schmidt, F., Tax Due Diligence, 2010, S. 433 ff.
[215] Vgl. Hötzel, O., Unternehmenskauf, 1997, S. 77; Breuninger, G., Verlustnutzung, 2004, S. 235 f.
[216] Vgl. Gottgetreu/Pertrikowski, in: Brück, M./Sinewe, P., Unternehmenskauf, 2010, S. 33f.
[217] Vgl. Blumers, W., Steuerplanungsüberlegungen, 2003, S. 221.
[218] Vgl. Hötzel, O., Unternehmenskauf, 1997, S. 121ff.
[219] Vgl. Sinewe/Witzel, in: Brück, M./Sinewe, P., Unternehmenskauf, 2010, S. 262f.; Holzhäuser, B.P./Schmidt, F., Tax Due Diligence, 2010, S. 555 f.
[220] Vgl. Hötzel, O., Unternehmenskauf, 1997, S. 134f.
[221] Vgl. Gröger, H./Wellens, A., in: Kneip, C./Jänisch, C., Tax Due Diligence, 2005, S. 929.
[222] Vgl. Sinewe/Witzel, in: Brück, M./Sinewe, P., Unternehmenskauf, 2010, S. 272; Holzhäuser, B.P./Schmidt, F., Tax Due Diligence, 2010, S. 568.

stimmung der verschiedenen Steuerrisiken sowie andererseits in der Beratung und Formulierung hinsichtlich der unterschiedlichen Steuerklauseln.

Die weiteren steuerlichen Zielsetzungen umfassen die Steueroptimierung des Vorgangs, dabei sind vor allem die Generierung von Abschreibungsvolumen, die Nutzung von Verlustvorträgen sowie die vollständige und steuerlich günstige Absetzung der Refinanzierungskosten relevant.[223] Die steuerliche Behandlung der Anschaffungskosten und ihre Umsetzung in Abschreibungsaufwand ist abhängig von dem zugrundeliegenden Akquisitionsmodell, d. h. ob ein asset deal oder ein share deal vollzogen wird.[224] Bei einem asset deal werden die einzelnen Wirtschaftsgüter übernommen, sodass eine Nutzung der Anschaffungskosten in Form von Abschreibungen möglich ist.[225] Bei einem Beteiligungserwerb (share deal) können die Beteiligungen nicht abgeschrieben werden, sodass sich der Anschaffungsaufwand erst bei einer späteren Veräußerung steuerlich auswirkt. Welche Form des Erwerbs insgesamt günstiger ist, hängt zusätzlich von den Wertverhältnissen der Buchwerte und dem Kaufpreis ab. Liegt der Kaufpreis unterhalb der Summe der Buchwerte, wird im Rahmen eines share deals ein höheres Abschreibungsvolumen erhalten und kann dadurch steuerlich günstiger sein.[226] Wie sich zeigt, ist eine optimale Gestaltung nur unter Berücksichtigung vielfältiger Aspekte möglich, sodass die Steuerabteilung die verschiedenen steuerlichen Wirkungen mit ihren Vor- und Nachteilen bereitzustellen hat. Für die Abwicklung eines Unternehmenskaufs sind zusätzlich die Interessen des Veräußerers einzubeziehen, die sich in der Regel nicht mit den Zielsetzungen des Käufers decken. Für den Veräußerer ist der share deal aufgrund der begünstigten Besteuerung von Beteiligungsverkäufen grundsätzlich vorteilhaft. Zur Unterstützung der Interessen auf beiden Seiten wird häufig die Gestaltung und Umsetzung komplexer Modelle angestrebt, die eine steuerfreie Buchwertaufstockung (step up) und somit die Generierung von Abschreibungspotential ermöglichen.[227] Zu solchen step up-Modellen gehören das Organschaftmodell, das Down Stream Merger-Modell sowie

---

[223] Vgl. Hötzel, O., Unternehmenskauf, 1997, S. 64-68; Herzig, N., WPg 1998, S. 290; Blumers, W., Steuerplanungsüberlegungen, 2003, S. 218; Haas, W., Aspekte, 2004, S. 367 f.; Schaumburg, H., Grundsätze, 2004, S. 15; Holzhäuser, B.P./Schmidt, F., Tax Due Diligence, 2010, S. 441 f.

[224] Siehe hierzu Safran, in: Brück, M./Sinewe, P., Unternehmenskauf, 2010, S. 30; Haas, W., Aspekte, 2004, S. 369.

[225] Vgl. Bogenschütz, E., Aspekte, 2004, S. 322.

[226] Vgl. Hötzel, O., Unternehmenskauf, 1997, S. 164f.

[227] Vgl. Herzig, N., Modelle, 2004, S. 133; Jacobs, O.H., Unternehmensbesteuerung, 2007, S. 1234.

das KGaA-Modell.[228] Die Umsetzbarkeit dieser Modelle ist dabei von der aktuellen Rechtsprechung abhängig. Zu den Aufgaben der Steuerabteilung gehört daher die Prüfung der verschiedenen Modelle auf ihre Gültigkeit und darauf aufbauend die Bestimmung bzw. Entwicklung des jeweils für den Konzern günstigsten Modells. Hierfür sind die steuerlichen Rahmenbedingungen sowie die individuelle Steuersituation der Konzerngesellschaften zu berücksichtigen.

Ebenso wie bei den zuvor beschriebenen Umstrukturierungen ist die Nutzung von Verlustvorträgen ein wichtiger Aspekt bei der steuerlichen Gestaltung von Unternehmenskäufen. Zu den allgemeinen Zielsetzungen der Steuerplanung gehört die Sicherstellung einer vollständigen Verlustverrechnung. Diese ist aufgrund der Mantelkaufregelung nach § 8c KStG gefährdet. Die Regelung sieht vor, dass bei einem Anteilsübergang von mehr als 25 % an einen Erwerberkreis mit gleichgerichteten Interessen innerhalb eines Zeitraums von fünf Jahren die bestehenden Verlustvorträge anteilig untergehen und bei einem Übergang von mehr als 50 % vollständig wegfallen.[229] Unter bestimmten Voraussetzungen wird der Verlustübertrag bei Umstrukturierungen und Anteilsübertragungen jedoch gewährt, z. B. im Rahmen der Sanierungsklausel[230]. Diese Klausel soll Unternehmen in der Krise unterstützen, bei denen die Beteiligungsübertragung zum Zweck der Sanierung des Unternehmens durchgeführt wird.[231] Für die Anwendung sind die Voraussetzungen des § 8c Abs. 1a S. 3 KStG zu erfüllen, die den Erhalt der wesentlichen Betriebsstrukturen darstellen und gewährleisten. Die Voraussetzungen beziehen sich auf den Erhalt von Arbeitsplätzen, die Höhe der zukünftigen Lohnsummen sowie die Zuführung von wesentlichem Betriebsvermögen.[232]

Eine weitere Ausnahme bildet die Konzernklausel[233], die eine konzerninterne Übertragung von Verlustvorträgen ermöglicht, soweit die gleiche Person zu 100 % mittelbar oder unmittelbar sowohl an der übertragenden Gesellschaft als auch an der übernehmenden Gesellschaft beteiligt ist.[234] Der Übertrag an Dritte ist dabei explizit ausgeschlossen. Darüber hinaus kann im Rahmen der Verschonungsklausel eine Verlustüber-

[228] Siehe hierzu ausführlich Herzig, N., Modelle, 2004, S. 140 ff.; Dieterlen, J./Schaden, M., BB 2000, S. 2553; Blumers, W./Beinert, S./Witt, S.-C., DStR 2001, S. 235 ff.; Beinert, S./Lishaut, I. van, FR 2001, S. 1150; Bruski, J., FR 2002, S. 181 ff.
[229] Vgl. Beußer, T., DB 2007, S. 1549 f.; Wiese, G.T., DStR 2007, S. 742 f.
[230] Siehe § 8c Abs. 1a KStG.
[231] Vgl. Fey, A./Neyer, W., DB 2009, S. 1369; Ziegenhagen, A./Thewes, M., BB 2009, S. 2116 f.
[232] Vgl. Ziegenhagen, A./Thewes, M., BB 2009, S. 2117 ff.
[233] Siehe § 8c Abs. 1 S. 5 KStG.
[234] Vgl. Sistermann, C./Brinkmann, J., DStR 2009, S. 2633.

tragung in Höhe der bei der Konzerngesellschaft vorhandenen stillen Reserven im steuerpflichtigen inländischen Betriebsvermögen vorgenommen werden.[235] In diesem Fall ist nicht von einer missbräuchlichen Gestaltung auszugehen, wenn neben den Verlustvorträgen noch Besteuerungssubstanz im eigenen Vermögen besteht, das eine Verrechnung der Verluste ermöglichen würde.[236]

Die Aufgabe der Steuerabteilung besteht vor diesem Hintergrund darin, die Anwendung der Mantelkaufregelung zu vermeiden. Zum einen bedeutet dies, die Anwendung der Ausnahmeregelungen zu prüfen und ggf. die Erfüllung der jeweiligen Voraussetzungen sicherzustellen. Zum anderen ist zu überlegen, die Maßnahmen innerhalb der gegebenen Grenzen zu gestalten, um somit den Untergang der Verlustvorträge zu vermeiden. Besteht nicht die Möglichkeit eines Verlustübertrags, so sind Strategien zu entwickeln, die eine Nutzung der bestehenden Verlustvorträge vor der Transaktion gewährleisten.[237] Zur Verlustnutzung sind Erträge zu generieren, mit denen eine Verrechnung vorgenommen werden kann. Diese Erträge können z. B. aus der Aufdeckung stiller Reserven oder aus der Erhöhung des Ertragspotentials durch die Gewährung eines zinsgünstigen Darlehens stammen. Eine weitere Möglichkeit zur Verlustverrechnung ist die Nutzung eines Organschaftmodells. Darüber hinaus kann ein stufenweiser Erwerb den Verlustuntergang minimieren, soweit innerhalb der schädlichen Grenzen und über einen längeren Zeitraum geplant wird.[238] In diesem Fall ist die Transaktion genau zu strukturieren und über den Planungszeitraum hinweg zu überwachen.

Ein weiteres Ziel der Steuerplanung ist die Abzugsfähigkeit der Refinanzierungsaufwendungen. Wird die zugrundeliegende Transaktion fremdfinanziert, können die Zinsaufwendungen grundsätzlich bei der Erwerbergesellschaft steuerlich zum Abzug gebracht werden. Dabei sind jedoch die Zinsabzugsbeschränkungen zu berücksichtigen, die bereits in Kapitel 2.3.3.2.1 betrachtet wurden. Darüber hinaus sollte sichergestellt sein, dass die Gesellschaft über ausreichend eigenes Einkommen verfügt, das mit den Zinsaufwendungen verrechnet werden kann, da die Dividenden, die von einer Kapitalgesellschaft an eine andere Kapitalgesellschaft ausgeschüttet werden, zu 95 % steuerbe-

---

[235] Siehe § 8c Abs. 1 S. 6 f. KStG.
[236] Vgl. Sistermann, C./Brinkmann, J., DStR 2009, S. 2634 f.; Bien; R./Wagner; T., BB 2009, S. 2630.
[237] Vgl. hierzu Breuninger, G., Verlustnutzung, 2004, S. 224 ff.; Bogenschütz, E., Aspekte, 2004, S. 326 ff.
[238] Siehe zu den verschiedenen Strategien Brück, in: Brück, M./Sinewe, P., Unternehmenskauf, 2010, S. 99ff.

freit sind und daher nicht zur Verrechnung mit Zinsaufwand genutzt werden können.[239] Bei nationalen Fällen kann die Verrechnung wiederum über eine Organschaft mit der Muttergesellschaft erreicht werden, in diesem Fall ist lediglich auf die Anwendung der Zinsschranke zu achten. Beim Kauf von ausländischen Gesellschaften kann zu diesem Zweck eine Zwischenholding im Sitzstaat der Zielgesellschaft gegründet werden, die die benötigten Mittel zur Finanzierung aufnimmt. Durch Anwendung einer Gruppenbesteuerung für diese Gesellschaften können die Refinanzierungsaufwendungen direkt mit den Erträgen der Zielgesellschaft verrechnet werden.[240] Zusätzlich zur Gewährleistung einer steuerlichen Abzugsfähigkeit von Finanzierungsaufwendungen ist es die Aufgabe der Steuerabteilung, die Steuerwirkung des Zinsaufwands zu optimieren. In diesem Zusammenhang ist daher zu entscheiden, in welchem Staat der Zinsaufwand zum Abzug gebracht werden soll. Befindet sich die Muttergesellschaft in einem Hochsteuerland und verfügt über ausreichend zu versteuerndes Einkommen, kann die Finanzierung direkt über die Konzernmutter erfolgen. Bei höheren Steuersätzen im Ausland bietet es sich an, eine ausländische Finanzierungsgesellschaft zu nutzen, sodass der Zinsaufwand die Steuerbemessungsgrundlage des Hochsteuerlands mindert.[241] Hierfür sollte wiederum eine Gruppenbesteuerung mit der operativen Gesellschaft umgesetzt werden.

Neben der Abwicklung von Unternehmenskäufen zählt es ebenso zu den Aufgaben der Steuerabteilung, den Verkauf von Gesellschaften und Gesellschaftsanteilen zu betreuen. Die Zielsetzung im Rahmen dieser Steuerplanungsaufgabe ist die möglichst weitreichende Steuerfreistellung des Veräußerungserlöses.[242] Da es sich in einem Konzern in der Regel um die Veräußerung von Kapitalgesellschaftsanteilen handelt, ist die Veräußerung nach § 8 Abs. 2 KStG zu 95 % steuerfrei. In diesem Zusammenhang ist durch die Steuerabteilung insbesondere darauf zu achten, dass diese Steuerfreistellung nicht gefährdet ist, z. B. aufgrund von bestehenden Sperrfristen auf Einbringungsanteile.[243]

Abschließend zu jeder Transaktion ist eine Integration in den Konzern bzw. eine Neuausrichtung der Struktur erforderlich. Für eine Eingliederung neuer Gesellschaften in den Konzern sind daher die zuvor beschriebenen konzerninternen Parameter zu optimieren, sodass hierfür auf den Abschnitt 2.3.3.2.1 verwiesen werden kann.

---

[239] Vgl. hierzu Sinewe/Witzel, in: Brück, M./Sinewe, P., Unternehmenskauf, 2010, S. 306f.
[240] Vgl. Blumers, W., Steuerplanungsüberlegungen, 2003, S. 220.
[241] Vgl. Prinz, U., Kaufpreisfinanzierung, 2004, S. 156.
[242] Vgl. Rödder, T., Gestaltungsbeispiele, 2004, S. 69; Herzig, N., Modelle, 2004, S. 135; Haas, W., Aspekte, 2004, S. 387 f.; Holzhäuser, B.P./Schmidt, F., Tax Due Diligence, 2010, S. 441.
[243] Vgl. Schaumburg, H., Grundsätze, 2004, S. 10; Rödder, T., Gestaltungsbeispiele, 2004, S. 71; Haas, W., Aspekte, 2004, S. 389.

2.3.2.3 Tax Governance

In den bisher dargestellten Bereichen zur Steuerplanung wird die steuerlich optimale Konzernstruktur bestimmt und die internen Liefer- und Leistungsbeziehungen aus steuerlicher Sicht gestaltet. Die ökonomischen Rahmenbedingungen wie z. B. die Ertragslage für dieses Steueroptimum bleiben jedoch nicht konstant, sodass eine zu einem bestimmten Zeitpunkt vorteilhafte Gestaltung zu einem anderen Zeitpunkt nicht mehr optimal sein kann. Die gewählten Strategien und Strukturen sind daher ständig zu überwachen und auf ihre Vorteilhaftigkeit zu prüfen. Aufgrund der Komplexität von Konzernen kann die gewählte steuerliche Gestaltung nicht regelmäßig vollständig neu überarbeitet werden. Zudem sind bestimmte Entscheidungen, z. B. über die Konzernstruktur, nicht einfach änderbar. Diese Parameter werden bis auf weiteres als gegeben angesehen. Es besteht folglich ein Bedarf an Informationen, die zur Anregung steuerlicher Gestaltungsaktivitäten führen.[244] Dies bedeutet, dass Informationen zu generieren sind, anhand derer der Bedarf zum steuergestalterischen Eingreifen durch die Steuerabteilung abgeleitet werden kann. Für eine solche Überwachung der Steuersituation sind verschiedene Kenngrößen zu definieren, die ein Bild des Konzerns im aktuellen, steuerlich optimierten Zustand zeigen.[245] Hierzu zählen vor allem die steuerlichen Zielgrößen in Form des Steuerbarwerts und der Konzernsteuerquote, die bei entsprechenden Schwankungen die Notwendigkeit zum Eingreifen der Steuerabteilung aufzeigen. Neben diesen reinen Belastungsmaßen sind weitere Kenngrößen zu bestimmen, die sich auf die typischen Steuerplanungsbereiche beziehen und Auskunft darüber geben, ob steuerlicher Gestaltungsbedarf in diesem Bereich besteht oder nicht. Hierbei kann es sich um bestimmte Aufwands- und Ertragspositionen oder Ergebniszahlen der Gesellschaften handeln. Zusätzlich zu den Definitionen der zu betrachtenden Kennzahlen ist die Vorgabe ihrer Ausprägung bzw. ihrer nicht erwünschten Ausprägung festzulegen. Dabei kann es sich um eine zulässige Bandbreite eines Wertes handeln oder aber auch um die Information, dass ein bestehender Verlustvortrag aufgrund einer ablaufenden Vortragsfrist demnächst untergeht. Eine Steuerplanung sollte z. B. dann ausgelöst werden, wenn die verbleibende Frist zur Nutzung eines Verlustes ein Jahr beträgt. Werden die entsprechenden Daten zu den Verlustvorträgen vorgehalten, kann bei Eintreten dieses Ereignisses eine automatische Meldung generiert werden, sodass Maßnahmen zur Korrektur und Optimierung der

---

[244] Vgl. Schiffers, J., StuW 1997, S. 47.
[245] Vgl. Reichmann, T., Controlling, 2001, S. 28 f.

Steuerposition generiert werden können. Eine weitere Position zur Überwachung kann auch die Ertragslage der Gesellschaften darstellen. Die steueroptimale Festlegung von Verrechnungspreis- oder Finanzierungsstrukturen basiert oftmals auf der Bedingung, dass die entsprechenden Gesellschaften einen Gewinn erzielen. Befindet sich eine dieser Gesellschaften in einem Jahr in einer Verlustsituation, sind die konzerninternen Beziehungen und Margen ggf. anzupassen. Auf diese Art können für viele Steuerplanungsbereiche Unterstützungsinformationen zur Verfügung gestellt werden, die zwar nicht zwingend zu einer Anpassung der Steuersituation führen, jedoch die relevanten Hinweise auf mögliche Problembereiche bzw. Verbesserungsmöglichkeiten geben. Die Aufgabe der Steuerabteilung besteht daher in der Definition und Auswertung solcher Anregungsinformationen.[246]

Wie sich ebenfalls aus den vielfältigen Bereichen zur Steueroptimierung gezeigt hat, ist die Vorteilhaftigkeit einer gewählten Steuergestaltung von den zugrundeliegenden steuerrechtlichen Vorschriften abhängig. Die Konzernstruktur sowie die Strategien der Reorganisationsmaßnahmen werden aufgrund der bestehenden Steuergesetze im In- und Ausland gestaltet und in deren Rahmen optimiert. Das Steuerrecht bleibt jedoch nicht konstant, sondern unterliegt regelmäßigen Änderungen und Neuerungen. Diese Änderungen haben wiederum direkte Wirkung auf die verschiedenen Bereiche der Steuerplanung, sodass bei veränderten Rahmenbedingungen die gewählten steuerlichen Gestaltungen möglicherweise nicht mehr optimal sind. Die Steuerabteilung hat daher die bisher optimalen Strukturen fortlaufend zu überprüfen.[247] Aus diesem Grund stellen Steuerrechtsänderungen externe Impulse zur Steuerplanung dar.[248] Hierfür sind sowohl nationale als auch internationale Steueränderungen zu betrachten. Bei Auftreten einer Rechtsänderung ist zu analysieren, ob der Konzern von dieser Änderung betroffen ist. Die Aufgabe der Steuerabteilung ist daraufhin, die steuerlichen Auswirkungen auf die Steuerbelastung des Konzerns zu ermitteln. Hierfür ist eine Steuerplanungsrechnung durchzuführen, die die neue Rechtslage abbildet. Dabei kann die Steuerplanung auf die betroffenen Bereiche des Konzerns beschränkt werden. Bei der Eingrenzung dieses Bereichs ist sicherzustellen, dass alle relevanten Beziehungen und Strukturen berücksichtigt werden. Bei einer Änderung der Steuerregelungen im Ausland sind sowohl alle Auslandstätigkeiten in diesem Staat zu berücksichtigen als auch die konzerninternen

---

[246] Siehe hierzu Kapitel 4.2.2.
[247] Vgl. Herzig, N., WPg 1998, S. 289.
[248] Vgl. Schiffers, J., StuW 1997, S. 47.

Beziehungen, die von diesem Staat ausgehen. Um ein vollständiges Bild der neuen Situation zu erhalten, sind die Steuerwirkungen bis zur Konzernmutter einzubeziehen. Im Anschluss an die Analyse ist zu entscheiden, ob die neue Rechtslage lediglich für zukünftige Gestaltungen zu berücksichtigen ist oder ob aufgrund der steuerlichen Auswirkungen neue Steuerstrategien zu entwerfen sind und die steuerliche Gestaltung des Konzerns anzupassen ist.[249] Dabei gelten wiederum die allgemeinen Zielsetzungen der Steuerplanung sowie die zuvor beschriebenen Maßnahmen und Einschränkungen der Steuergestaltung. Darüber hinaus sind zur Überwachung des neuen Steueroptimums die geänderten Steuerrechtsvorschriften auch in den betrachteten Kennzahlen zu berücksichtigen.

In den Bereich der externen Impulse fallen auch Entscheidungen der Finanzgerichte oder des Europäischen Gerichtshofs. Aus den gerichtlichen Urteilen ergeben sich entweder direkte Auswirkungen auf das zugrundeliegende Steuerrecht oder es lassen sich Erwartungen hinsichtlich zukünftiger Änderungen ableiten. Hierbei kann es sich um die Anwendung und Auslegung bestimmter Gesetze handeln sowie um die Rechtmäßigkeit einer steuerlichen Regelung (z. B. Vereinbarkeit mit Verfassungsrecht oder Europarecht). Die Urteile sind demnach ebenfalls auf ihre Bedeutung für den Konzern zu prüfen. Sind von der Entscheidung Regelungen betroffen, die auch für die Konzernsteuerbelastung relevant sind, so sind die neuen Erkenntnisse bereits in zukünftigen Gestaltungen zu berücksichtigen. Darüber hinaus ist es möglich, in Antizipation zukünftiger Rechtsänderungen Einsprüche zu den laufenden Steuerfestsetzungen einzulegen, wenn durch die erwartete Änderung ein steuerlicher Vorteil erreicht werden kann. Hinsichtlich solcher Rechtsbehelfe sind auch die laufenden Verfahren hinzuzuziehen und ein Einspruch bereits zu erheben, wenn sich die Möglichkeit einer Steuerrechtsänderung mit Wirkung für den Konzern abzeichnet. Führt ein gerichtliches Verfahren letztendlich zu einer Steuerrechtsänderung, so gelten die Ausführungen zu den Steuerplanungsaufgaben aus dem vorigen Absatz.

---

[249] Vgl. hierzu Schiffers, J., StuW 1997, S. 48.

2.4 Steuercontrolling

2.4.1 Notwendigkeit eines Steuercontrollings

Zusammenfassend ist festzuhalten, dass die Steuerabteilung vielseitige Aufgaben zu erfüllen hat, die wiederum an verschiedenen Zielsetzungen auszurichten sind. Zu den Zielsetzungen gehört die Risikominimierung sowie die Reduzierung der steuerlichen Kennzahlen Steuerbarwert und Konzernsteuerquote. Die steuerlichen Zielsetzungen sind darüber hinaus in das Zielsystem des Unternehmens einzuordnen und mit anderen Bereichen des Konzerns abzustimmen. Die zu erfüllenden Aufgabenbereiche können dabei als anspruchsvolles Steuermanagement bezeichnet werden, da neben den laufenden Tätigkeiten der Steuer-Compliance auch strategische Aufgaben hinsichtlich Steuergestaltung und Gestaltung nichtsteuerlicher Strukturen erfüllt werden.[250]

Diese beiden Tätigkeitsfelder können nicht separat betrachtet werden, sondern beeinflussen sich gegenseitig. Entscheidungen der Gestaltung haben Auswirkungen auf die Steuerdeklaration und Steuererhebung und umgekehrt dienen die Daten der Steuer-Compliance als Grundlage für steuerliche Planungsaufgaben und Strukturierungsentscheidungen. Interdependenzen bestehen jedoch auch innerhalb der reinen Compliance Pflichten, da die verschiedenen Veranlagungsjahre nicht für sich betrachtet werden können, sondern regelmäßig Auswirkungen auf andere Veranlagungsjahre haben, wodurch Änderungen eines Jahres auch in den betroffenen Folgejahren nachzuvollziehen sind. Hieraus entsteht insgesamt eine große Menge Steuerdaten, die überwacht, verarbeitet und verwaltet werden müssen. Darüber hinaus sind diese Aufgaben in einem komplexen steuerrechtlichen Umfeld auszuführen, das sich für einen internationalen Konzern auch auf ausländisches Steuerrecht erstreckt. Hinzu kommt die Tatsache, dass dieses steuerliche Umfeld nicht konstant bleibt, sodass eine laufende Überwachung der steuerlichen Gesetze, Verordnungen und Erlasse sowie der Kommentare aus Finanzverwaltung, Wirtschaft, Wissenschaft und Anwaltstand erforderlich ist, um die Aufgaben der Compliance sowie der Steuerplanung bestmöglich erfüllen zu können.[251]

Folglich sind für die Steuerabteilung Management-Instrumente zur Unterstützung ihrer Tätigkeiten bereit zu stellen. Solche Instrumente sind Verfahren und Systeme z. B. zur

---

[250] Vgl. Federmann, StuW 1996, S. 241.
[251] Vgl. Freidank, C.-C., Controlling 1996, S. 155; Haeseler, H., Steuermanagement, 1998, S. 283.

Kommunikation und Information, zur Steueroptimierung, Steuerüberwachung und Steuerdokumentation.[252] Darüber hinaus ist zu berücksichtigen, dass Steuern in verschiedenen Unternehmensbereichen relevant sind, jedoch nicht automatisch in die Entscheidungen einfließen, sodass die Bereitstellung von Steuerinformationen für diese betriebswirtschaftlichen Entscheidungen ebenfalls eine Aufgabe für ein Steuercontrolling darstellt.[253] Zusätzlich steht einem internationalen Konzern ein umfangreiches Feld für Gestaltungen zur Verfügung, um die Steuerposition zu optimieren, die jedoch nicht ausschließlich aufgrund steuerlicher Aspekte durchgeführt werden, welche eine Koordination steuerlicher und nichtsteuerlicher Bereiche und Entscheidungen erforderlich machen.[254]

Aus den genannten Forderungen ergibt sich die Notwendigkeit für ein effektives Steuercontrolling.[255] Nachfolgend sind die Zielsetzung und die Aufgaben eines Steuercontrollings genauer zu definieren. Hierfür werden vorab die Grundlagen des allgemeinen Controllingansatzes dargestellt, aus denen ein Konzept für ein Steuercontrolling abgeleitet wird.

2.4.2 Koordinationskonzept als Controllingansatz

2.4.2.1 Zielsetzungen für ein Steuercontrolling

Zur Bestimmung der Zielsetzungen für ein Steuercontrolling sind die grundlegenden Controllingziele heranzuziehen. Der Controllingansatz im Unternehmen entsteht aus einer komplexen Unternehmensstruktur und der Aufgabe einer einheitlichen Führung. Das Controlling soll die Führungsaufgaben unterstützen, um somit zur Erreichung der Unternehmensziele beitragen.[256] Die als Oberziel definierte Erfolgs- und Existenzsicherung beschreibt das indirekte Ziel des Controllings.[257] Zu diesem Ziel gehören die Substanzerhaltung des Betriebsvermögens, die Sicherung der Liquidität sowie die Maximie-

---

[252] Vgl. Federmann, StuW 1996, S. 246.
[253] Vgl. Federmann, StuW 1996, S. 244; Schiffers, J., StuW 1997, S. 47.
[254] Vgl. Herzig, N., WPg 1998, S. 295.
[255] Siehe hierzu auch Dempfle, U., Konzernsteuerquote, 2006, S. 278 f.
[256] Vgl. Schweitzer, M./Friedl, B., Controlling, 1992, S. 141.
[257] Vgl. Zimmermann, M., Steuercontrolling, 1997, S. 35.

rung des Kapitalwerts bzw. des Vermögenswerts.[258] An diesen allgemeinen Zielsetzungen sind alle Bereiche des Unternehmens auszurichten, sodass auch das Controlling zu diesem Ziel beitragen muss.

Für ein spezielles Steuercontrolling gilt folglich als indirekte Zielsetzung das gleiche Oberziel der Unternehmung in Form der Erfolgs- und Existenzsicherung.[259] Für die steuerlichen Zwecke kann z. B. die Maximierung des Gewinns sowie die Sicherung der Liquidität herangezogen werden.[260] Die Ausrichtung der steuerlichen Tätigkeiten an diesen Zielgrößen im Sinne der Unternehmensführung ist Aufgabe des Steuercontrollings. Da Steuern den Gewinn sowie die Liquidität des Unternehmens mindern, trägt eine Reduzierung der Steuerlast bzw. eine Senkung der Steuerquote sowohl zum Erfolgsziel als auch zum Liquiditätsziel bei. Die im Rahmen der Steuerplanung dargestellten steuerlichen Zielsetzungen der relativen Steuerlastminimierung sowie der Reduzierung und Stabilisation der Konzernsteuerquote unterstützen somit das allgemeine Unternehmensziel. Ebenso Darüber hinaus entsteht Aufwand durch die Ausübung der steuerlichen Pflichten (Steuer Compliance), der den Gewinn des Unternehmens mindert. Zusätzlich zur Optimierung der Steuerbelastung ist es daher die Zielsetzung des Steuercontrollings, die mit den steuerlichen Aufgaben verbundenen Aufwendungen, die als Steuerbelastung im weiteren Sinne verstanden werden können, zu optimieren.[261] Hierzu gehört ebenfalls die Vermeidung von Aufwand aus Sanktionen aufgrund der Nichterfüllung oder Verletzung der Mitwirkungspflichten, z. B. Verspätungszuschläge und Säumniszuschläge.[262] Dieser im Zusammenhang mit der Steueradministration entstehende Aufwand kann durch eine effiziente und effektive Gestaltung der Steuerabteilung und der Steuerprozesse reduziert werden. In diese Zielsetzung der Aufwandsreduzierung durch eine effiziente Struktur ist auch das Steuercontrolling selbst eingeschlossen. Zusätzlich zur Zielsetzung der Optimierung der Steuerbelastung und des steuerlichen Aufwands hat das Steuercontrolling sicherzustellen, dass Steuern nicht nur im Rahmen der steuerlichen Tätigkeiten berücksichtigt werden, sondern dass Steuerwirkungen in der gesamten Unternehmensführung beachtet werden und in die Entscheidungsfindung einfließen. Hierzu gehören vor allem auch steuerliche Subventionen und Fördermöglichkeiten, die finanzielle Vorteile generieren und somit ebenfalls den Oberzielen des

---

[258] Vgl. Mann, R., Controlling, 1987, S. 37 f.; Dellmann, K., Grundlagen, 1992, S. 119; Reichmann, R., Controlling, 2001, S.3; Hahn, D., Puk, 2001, S. 13.

[259] Vgl. hierzu Zimmermann, M., Steuercontrolling, 1997, S. 152.

[260] Vgl. Grotherr, S., Grundlagen, 2003, S. 10.

[261] Vgl. Zimmermann, M., Steuercontrolling, 1997, S. 156 f.

[262] Vgl. Herzig, N./Zimmermann, M., DB 1998, S. 1143 f.

Konzerns entsprechen. Die Aufgabe für das Steuercontrolling ist daher die optimale Nutzung dieser Instrumente.

Anhand der indirekten Zielsetzung des hier vertretenen Controllinganstzes zur Unterstützung der Führung ist nun eine Konkretisierung der Zielsetzung vorzunehmen. Hierzu sind die Systeme und Aufgaben der Führung heranzuziehen. Die klassischen Aufgaben der Unternehmensführung beinhalten die Planung, Steuerung und Kontrolle, die somit auch die Basis für die Controllingaufgaben darstellen.[263] Zur Unterstützung dieser Aufgaben gehören vor allem eine zielgerichtete Informationsversorgung sowie die Abstimmung der verschiedenen Unternehmensbereiche auf das gemeinsame Oberziel.

Als zentrale Aufgabe des Controlling kann daher das Informationsziel genannt werden, nach dem das Controlling die Unternehmensführung sowohl mit Planungs- und Steuerungsinformationen als auch mit Methoden und Modellen versorgt.[264] In den weiterführenden Ansätzen für die direkten Ziele eines Controllings sind neben der Informationsversorgung auch die Unterstützung und Sicherung von Planung, Koordinationsfähigkeit, Flexibilität und Adaptionsfähigkeit der Führung enthalten.[265]

Als zentrale Funktion des Controllings wird daraus die Koordinationsfunktion abgeleitet.[266] Koordination bedeutet im Zusammenhang mit den zuvor genannten Führungsaufgaben die „ergebniszielorientierte Abstimmung von Planung und Kontrolle mit der Informationsversorgung".[267] Diese Definition soll für die weitere Arbeit verwendet werden. Die Koordinationsfunktion ist damit Bestandteil der Führung und immer dann erforderlich, wenn Entscheidungen sich gegenseitig beeinflussen, d. h. interdependent sind. Das Koordinationskonzept ist darüber hinaus auf verschiedene Arten zu verstehen. Die Aufgabe des Controllings kann vor diesem Hintergrund sowohl systemkoppelnd als auch systembildend verstanden werden.[268] Der systemkoppelnde Ansatz bezieht sich dabei lediglich auf die Abstimmung der verschiedenen bereits vorhandenen Systeme und die Bestimmung von Schnittstellen, sodass das gemeinsame Ziel erfüllt wird. Da-

---

[263] Vgl. Hahn, D., PuK, 2001, S. 37; Weber, J., Controlling, 2002, S. 13.

[264] Vgl. Schweitzer, M./Friedl, B., Controlling, 1992, S. 144. Siehe auch Weber, J., Controlling, 2002, S. 21 f.

[265] Vgl. Horváth, P., Controlling, 2006 S. 136 ff., Schweitzer, M./Friedl, B., Controlling, 1992, S. 141; Reichmann, T., Controlling, 2001, S. 13.

[266] Vgl., 2006, S. 100 ff.; Zimmermann, M., Steuercontrolling, 1997, S. 46 ff.; Weber, J., Koordinationssicht, 1992, S. 176.

[267] Horváth, P., Controlling, 2006, S. 100; vgl. auch Dellmann, K., Grundlagen, 1992, S. 116; Freidank, C.-C., Controlling 1996, S. 155; Hahn, D., PuK, 2001, S. 265, 272.

[268] Siehe hierzu Zimmermann, M., Steuercontrolling, 1997, S. 49f.; Horváth, P., Controlling, 2006, S. 108 ff.

gegen beinhaltet der systembildende Ansatz zusätzlich die Aufgabe der Entwicklung und des Aufbaus der benötigten Systeme. Für die weitere Betrachtung soll der umfangreichere systembildende Ansatz verwendet werden, wenngleich die Systembildung mit zunehmender Umsetzung der Systeme im Unternehmen durch systemkoppelnde Aufgaben und Systemanpassungen ersetzt wird.[269] Die für die Erfüllung der zuvor beschriebenen Controllingaufgaben besonders wichtigen Instrumente sind ein Planungs- und Kontrollsystem sowie ein Dokumentations- bzw. Informationssystem.[270]

Zur Bestimmung der direkten Ziele für das Steuercontrolling ist die zentrale Funktion der Koordination auf den steuerlichen Bereich zu übertragen.[271] Die Aufgabe der Koordination ist für steuerliche Aspekte ebenso erforderlich wie für andere Bereiche. Die Tätigkeiten sind auf das gemeinsame Oberziel der Unternehmung auszurichten, d. h. im Rahmen der Steueroptimierung sind die Gewinn- und Liquiditätsziele sowie die Existenzsicherung zu berücksichtigen. Zu der Koordinationsaufgabe gehört darüber hinaus die Sicherstellung der Berücksichtigung von Steuern in den Unternehmensentscheidungen anderer Bereiche. Die Erfüllung dieser direkten Zielsetzung geschieht wiederum über die Abstimmung der Planung und Kontrolle mit der Informationsversorgung. Die Einführung eines Steuercontrollings im Rahmen eines systembildenden Ansatzes erfordert daher vorab den Aufbau der entsprechenden Planungs-, Kontroll- und Informationssysteme für den steuerlichen Bereich. Daran anschließend ist die Verbindung der einzelnen Systeme sicherzustellen und die laufende Abstimmung zu gewährleisten.

Insgesamt umfasst die direkte Zielsetzung eines Steuercontrollings somit die Erfüllung der Koordinationsfunktion sowie den Aufbau der erforderlichen Systeme. Die Umsetzung der Koordinationsfunktion erfordert vor allem eine umfangreiche Kommunikation und Informationsversorgung aus den verschiedenen Unternehmensbereichen. Für eine Auswertung und Koordination dieser Bereiche sind Daten der Planung und Kontrolle hinzuzuziehen. Daher werden im nächsten Abschnitt die genannten Systeme dargestellt, die durch das Steuercontrolling zu entwickeln und zu verwalten sind.

---

[269] Vgl. Weber, J., Koordinationssicht, 1992, S. 178.
[270] Vgl. Hahn, D., PuK, 2001, S. 281.
[271] Siehe hierzu ausführlich Zimmermann, M., Steuercontrolling, 1997, S. 157 ff.

76

2.4.2.2 Grundlagen zur Systembildung und Systemkopplung

2.4.2.2.1 Planungssystem

Den ersten Systembereich bildet das Planungssystem. Grundsätzlich besteht ein Planungssystem aus verschiedenen Bestandteilen, hierzu gehören die Planungsaufgaben, der Planungsprozess und die Planungsinstrumente.[272] Die für das Steuercontrolling relevanten Planungsaufgaben sind bereits in Kapitel 2.3.3. aufgezeigt worden. Darüber hinaus beschreibt der Planungsprozess den Ablauf der Tätigkeiten hinsichtlich der Planungsaufgaben. Dieser Planungsprozess wird durch ein Planungssystem strukturiert, indem als Input die erforderlichen Informationen bereitgestellt werden, die über bestimmte Funktionen transformiert werden und ein Planungsergebnis oder eine Planstruktur als Output geliefert wird.[273] In der hier verwendeten Definition des Steuercontrollings geht es vor allem um die Systembildung, sodass die Hauptaufgabe für das Steuercontrolling der Aufbau eines solchen Planungssystems für steuerliche Zwecke darstellt. Für die Abbildung eines strukturierten Steuerplanungsprozesses sind die gezeigten Aufgaben und Funktionen der Steuerplanung heranzuziehen. Hieraus sind die erforderliche Informationsversorgung, die funktionelle Verarbeitung der Informationen sowie die Ergebnisse der Planung zu bestimmen. Die Aufgaben der Steuerplanung beinhalten die Berechnung der zukünftigen Steuerbelastung sowie die Steuergestaltung. Vor diesem Hintergrund ist vor allem die Quantifizierung der Steuerbelastung relevant, wodurch als Planungsinstrument eine Steuerrechnung den dritten Bestandteil des Planungssystems darstellt.

Die erforderliche Informationsversorgung für die Planung ist von der jeweiligen Zielsetzung der Steuerplanungsaufgabe abhängig. Die zu verwendenden Daten können dabei in zeitlicher Hinsicht als auch inhaltlich unterschiedlich sein. Zum einen können sowohl Ist- als auch Plandaten herangezogen werden, zum anderen kann der Detaillierungsgrad der benötigten Informationen abweichen. Die genaue Definition der Input-Informationen erfolgt im vierten Kapitel dieser Arbeit im Rahmen der Umsetzung eines entsprechenden Systems. Die funktionale Verarbeitung dieser Informationen erfolgt über eine Rechenlogik, die die steuerrechtlichen Vorschriften und Regeln der jeweils

---

[272] Vgl. Horváth, P., Controlling, 2006, S. 179. Zu den allgemeinen Aufgaben des Controllings im Zusammenhang mit einem solchen Planungsmanagement auch Weber, J., Controlling, 2002, S. 241.
[273] Vgl. Bircher, B., Planungssystem, 1989, S. 1508 f.; Horváth, P., Controlling, 2006, S. 165, 175.

anzuwendenden Steuergesetze abbildet. Eine solche Rechenlogik ist sowohl national als auch international zur Verfügung zu stellen. In diesem Zusammenhang sind auch die zu berechnenden Zielgrößen zu bestimmen, die als Output des Systems die Grundlage für die unternehmerischen Entscheidungen darstellen. Eine ausführliche Beschreibung eines Steuerplanungsmodells und den darin enthaltenen Ergebnissen und Zielgrößen erfolgt ebenfalls im vierten Kapitel.

Für das Steuercontrolling ergibt sich aus dem Planungssystem heraus einerseits die Koordinationsaufgabe, die die Einbindung der Steuerplanung in die Unternehmensplanung sicherstellt. Dabei geht es darum, dass strategische Informationen, Ziele und Projekte in der Steuerplanung Berücksichtigung finden. Andererseits bildet das steuerliche Belastungssystem selbst ein Objekt des Steuercontrollings. Das Belastungssystem dient als Grundlage für die Analyse der Steuerwirkungen spezifischer Planungssituationen. In diesen Aufgabenbereich fällt auch die Anpassung und Weiterentwicklung des Systems an die Unternehmensumwelt.[274]

2.4.2.2.2 Kontrollsystem

Mit dem Planungssystem eng verbunden ist das Kontrollsystem. Planung ist nur mit der entsprechenden Kontrolle sinnvoll, d. h. die Aufgaben der Kontrolle beziehen sich auf die Aufgaben und die Ergebnisse der Planung. Aus diesem Grund wird oft von einem gemeinsamen Planungs- und Kontrollsystem gesprochen. In dieser Arbeit wird das Kontrollsystem separat betrachtet, da sich die Kontrollaufgaben des Steuercontrollings nicht nur auf die Planung beziehen, sondern auch Aspekte der weiteren Tätigkeiten der Steuerabteilung umfassen sollen. Als Kontrolle der Planung sind wiederum verschiedene Zielsetzungen zu unterscheiden. Zum einen ist die Erreichung des Planergebnisses bzw. die Umsetzung einer Planstruktur zu überprüfen, die sogenannten Ergebniskontrollen und Fortschrittskontrollen.[275] Diese Art von Kontrolle dient der Sicherung der Zielerreichung und ist im Rahmen von Planungen unumgänglich. Für die steuerlich geprägte Gestaltung einer Unternehmensstruktur ist z. B. nachzuhalten, ob die geplante Struktur tatsächlich umgesetzt wurde. Darüber hinaus ist zu prüfen, ob diese Planstruktur zu dem erwarteten Ergebnis geführt hat.[276] Eine solche Kontrolle ist erforderlich, um Feh-

---

[274] Siehe hierzu Zimmermann, M., Steuercontrolling, 1997, S. 162 f.
[275] Vgl. Horváth, P., Controlling, 2006, S. 184.
[276] Vgl. Schmidt-Ahrens, L., Steuerplanung, 2005, S. 153 f.

ler in der Planung oder in der Umsetzung aufzudecken und ggf. zu korrigieren. Im Zusammenhang mit Planung ist grundsätzlich eine feed back Kontrolle durchzuführen, die den geplanten Soll-Zustand mit dem erreichten Ist-Zustand vergleicht, um dadurch die Qualität der Planung zu verbessern bzw. zu gewährleisten.[277] Hierfür sind sowohl die zu überwachenden Zielgrößen zu bestimmen sowie die zulässigen Abweichungen, die noch als Planerfüllung zu beurteilen sind, da sie auf gegebenen Unsicherheiten in der Planung basieren. Für eine automatische Kontrolle sind absolute oder prozentuale Bandbreiten festzulegen, bei denen verschiedene Signale durch das Kontrollsystem erzeugt werden.[278] Solche Signale erlauben es, auf Störungen zu reagieren.[279] Weicht z. B. die tatsächliche Steuerquote von der geplanten Steuerquote um einen bestimmten Prozentsatz ab, erhält das Steuercontrolling darüber eine Meldung und kann anschließend die Ursachen hierfür näher bestimmen. Ebenso ist der erwartete Steuerbarwert aus dem Steuerplanungsmodell mit dem tatsächlich erreichten Steuerbarwert zu vergleichen und bei Überschreiten der zuvor bestimmten zulässigen Abweichung wird ebenfalls eine Meldung an das Steuercontrolling generiert. Eine solche Abweichungsanalyse dient gleichzeitig dazu, Anpassungsvorschläge zu generieren.[280] Liegt die Ursache in einer nicht vorhersehbaren Entwicklung, ist lediglich eine Plananpassung vorzunehmen. Ansonsten sind weitere Maßnahmen zur Erreichung der Planziele zu entwickeln und umzusetzen. Neben den definierten Zielgrößen werden im Rahmen der Steuerplanung auch Gestaltungen vorgenommen, die eine spezifische Zielsetzung wie z. B. die steuerfreie Vereinnahmung von Dividenden oder den Abzug von Finanzierungsaufwendungen ermöglichen soll. Die Kontrolle hat in diesem Zusammenhang zu prüfen, ob das entsprechende Ziel nach Umsetzung dieser Gestaltung erreicht wurde, z. B. dass der Finanzierungsaufwand vollständig steuerwirksam abzugsfähig ist. Ist das Ziel nicht erreicht, sind auch hier die Ursachen zu bestimmen und ggf. eine Anpassung der Struktur vorzunehmen, sodass das Ziel letztendlich erreicht wird. Für die feed back Kontrolle sind in diesem Fall die Veranlagungsdaten heranzuziehen.

Ein weiterer Bereich der Kontrolle in Bezug auf Planung bezieht sich auf die Planungsprämissen. Insbesondere im Bereich des Steuerrechts ist die regelmäßige Prämissenkontrolle notwendig, da sich die steuerrechtlichen Vorschriften häufig ändern

---

[277] Vgl. Zimmermann, M., Steuercontrolling, 1997, S. 166 f.; Haeseler, H., Steuermanagement, 1998, S. 280; Weber, J., Controlling, 2002, 261 f.; Schreyögg, G., WiSt 1994, S. 346.
[278] Vgl. Weber, J., Controlling, 2002, S. 262.
[279] Vgl. Dellmann, K., Grundlagen, 1992, S. 118.
[280] Vgl. Weber, J., Controlling, 2002, S. 263 f.; Haeseler, H., Steuermanagement, 1998, S. 280.

und durch Steuerreformen modifiziert werden. Das Ergebnis einer Steuerplanung ist von diesen Rahmenbedingungen abhängig. Unter veränderten steuerrechtlichen Prämissen kann z. B. ein anderes Ergebnis bei der Steuerplanung herauskommen. Im Zusammenhang mit der Prämissenkontrolle sind jedoch nicht nur steuerliche Bedingungen einzubeziehen, sondern auch weitere Voraussetzungen z. B. aus dem operativen Bereich. Die Planung ist vor diesem Hintergrund ständig zu überwachen und auf Konsistenz zu prüfen, d. h. ob die Planung noch zu den steuerlichen und nicht-steuerlichen Voraussetzungen passt oder ob Anpassungen an veränderte Rahmenbedingungen vorzunehmen sind.[281] Für die Prämissenkontrolle ist das steuerliche Umfeld laufend zu beobachten. Dabei sind neben den steuerrechtlichen Vorschriften zum Zeitpunkt der Planung und zum aktuellen Zeitpunkt bereits absehbare zukünftige Änderungen und Entwicklungen im Steuerrecht einzubeziehen. Zur Vereinfachung der Konsistenzkontrolle sind die einer Planung unterliegenden Voraussetzungen (steuerliche sowie nicht-steuerliche) genau festzuhalten und die relevanten Bedingungen für das Planungsergebnis und deren Zusammenhang zu verdeutlichen.[282] Auf diese Weise ist bei veränderten Rahmenbedingungen sofort erkennbar, ob diese das Ergebnis beeinflussen und es ist keine vollständige neue Analyse und Durchführung der Planung notwendig. Sind die relevanten Prämissen von einer Änderung betroffen, so ist die Planung mit den neuen Voraussetzungen erneut durchzuführen. Hierfür ist z. B. die zur Planung verwendete Steuerrechnung anzupassen. Abschließend sind die neuen Ergebnisse auszuwerten und zu entscheiden, inwiefern Modifikationen aufgrund dieser Ergebnisse an der Steuerplanung vorzunehmen sind.

Die Prämissen- und Konsistenzkontrolle kann insofern erweitert werden, dass auch Informationen aus dem unternehmerischen Umfeld einbezogen werden, die bisher nicht in den Prämissen der Planung enthalten sind.[283] Eine solche allgemeine Überwachung ermöglicht es, eine Anpassung der Planung anzustoßen, sobald hierdurch ein Vorteil erreicht werden kann. Das Steuerrecht wird folglich stetig nach steuerlichen Anregungen und Alternativen durchsucht, sodass diese Art der Kontrolle zu jeder Zeit eine optimale

---

[281] Vgl. Zimmermann, M., Steuercontrolling, 1997, S. 164 f.; Horváth, P., Controlling, 2006, S. 270; Schreyögg, G., WiSt 1994, S. 348.
[282] Vgl. Zimmermann, M., Steuercontrolling, 1997, S. 165.
[283] Vgl. Vgl. Schreyögg, G., WiSt 1997, S. 351.

Sachverhaltsgestaltung gewährleistet.[284] Hiermit verbunden ist eine aufwendige Informationsverarbeitung, die ein entsprechendes Informationssystem benötigt.

Zusätzlich zur Kontrolle der Planung sind im Bereich der Compliance Tätigkeiten der Steuerabteilung ebenfalls Kontrollen erforderlich. Hierbei handelt es sich vor allem um Durchführungs- und Verfahrenskontrollen.[285] Im Rahmen dieser Kontrollen werden die Erfüllung der Mitwirkungspflichten, die Einhaltung von Fristen sowie die Leistung von Zahlungen überprüft. Die steuerlichen Pflichten sind dabei als Soll-Zustand zu definieren. Der Ist-Zustand über die Einhaltung und Erfüllung dieser Pflichten ist entsprechend zu dokumentieren. Über einen Soll-Ist-Vergleich wird daraus der aktuelle Bearbeitungsstatus ersichtlich, d. h. inwiefern die steuerlichen Pflichten fristgemäß erledigt wurden und welche Aufgaben noch offen sind. Aus dem Veranlagungsverfahren selbst entstehen weitere Kontrollerfordernisse. Da der Steuerpflichtige die eigene Steuerbemessungsgrundlage ermittelt, findet eine Überprüfung der Bemessungsgrundlagen durch die Steuerverwaltung statt, und zwar vorab im Rahmen der Steuerfestsetzung durch die entsprechenden Steuerbescheide sowie abschließend im Rahmen der Außenprüfung. Aus einem solchen Veranlagungsverfahren können Abweichungen in der Steuerfestsetzung entstehen, die wiederum durch den Steuerpflichtigen auf Richtigkeit geprüft werden müssen. Die Kontrolle der Steuerbescheide sowie des Außenprüfungsberichts gehört somit ebenfalls zu den Aufgaben, die durch ein Kontrollsystem zu unterstützen und zu dokumentieren sind.[286]

Zusammenfassend ist festzuhalten, dass das Kontrollsystem kein eigenständiges System darstellt, sondern die Gesamtheit der verschiedenen Kontrollen im Zusammenhang mit der Planung sowie mit der Compliance verkörpert. Die Aufgabe für das Steuercontrolling besteht darin, für die einzelnen Kontrollfunktionen die jeweils erforderlichen Informationen in Form von Soll-Zuständen und den entsprechenden Ist-Zuständen sowie Analyseinstrumente zur Verfügung zu stellen. Die Systembildung bezieht sich folglich auf die Einbindung der jeweiligen Kontrollfunktionen in die bestehenden Systeme.

---

[284] Vgl. Zimmermann, M., Steuercontrolling, 1997, S. 166.
[285] Vgl. Zimmermann, M., Steuercontrolling, 1997, S. 167.
[286] Vgl. Freidank, C-C., Controlling 1996, S. 154; Herzig, N./Zimmermann, M., DB 1998, S. 1144; Horváth, P., Controlling, 2006, S. 270 f.

2.4.2.2.3 Informationssystem

Das Informationssystem bildet den dritten Systembereich und ist sowohl für das Planungssystem als auch für das Kontrollsystem erforderlich. Es unterstützt sämtliche Planungs- und Kontrollprozesse durch die entsprechende Informationsversorgung und Informationsaufbereitung, sodass die in diesem System zur Verfügung zu stellenden Informationen an den Aufgaben der Planung und Kontrolle abzuleiten sind.[287] Hierzu gehören alle Daten, die in die Steuerplanung einfließen.

Weiterer Informationsbedarf entsteht aus den Steuerpflichten, sodass das Informationssystem auch die benötigten Daten zur Erfüllung der Compliance Aufgaben zur Verfügung zu stellen hat. Insbesondere für das Kontrollsystem werden Informationen und Signale erzeugt, die im Rahmen der Kontrollfunktionen mit den Soll-Vorgaben und Planungsprämissen verglichen werden, um daraus erforderliche Maßnahmen abzuleiten. Das Informationssystem übernimmt in diesem Zusammenhang die Aufgabe eines Frühwarnsystems.[288]

Zur Unterstützung des Planungssystems sind darüber hinaus Anregungsinformationen bereit zu stellen, die eine Steuerplanung oder eine Anpassung der aktuellen Gestaltung auslösen können.[289] Die Koordinationsfunktion in diesem Bereich liegt einerseits in der Systembildung des Informationsversorgungssystems selbst sowie andererseits in der Festlegung und Koordination der Schnittstellen zum Planungs- und Kontrollsystem (Systemkopplung).[290]

Zur Erfüllung der Informationsversorgungsfunktion zur Unterstützung der Führung sind zusätzlich die Schnittstellen zur Führungsebene aufzubauen und zu verwalten.[291] Für den Aufbau eines Informationssystems sind neben den erforderlichen Informationen selbst die Informationsprozesse sowie die Aktionsträger zu definieren.[292]

Bei der Definition der durch das Informationssystem bereitzustellenden Daten ist die Informationsauswahl sehr bedeutend, da hierbei sehr schnell große Datenmengen entstehen, die für den Nutzer unübersichtlich werden und nicht mehr effizient genutzt wer-

---

[287] Vgl. Dellmann, K., Grundlagen, 1992, S. 135; Horváth, P., Controlling, 2006, S. 324.
[288] Vgl. Grünewald, H.-G., Informationssysteme, 1989, S. 700.
[289] Vgl. Zimmermann, M., Steuercontrolling, 1997, S. 169 f.
[290] Vgl. Horváth, P., Controlling, 2006, S. 317,327.
[291] Vgl. Weber, J., Controlling, 2002, S. 101.
[292] Vgl. Horváth, P., Controlling, 2006, S. 322.

den können.[293] Darüber hinaus verursacht die Datenbereitstellung Kosten, sodass insbesondere der Aufwand der Erfassung zu berücksichtigen und gegen den Nutzen der Informationen abzuwägen ist.[294] Die über ein Informationssystem bereitgestellten Daten haben bestimmte Anforderungen zu erfüllen. Hierzu gehört die Aktualität der Daten, die Richtigkeit und Verlässlichkeit der Informationen sowie Konsistenz.[295] Dies bedeutet, dass eine zeitnahe Erfassung der Informationen zu erfolgen hat und die Qualität der Informationen zu gewährleisten ist. Dabei müssen einerseits die erfassten Daten sowie andererseits die daraus ermittelten und zur Verfügung gestellten Ergebnisse korrekt sein. Hinsichtlich der Konsistenz ist darauf zu achten, dass einheitliche Definitionen zu den Ergebnisgrößen und Kennzahlen verwendet werden.

Als weiteres Element des Informationssystems ist der Informationsprozess zu beschreiben. Der vollständige Prozess besteht aus der Ermittlung des Informationsbedarfs, der Informationsbeschaffung, der Informationsaufbereitung, der Informationsspeicherung und der Informationsabgabe.[296] Vereinfacht ausgedrückt bestimmt der Prozess einerseits, zu welcher Zeit welche Informationen an welcher Stelle zu erfassen sind, und andererseits zu welchem Zweck diese Informationen wann und wo genutzt werden. Die Definition des Informationsbedarfs richtet sich nach den bereits im vorigen Abschnitt genannten Kriterien und wird durch die Prozesse der Planung und Kontrolle ausgelöst.[297] Zur Bestimmung der erforderlichen Informationen stehen verschiedene Methoden zur Verfügung, die sich an verschiedenen Quellen orientieren. Die induktive Methode analysiert die verwendeten betrieblichen Dokumente, die bereits erfassten betrieblichen Daten und befragt den Informationsverwender.[298] Die deduktive Methode analysiert hingegen die Aufgaben und Ziele sowie Planungsmodelle der betrachteten Abteilung des Unternehmens und leitet daraus den Informationsbedarf ab.[299] Dabei werden nicht nur die angewendeten Modelle einbezogen, sondern auch zusätzliche Modelle, sodass eine Erweiterung des Planungsvorgehens und dem damit einhergehenden Informationsbedarf ermöglicht wird. Mit der deduktiven Methode wird auf Basis der Prob-

[293] Vgl. Weber, J., Controlling, 2002, S. 107.
[294] Vgl. Grünewald, H.-G., Informationssysteme, 1989, S. 705 f.; Zimmermann, M., Steuercontrolling, 1997, S. 169.
[295] Vgl. Schweitzer, M./Friedl, B., Controlling, 1992, S. 149; Dellmann, K., Grundlagen, 1992, S. 132; Weber, J., Controlling, 2002, S. 99.
[296] Vgl. Bircher, B., Planungssystem, 1989, S. 1509; Horváth, P., Controlling, 2006, S. 329 f.; siehe auch Reichmann, T., Controlling, 2001, S. 10 f.; Dellmann, K., Grundlagen, 1992, S. 116 f.
[297] Vgl. Horváth, P., Controlling, 2006, S. 332.
[298] Vgl. Reichmann, T., Controlling, 2001, S. 640; Küpper, H.-U., Controlling, 2008, S. 187.
[299] Vgl. Küpper, H.-U., Controlling, 2008, S. 189.

lemstellung und den Zielsetzungen eine Informationsgrundlage für betriebliche Entscheidungen logisch hergeleitet. Für die Praxis sollte eine Mischung dieser Verfahren angewendet werden, um eine optimale Informationsversorgung zu gewährleisten.[300] Die induktive Methode beschreibt den aktuellen Stand der nachgefragten und verwendeten Informationen. Diese sollten dem Nutzer weiterhin zur Verfügung gestellt werden. Um jedoch eine Verbesserung der Planung und Kontrolle zu erreichen, sollte anhand der deduktiven Methode zusätzlicher Informationsbedarf ermittelt und dem Nutzer bereitgestellt werden.

Im Anschluss an die Bestimmung des Informationsbedarfs ist die Beschaffung und Aufbereitung der Informationen festzulegen. Bei der Strukturierung dieser Phasen ist zu definieren, woher die zuvor bestimmten Informationen stammen und in welcher Form sie dem Informationssystem zugeführt werden. In Bezug auf die Datenherkunft sind externe und interne Quellen zu berücksichtigen, sodass die Prozesse zur Erfassung unterschiedlich ausfallen. Für interne Informationen ist zu prüfen, ob diese in anderen Unternehmenssystemen vorhanden sind und über Schnittstellen automatisch in das steuerliche Informationssystem eingespielt werden können. Externe Informationen sind in der Regel nicht auf das Unternehmen zugeschnitten und sehr umfassend, sodass hierfür eine gezielte Erhebung und Aufbereitung zu erfolgen hat, bevor diese Informationen in das Informationssystem übernommen werden können. Die Verarbeitung der Informationen sollte bereits ihren Zweck und ihre Verwendung berücksichtigen und empfängerorientiert ausgestaltet sein. Daher ist der Nutzer dieser Daten bei der Bestimmung der Informationsaufbereitung hinzuzuziehen.[301] Die Vorgaben im Bereich der Planung und Kontrolle sind an den zu ermittelnden Zielgrößen, Kennzahlen und Kontrollgrößen abzuleiten und sind darüber hinaus frei gestaltbar. Im Gegensatz dazu hat die Informationsverarbeitung im Rahmen der Erfüllung der Mitwirkungspflichten bestimmte Formvorschriften der Finanzverwaltung zu beachten.

Der Informationsprozess endet mit der Speicherung der Daten und der entsprechenden Abgabe an die Stellen der Nutzer. In diesem Zusammenhang sind der Ort der Datenspeicherung und die notwendigen Zugriffsbeschränkungen zu bestimmen. Dabei ist festzulegen, welche Nutzer sich welche Informationen selbständig aus der Datenbank herausholen und für welche Adressaten vorgefertigte Berichte aus den vorhandenen

---

[300] Vgl. hierzu Küpper, H.-U., Controlling, 2008, S. 191 ff.
[301] Vgl. Horváth, P., Controlling, 2006, S. 349 f.

Informationen erstellt werden und auf welche Weise diese weitergeleitet werden. Solche Berichte sind hinsichtlich ihres Umfangs und Inhalts, des Zeitpunkts der Erstellung und des Senders und Empfängers genau zu definieren.[302]

Ein weiteres Element des Informationssystems bilden die Aktionsträger, da sie die zu erfüllenden Aufgaben und Verantwortlichkeiten im Rahmen der Informationsversorgung ausüben. In diesem Zusammenhang sind die Stellen zu definieren, die für die Erfassung der zuvor beschriebenen Informationen verantwortlich sind. Die Erfassung richtet sich nach dem dargestellten Informationsprozess. Neben der Erfassung eingehender Daten ist durch die Verantwortlichen sicherzustellen, dass die bereits enthaltenen Daten aktuell sind. Dies gilt vor allem für Daten zum Steuerrecht und für gesellschaftsrechtliche Daten der Konzerngesellschaften. Für die Aktualisierung dieser Daten ist ein eigener Informationsprozess zu bestimmen. Weitere Aktionsträger sind die Nutzer der bereitgestellten Informationen. Die bisher beschriebenen Aufgaben der Informationsversorgung sind an internen Zwecken ausgerichtet. Hierzu gehören die Versorgung des Planungs- und Kontrollsystems sowie die Bereitstellung von Informationen für die Unternehmensführung. Die Nutzer der Informationen sind folglich die steuerlichen Sachbearbeiter sowie die Steuerverantwortlichen, die für die Unternehmensführung die erforderlichen Informationen als Entscheidungsgrundlage zusammenstellen und aufbereiten.

Darüber hinaus sind jedoch auch die Öffentlichkeit und hierbei vor allem die Investoren sowie der Fiskus aufgrund bestimmter Mitwirkungspflichten mit Informationen zu versorgen.[303] Diese externen Interessengruppen sind daher ebenfalls als Adressaten des Informationssystems zu verstehen, wenngleich diese keinen selbständigen Zugriff erhalten, sondern die extern zur Verfügung gestellten Informationen aus dem steuerlichen Informationssystem generiert werden.

2.4.3 Organisatorische Einbindung des Steuercontrollings

Nachdem die Zielsetzungen und Funktionen des Steuercontrollings bestimmt sind, ist die organisatorische Umsetzung der damit verbundenen Aufgaben festzulegen. Grund-

---

[302] Siehe ausführlich zum internen Berichtswesen Horváth, P., Controlling, 2006, S. 583 ff.; Weber, J., Controlling, 2002, S. 111 ff.
[303] Vgl. Zimmermann, M., Steuercontrolling, 1997, S. 170 f.

85

sätzlich bestehen zwei Möglichkeiten für die Erfüllung der Controllingaufgaben, zum einen können die Aufgaben durch Externe durchgeführt werden, zum anderen ist eine interne Umsetzung denkbar.[304]

Für die Vergabe der Steuercontrollingaufgaben an Externe kommt im Unternehmensumfeld z. B. eine Steuerberatungsgesellschaft in Frage. Hierbei sollte es sich um die Steuerberatung handeln, die bereits steuerliche Aufgaben für das Unternehmen bzw. den Konzern erfüllt und deshalb bereits über die nötigen Informationen verfügt. Der Einsatz einer externen Steuerberatung besitzt den Vorteil, dass hierdurch keine Kapazitäten im Unternehmen gebraucht werden, die möglicherweise auch gar nicht vorhanden sind und erst geschaffen werden müssten. Dies spricht dafür, dass bei eher geringen Unternehmensgrößen die Steuercontrollingfunktion durch Berater übernommen wird, während Großunternehmen und Konzerne, die bereits eine eigene Steuerabteilung sowie eine Controllingabteilung besitzen, diese Funktion selbst ausführen.[305] Ein weiterer Vorteil der externen Lösung ist, dass eine Steuerberatung über umfangreiche Kenntnisse des Steuerrechts verfügt und auf Erfahrungen in anderen Unternehmen zurückgreifen kann.[306] Ein bedeutender Nachteil ist jedoch das Informationsdefizit hinsichtlich interner Vorgänge. Eine Steuerberatungsgesellschaft verfügt nicht über den gleichen Kenntnisstand wie die internen Finanzabteilungen. Aus diesem Grund ist eine externe Durchführung des Steuercontrollings nur unter Einbindung von Steuermitarbeitern des Konzerns sinnvoll.[307] Eine solche Zusammenarbeit ermöglicht Synergiegewinne, die einen Wettbewerbsvorteil generieren können.[308] Ein weiterer Nachteil der externen Lösung ist die Gefahr der zu starken Bindung an externe Berater sowie deren Softwarelösungen. Eine solche Abhängigkeit, insbesondere an einen Berater, ist in den meisten Unternehmen nicht gewünscht.

Als weitere Möglichkeit kommt eine interne Lösung in Betracht, die sich wie gezeigt vor allem bei größeren Unternehmen anbietet. Werden bereits die Steuerberatungsfunktionen und Controllingfunktionen in konzerninternen Zentralstellen durchgeführt, stellt eine interne Lösung für ein Steuercontrolling eine sinnvolle Ergänzung dar. Zum einen sollte davon ausgegangen werden, dass bei einer bestimmten Unternehmensgröße die nötigen Kapazitäten bereitgestellt werden können. Darüber hinaus fehlt es aufgrund

---

[304] Vgl. Haeseler, H., Steuermanagement, 1998, S. 284.

[305] Vgl. Herzig, N./Zimmermann, M., DB 1998, S. 1150.

[306] Vgl. Haeseler, H., Steuermanagement, 1998, S. 284.

[307] Vgl. Haeseler, H., Steuermanagement, 1998, S. 284.

[308] Vgl. Zimmermann, M., Steuercontrolling, 1997, S. 281.

einer eigenen Steuerabteilung an einem externen steuerlichen Berater, der bereits eng in die steuerlichen Vorgänge involviert ist. Aus diesen Gründen wird für die hier vorgenommene Konzernbetrachtung ein intern durchgeführtes Steuercontrolling vorgeschlagen.

Die allgemeinen Controllingaufgaben werden in der Regel durch eine eigene Controllingabteilung geleistet, die der Führungsebene unterstellt ist. Die Controllingabteilung verbindet verschiedene Subsysteme der Führung, sodass ein breit angelegtes Wissen aus diesen Bereichen erforderlich ist. Je nach Art des Controllings ist zusätzlich Spezialwissen aus den unterschiedlichen Abteilungen notwendig. In diesem Fall sind Fachkräfte aus den entsprechenden Gebieten hinzuzuziehen.

Für das Steuercontrolling ist nun zu entscheiden, wer die Aufgaben in diesem Bereich erfüllt und wo das Steuercontrolling in der Unternehmensorganisation untergebracht wird. Im Rahmen der Konzernbetrachtung stellt sich die Frage, in welcher Abteilung die Funktionen eingegliedert werden sollen, um eine bestmögliche Erfüllung und organisatorische Einbindung zu gewährleisten.

Wie im vorigen Abschnitt gezeigt wurde, vereint das Steuercontrolling spezielle Kenntnisse aus dem Controlling sowie aus dem Steuerwesen, sodass eine Umsetzung in beiden Abteilungen vorstellbar ist.[309] Anhand der aufgezeigten Funktionen wird jedoch deutlich, dass aufgrund der erforderlichen Steuerprofessionalität auf eine Einbindung steuerlicher Sachbearbeiter nicht verzichtet werden kann. Darüber hinaus sind Experten aus dem Steuerbereich notwendig, da das Steuerrecht häufigen Änderungen unterliegt und diese im Rahmen der Steuercontrollingfunktionen umzusetzen sind.[310] Vor diesem Hintergrund sind wiederum unterschiedliche Ansätze der Organisationsform zu betrachten, hierzu gehört die vollständige Integration in die Steuerabteilung sowie die Einbindung eines Steuersachbearbeiters in den Controllingbereich.[311]

Die Versetzung eines Steuermitarbeiters in die Controllingabteilung ist insofern vorteilhaft, dass hierdurch unabhängige Kontrollen gewährleistet werden und auf die spezifischen Instrumente des Controllings zurückgegriffen werden kann. In Bezug auf die Veränderung und Entwicklung des steuerspezifischen Wissens ist diese Organisations-

---

[309] Vgl. Zimmermann, M., Steuercontrolling, 1997, S. 275; Herzig, N./Zimmermann, M., DB 1998, S. 1149.
[310] Vgl. Herzig, N./Zimmermann, M., DB 1998, S. 1149.
[311] Vgl. Haeseler, H., Steuermanagement, 1998, S. 284 f.

form jedoch nachteilig, da das komplexe Steuerrecht nicht durch eine Person vollständig überwacht werden kann und der regelmäßige Austausch innerhalb der Steuerabteilung fehlt.[312]

Aufgrund der überwiegenden steuerspezifischen Anforderungen ist daher eine Umsetzung des Steuercontrollings im Rahmen der Steuerabteilung vorzuziehen. Dies ergibt sich darüber hinaus aus der Zielsetzung der Steueroptimierung sowie einer effizienten Steueradministration, die lediglich im Rahmen der Steuerabteilung erfüllt werden können und als Aufgaben bereits in der Steuerabteilung angesiedelt sind. Folglich ist ein zuvor beschriebenes Planungs-, Kontroll- und Informationssystem in die Steuerabteilung zu integrieren. Für die controllingspezifischen Aufgaben der Systembildung und -kopplung kann auf die Unterstützung durch die Controllingabteilung zurückgegriffen werden. Hinsichtlich der funktionalen Eingliederung der Steuercontrollingaufgaben ist darauf zu achten, dass diese in die vorhandene Ablauforganisation und Prozessgestaltung integriert werden und die zur Verfügung gestellten Controllinginstrumente über bestimmte Auslöser automatisch genutzt werden.[313] Hierdurch soll sichergestellt werden, dass die vorhandenen steuerlichen Informationen sinnvoll genutzt werden. Für die Überwachung der Systeme sowie für die Durchführung der Kontrollen sind neue Verantwortungsbereiche erforderlich, um eine entsprechende Nutzung der Systeme und Erfüllung der dort implementierten Aufgaben zu gewährleisten. Eine Möglichkeit hierfür ist die Einführung der Position eines Steuercontrollers in der Steuerabteilung. Bei Besetzung dieser Stelle durch ein Mitglied der Steuerabteilung ist darauf zu achten, dass die nötige Neutralität und Unabhängigkeit gewährleistet ist.[314]

---

[312] Vgl. Herzig, N./Zimmermann, M., DB 1998, S. 1149.
[313] Vgl. Zimmermann, M., Steuercontrolling, 1997, S. 269 ff.
[314] Vgl. Zimmermann, M., Steuercontrolling, 1997, S. 277.

3 Anforderungen an ein Steuerinformationssystem

3.1 Informationsbedarf

Wie bereits in Kapitel 2.4.2.2.3 dargestellt, sind die in das System aufzunehmenden Informationen an den zu erfüllenden Aufgaben und Zielsetzungen abzuleiten. Die durch die Konzernsteuerabteilungen zu leistenden Aufgaben sind die in Kapitel 2 aufgezeigten Compliance Tätigkeiten und Tätigkeiten zur Steuerplanung. Daraus lässt sich der nachfolgend beschriebene Informationsbedarf herleiten. Die zu erfassenden Informationen sind unterschiedlichen Kategorien zuzuordnen und stammen sowohl aus internen als auch aus externen Quellen.

Zur Bearbeitung und Betreuung der einzelnen Konzerngesellschaften sind bestimmte Stammdaten zu diesen Gesellschaften erforderlich, sodass die Gesellschaftsstammdaten die erste Informationskategorie bilden, die den internen Quellen zuzuordnen ist. Zur Erfüllung der Compliance Aufgaben ist vorab eine Liste mit den aktuell existierenden Gesellschaften zu erstellen, sodass der Umfang der zu bearbeitenden Gesellschaften festgelegt ist und eine vollständige Bearbeitung erfolgen kann. Zu jeder Gesellschaft sind Kerninformationen zu erfassen, aus denen die zu erfüllenden steuerlichen Pflichten sowie die steuerliche Behandlung automatisch abgeleitet werden können. Tabelle 1 enthält eine Übersicht der zu erfassenden Stammdaten je Gesellschaft.

Tabelle 1: Übersicht der Stammdaten je Gesellschaft

Sitz der Gesellschaft
Gründungsdatum
Ggf. Auflösungsdatum
Rechtsform
Beteiligungen zu anderen Konzerngesellschaften
Organkreiszugehörigkeit (Angabe des Organträgers)

Für die Abgabe der Steuererklärungen ist relevant, in welchem Land und für welche Jahre Steuererklärungen zu erstellen sind, sodass der Sitz der Gesellschaft sowie das Gründungsdatum und ein ggf. vorhandenes Auflösungsdatum zu erfassen sind. Der Sitz der Gesellschaft ist zusätzlich für die Steuerberechnung sowie für steuerplanerische

Gestaltungen erforderlich, um die korrekten Steuervorschriften und Steuersätze anzuwenden. Darüber hinaus ist die Rechtsform der Gesellschaft wichtig, aus der sich die relevanten Steuererklärungsarten ergeben. Für die Berücksichtigung einer Gesellschaft im Konzern, z. B. für die Gesamtsteuerbelastung sowie für Gestaltungsüberlegungen, ist die Einbindung dieser Gesellschaft in den Konzernverbund zu berücksichtigen. Hierfür sind die Beteiligungsverhältnisse, die von dieser Gesellschaft ausgehen, in das Informationssystem aufzunehmen und darüber hinaus die Zugehörigkeit zu einem Organkreis bzw. einer Gruppenbesteuerung. Die Stammdaten der Gesellschaften stammen aus der zentralen Gesellschaftsverwaltung des Konzerns. Insofern existieren ggf. bereits Datenbanken, aus denen die für steuerliche Zwecke relevanten Gesellschaftsdaten generiert werden können.

Die nächste Kategorie der internen Informationen bilden die den Gesellschaften zuzuordnenden Bewegungsdaten, die die Grundlage sowohl für die Tax Compliance als auch für die Steuerplanung bilden. Dabei sind für abrechnungsorientierte Zwecke Daten der Vergangenheit und für Steuerplanungsaufgaben Prognosedaten relevant.[315] Für beide Aufgaben ist es in einem ersten Schritt entscheidend, die steuerliche Bemessungsgrundlage zu ermitteln. Die Zusammensetzung der Bemessungsgrundlagen lässt sich aus den Veranlagungsdaten der Gesellschaften ableiten, demnach sind für jede Gesellschaft sowohl die tatsächlichen Veranlagungsdaten der laufenden und vergangenen Perioden, als auch die vergleichbaren, zukünftigen Daten aus der Planungsrechnung in das System aufzunehmen. Analog zu den im zweiten Kapitel dargestellten Aufgabenbereichen sind für das betrachtete System die Ertragsteuern relevant. Daher sind Daten zu den Bemessungsgrundlagen der Körperschaftsteuer und Gewerbesteuer zu erfassen.

Für die Definition der Veranlagungsdaten lassen sich die Informationsanforderungen aus den Vordrucken der jeweiligen Steuererklärungen ableiten, anhand derer die entsprechende Bemessungsgrundlage sowie die Steuerlast berechnet werden. Für körperschaftsteuerliche Zwecke ist daher die Körperschaftsteuererklärung mit den entsprechenden Anlagen zugrundezulegen. Dies beinhaltet neben dem Mantelbogen z. B. die Anlagen zur Organschaft, zu ausländischen Einkünften sowie zu nicht abzugsfähigen Betriebsausgaben. Die regelmäßig zu erfassenden Bewegungsdaten daraus umfassen den Jahresüberschuss der Gesellschaft, die steuerfreien Einkünfte, die nichtabzugsfähigen Betriebsausgaben, ausländische Einkünfte, Angaben zum Finanzierungsaufwand

---

[315] Vgl. Schiffers, J., StuW 1997, S. 47.

und zur Verlustverrechnung, Steueranrechnungsbeträge sowie das Einkommen der Organgesellschaften bzw. die Gewinnabführung an den Organträger. Die genannten Kategorien können wiederum in detailliertere Informationen aufgeteilt werden, wie die Beispiele aus den Vordrucken der Steuererklärungen in Tabelle 2 zeigen.

Im Rahmen der Gewerbesteuererklärung sind der Gewerbeertrag, die Hinzurechnungen, die Kürzungen, die Verlustfeststellung sowie der Gewerbeertrag der Organgesellschaften zu erfassen. Zusätzlich sind für die Zerlegungserklärung die Gemeinden mit den Arbeitslöhnen oder einem anderen, besonderen Zerlegungsmaßstab in das System aufzunehmen. Tabelle 2 enthält wiederum Beispiele für die Erfassungsfelder aus den Vordrucken der Erklärungen zur Gewerbesteuer.

Die aus den Steuererklärungen abgeleiteten Datendefinitionen sind für den gesamten Compliance Prozess relevant. Dabei ist zu unterscheiden, in welchem Detaillierungsgrad die Daten erfasst werden sollen. Für die Steuerrechnung und die Steuererklärung sind die Daten z. B. sehr detailliert im System zu hinterlegen, für Zwecke der Prüfung der Steuerbescheide können hingegen die Daten einer Kategorie zusammengefasst werden.

Nach der Definition der zu erfassenden Daten sind die Informationsquellen und die Datenverarbeitung zu bestimmen. Für die Erstellung der verschiedenen Steuererklärungen und der dazugehörigen Steuerrechnung stammen diese Basisinformationen vornehmlich aus dem Rechnungswesen und sind für die steuerlichen Zwecke aufzubereiten.[316] Die im Rechnungswesen verarbeiteten Daten basieren dabei auf handelsrechtlichen Vorschriften, sodass entsprechende Anpassungen vorzunehmen sind. Das in der Handelsbilanz enthaltene Einkommen entspricht aufgrund der Abweichungen von Handels- und Steuerbilanz nicht dem steuerlich relevanten Einkommen. Daher sind entsprechende Überleitungen z. B. im Bereich der Abschreibungen und Rückstellungen vorzunehmen.[317] Darüber hinaus sind steuerspezifische Abzugsbeschränkungen sowie Steuerbefreiungen zu berücksichtigen. Die benötigten Werte zur Bestimmung der steuerfreien Einnahmen sowie der nicht abzugsfähigen Ausgaben können dabei ebenfalls aus dem Rechnungswesen bezogen werden, hierfür ist auf die einzelnen Aufwands- und Ertragskonten zurückzugreifen.

---

[316] Vgl. Hebig, M., Steuerabteilung, 1984, S. 205; Hahn, D., PuK, 2001, S. 272; Horváth, P., Controlling, 2006, S. 390.
[317] Vgl. Horváth, P., Controlling, 2006, S. 577.

Tabelle 2: Auswahl der Bewegungsdaten je Gesellschaft

Steuerart	Informationsanforderung (Kategorie)	Beispiel Ausprägung (detailliert)
Körperschaftsteuer	Jahresüberschuss	
	Steuerfreie Einkünfte	- Bezüge in Form von Dividenden
		- Gewinne aus Beteiligungsveräußerungen
		- Gewinnminderungen aus Beteiligungen
	Nichtabzugsfähige Betriebsausgaben	- Hälfte der Aufsichtsratvergütungen
		- Nebenleistungen zu Steuern
		- Spenden und Beiträge
		- Sonstige (Zinsaufwand, Bewirtungskosten, Geschenke usw.)
	Finanzierungsaufwand	- Zinsvortrag
		- laufender Zinsaufwand
		- abziehbarer Zinsaufwand
		- nichtabziehbarer Zinsaufwand / Zinsvortrag Folgejahr
	Verlustverrechnung	- Verlustabzug
		- Verlustvortrag
	Ausländische Einkünfte	- Staat
		- Höhe der Einkünfte
		- Anrechnungsbetrag Steuer
	Einkommen d. Organgesellschaft	
	Gewinnabführung an Organträger	
	Steueranrechnungsbeträge	
Gewerbesteuer	Gewerbeertrag	
	Hinzurechnungen	- Entgelte aus Schulden
		- Renten und dauernde Lasten
		- Gewinnanteile stiller Gesellschafter
		- Mieten und Pachten
		- Konzessionen und Lizenzen
		- ausländische Steuern
	Kürzungen	- Einheitswert
		- Gewinne aus Anteilen einer KapG
	Verlustfeststellung	- vortragsfähiger Gewerbeverlust
		- wegfallender Gewerbeverlust
	Gewerbeertrag Organgesellschaft	
	Zerlegungsdaten	- Gemeinde
		- Arbeitslöhne

Für die Prüfung der Steuerbescheide sind die in der Steuererklärung deklarierten Werte mit den veranlagten Werten im Steuerbescheid zu vergleichen. Die Informationsanforderungen werden daher auf der einen Seite durch die vorhandenen Steuererklärungen erfüllt, auf der anderen Seite durch die eingehenden Steuerbescheide. Die hierfür aus den verschiedenen Steuerbescheiden zu definierenden Werte ergeben sich einerseits aus dem Prüfungszweck, sodass neben der endgültigen Bemessungsgrundlage weitere Zwischenergebnisse aufzunehmen sind, die im Fall von Abweichungen eine Eingrenzung der Ursache für diese Abweichung erleichtern. Andererseits stellen die in den Steuerbescheiden festgesetzten Werte die Veranlagungsdaten dar, die für weitere steuerliche Zwecke nachzuhalten sind. Hierfür sind bestimmte Kenngrößen aus den Steuerbescheiden zu definieren. Aus diesen beiden Zielsetzungen ergeben sich die Daten, die aus den Steuerbescheiden in das Informationssystem aufzunehmen sind. Dabei sind für jede Bescheidart unterschiedliche Daten zu erfassen, die einzeln im Rahmen der Umsetzung des Informationssystems definiert werden.

Die Bewegungsdaten der Gesellschaften bilden darüber hinaus die Basis der Ertragsteuerplanung. Insgesamt kann dabei auf die Definition der Veranlagungsdaten zurückgegriffen werden. Bei der Bestimmung des Informationsbedarfs für die Steuerplanung ist danach zu unterscheiden, um welchen Planungszeitraum es sich handelt und woher die benötigten Daten stammen. Die Werte zur Planung der nationalen Vorauszahlungen zur Körperschaftsteuer und Gewerbesteuer betreffen das laufende Wirtschaftsjahr, sodass diese in Abhängigkeit der verfügbaren Datenlage entweder aus dem Rechnungswesen oder aus den Plandaten für das aktuelle Jahr zu übernehmen sind. Für die Berechnung von zukünftigen Steuerbelastungen ist auf die Daten der Unternehmensplanung zurückzugreifen. Wie bereits zuvor herausgestellt wurde, dienen die betriebswirtschaftlichen Teilpläne nicht steuerlichen Zwecken, sodass gewisse Anpassungen erforderlich sind, um daraus eine steuerliche Bemessungsgrundlage abzuleiten.

Zur Berechnung internationaler Steuerbelastungen werden steuerliche Bemessungsgrundlagen der Gesellschaften in verschiedenen Ländern benötigt. Diese stammen von den ausländischen Gesellschaften und basieren in der Regel ebenfalls auf den Daten des Rechnungswesens. Bei der Ermittlung einer Konzernsteuerbelastung kann ein geringerer Detaillierungsgrad verwendet werden, sodass eine vereinfachte Definition der erforderlichen Bewegungsdaten vorgenommen werden kann. Im Idealfall ist ein Berechnungsschema zu erstellen, das für unterschiedliche Steuerrechtsordnungen verwendet werden kann. Zur Berechnung eines Planungszeitraums ist dabei ebenfalls auf die Plandaten der Konzernfinanzen zurückzugreifen, die durch die im Ausland zuständigen Sachbearbeiter um steuerspezifische Informationen zu ergänzen sind.

Für die weiteren Steuerplanungsansätze zur Optimierung der Steuerbelastung sind zusätzliche Bewegungsdaten der Gesellschaften hinzuzuziehen, sodass die jeweils vorliegende Entscheidungssituation dargestellt werden kann. Hierzu sind z. B. Daten zu den Verrechnungspreisen oder der Finanzierung zu erheben und in das Informationssystem aufzunehmen. Die hierfür zu erfassenden Daten sind entsprechend der Zielsetzung zu definieren und können individuell ausgestaltet sein. Darüber hinaus sind steuerliche Bewegungsdaten zur Überwachung der Steuerposition im Rahmen des Informationssystems zu erfassen, hierzu zählen z. B. Verlustvorträge. Die benötigten Informationen stammen wiederum aus den Veranlagungsdaten der Gesellschaften und sind zum Teil bereits im System vorhanden. Für eine umfassende Überwachung der Verlustvorträge sind diese Daten jedoch um zusätzliche Informationen zu ergänzen. Zu den erforderlichen Daten zur Steuergestaltung gehören darüber hinaus Informationen zu den aperiodischen Vorgängen, um die in Kapitel 2.3.2.2.7 aufgezeigten Aufgaben zu erfüllen. Hierzu gehört z. B. die Erfassung etwaiger Sperrfristen. Eine zusammenfassende Übersicht der zu berücksichtigenden Parameter für Zwecke der Steueroptimierung ist in Kapitel 4.2.2 enthalten und wird dort im Rahmen der Ansätze zur Steuergestaltung näher erläutert.

Neben den bisher aufgezeigten intern zu erfüllenden Informationsanforderungen sind für die Erfüllung der Aufgaben zusätzliche externe Informationen erforderlich, die sich aus dem nationalen und internationalen Steuerrecht ergeben (siehe Tabelle 3).

Tabelle 3: Übersicht der externen Informationsanforderungen

Informationsbedarf	Ausprägung im System
Steuerliche Vorschriften	im Rahmen der Steuerberechnung
Steuersätze	je Ertragsteuerart, je Land
Steuerrechtsänderungen	Beobachtung der Reformvorschläge Umsetzung in der Steuerberechnung
Gerichtsurteile	Datenbank der für den Konzern relevanten Entscheidungen

Hierzu gehören insbesondere die gültigen steuerlichen Vorschriften und Steuersätze, die in den jeweiligen Steuerrechnungen umzusetzen sind. Die Bestimmung der Bemessungsgrundlagen und Steuerlasten erfolgt durch die Anwendung dieser externen Bestimmungen auf die internen Bewegungsdaten. In diesem Zusammenhang ist darauf zu achten, dass die Berechnungslogiken jederzeit dem aktuellen Steuerrecht entsprechen. Als Quelle für diese externen Informationen dienen die jeweiligen inländischen und ausländischen Steuergesetze. Neben dem aktuellen Steuerrecht sind für steuerplanerische Zwecke sowie zur Überwachung der Steuerposition vor allem Reformen der Steuergesetze und zukünftige Entwicklungen im Steuerrecht relevant. Für die dargestellten Aufgaben der Ertragsteuerplanung sind insbesondere die Reformen des Einkommensteuer-, Körperschaftsteuer- und Gewerbesteuergesetzes zu beobachten. Die frühzeitige Kenntnis über absehbare Änderungen dieser Steuergesetze ermöglicht rechtzeitige Anpassungen der Steuerstrategie und somit einen möglichen Vorteil für das Unternehmen. Zu den weiteren relevanten externen Informationen gehören Entscheidungen der Finanzgerichte, da diese sowohl bei der für den Konzern bestmöglichen Erfüllung der Compliance Aufgaben erforderlich sind als auch bei der Umsetzung steuerlicher Gestaltungen. Wird über einen Sachverhalt per Gericht entschieden, erhöht dies die Planungssicherheit für das Unternehmen und eröffnet ggf. Handlungsspielräume. Genauso wichtig sind dabei auch die anhängigen Verfahren, da im Rahmen der Bescheidprüfung die das eigene Unternehmen betreffenden steuerlichen Sachverhalte durch einen Rechtsbehelf offen gehalten werden können. Diese externen steuerlichen Informationen stammen dabei aus der Fachliteratur, aus Datenbanken sowie aus dem Fachwissen externer Berater.[318] Solche Informationen sind grundsätzlich nicht explizit in das Informationssystem zu erfassen sondern sind im Rahmen der verschiedenen Funktionen umzusetzen. Allerdings ist für relevante Steuerrechtsänderungen oder Gerichtsurteile die Erfassung in einer steuerlichen Wissensdatenbank denkbar, damit diese Informationen konzernweit genutzt werden können.

---

[318] Vgl. Schiffers, J., StuW 1997, S. 48.

3.2 Steuerrechtliche Anforderungen

3.2.1 Mitwirkungspflichten und Dokumentationsanforderungen

Die steuerrechtlichen Anforderungen an ein Informationssystem setzen sich vor allem aus den in der Abgabenordnung verankerten Mitwirkungspflichten und Dokumentationsanforderungen zusammen. Diesen Pflichten ist vor allem im Rahmen des Besteuerungsverfahrens nachzukommen, aber auch im Bereich der Steuerplanung gelten spezielle Dokumentationspflichten. Die zu erfüllenden Mitwirkungspflichten des Steuerpflichtigen sind in Tabelle 4 in einer Übersicht zusammengefasst und werden anschließend kurz erläutert.

Tabelle 4: Übersicht der Mitwirkungspflichten des Steuerpflichtigen

Vorschrift	Inhalt
§ 90 Abs. 1 AO	allgemeine Mitwirkungspflicht
§ 90 Abs. 2 und 3 AO	erhöhte Mitwirkungspflicht bei Auslandsbezug
§ 93 AO	Auskunftspflicht
§ 97 AO	Vorlage von Urkunden, Verträgen, Geschäftspapieren
§ 200 AO	Erhöhte Mitwirkungspflicht bei Außenprüfungen

Die allgemeine Mitwirkungspflicht der Beteiligten ergibt sich aus § 90 Abs. 1 AO. Demnach sind die für die Besteuerung erheblichen Tatsachen offenzulegen und Beweismittel anzugeben. Die allgemeine Mitwirkungspflicht wird durch die Auskunftspflicht nach § 93 AO sowie durch die Pflicht zur Vorlage bestimmter Urkunden, Verträge und Geschäftspapiere nach § 97 AO konkretisiert. Diese allgemeinen Pflichten gehören zur Mitwirkung des Steuerpflichtigen im Rahmen des Veranlagungsverfahrens, wie es in Kapitel 2.2.3 aufgezeigt wird. Hierzu gehören grundsätzlich die Angaben in der Steuererklärung. Darüber hinaus kann die Finanzbehörde für die Ermittlung und Festsetzung der Steuern jedoch zusätzliche Informationen anfordern, die für die Veranlagung erforderlich sind.

Zusätzlich zu den genannten Auskunftspflichten bestehen erhöhte Mitwirkungspflichten für bestimmte Sachverhalte mit Auslandsbezug. § 90 Abs. 2 AO fordert für Vorgänge außerhalb des Geltungsbereichs der AO spezielle weiterführende Auskünfte und Unterlagen durch den Steuerpflichtigen, da ein Zugriff und Abgleich durch die Finanzverwaltung mit einer ausländischen Jurisdiktion nicht ohne weiteres gegeben ist. Darüber hinaus enthält § 90 Abs. 3 AO speziell für Verrechnungspreise mit Auslandsbezug besondere Aufzeichnungspflichten.[319] Unter diese Vorschrift fallen auch grenzüberschreitende Finanzierungsstrukturen.[320] Diese erhöhten Mitwirkungspflichten für Verrechnungspreise und Finanzierungsstrukturen sind zwar ebenfalls im Rahmen der Veranlagung zu erfüllen, werden in der Steuerabteilung jedoch den Aufgaben der Steuerplanung zugeteilt, da es um die Anerkennung steuerlicher Gestaltungen mit dem Ziel der Steueroptimierung geht.

Neben den erhöhten Mitwirkungspflichten aufgrund eines Auslandsbezugs bestehen erhöhte Mitwirkungspflichten bei Außenprüfungen (§ 200 AO). Wie bereits in Kapitel 2.2.3.5. erläutert, sind für die steuerliche Außenprüfung zusätzliche Unterlagen und vor allem zusätzliche Auskünfte und Sachverhaltserläuterungen zur Verfügung zu stellen.

Die Aufgaben im Rahmen der Mitwirkungspflichten bestehen demnach darin, Auskünfte zu erteilen, Unterlagen vorzulegen und bestimmte Aufzeichnungen zu führen. Zur Erfüllung dieser Pflichten sind umfangreiche Dokumentationen in das Informationssystem aufzunehmen. Hierzu gehören vor allem Sachverhaltsdokumentationen im Rahmen der Besteuerung, um die in der Steuererklärung gemachten Angaben jederzeit nachvollziehen zu können. Dies ist z. B. bei der Ausübung von Wahlrechten insofern erforderlich, damit die Gründe für den gewählten Ansatz festgehalten werden und nachträglich nicht in Frage gestellt werden. Aufgrund der Betreuung der Tochtergesellschaften durch die Konzernsteuerabteilung fließen einerseits sehr viele Informationen zusammen, die zur Erfüllung dieser Pflichten organisiert werden müssen. Andererseits können die Zuständigkeiten für bestimmte Aufgaben oder Gesellschaften wechseln, darin ist auch der Wechsel der Mitarbeiter enthalten. Hierdurch kann spezielles Wissen zu den Gesellschaften und steuerlichen Sachverhalte verloren gehen, sodass die Dokumentation der relevanten Besteuerungsgrundlagen gewährleistet werden muss.

Neben diesen Informationen zur Besteuerung sind auf Anfrage auch die genannten Unterlagen den Finanzbehörden zur Verfügung zu stellen. Dies macht ein Dokumentenmanagement für die Konzerngesellschaften erforderlich, sodass jederzeit Zugriff darauf besteht. In das Dokumentenmanagement sind Verträge, Urkunden und weitere relevante

---

[319] Siehe hierzu auch Endres, D./Oestreicher, A., IStR 2003 (Beihefter), S. 2 f.
[320] Vgl. Jacobs, O.H., Unternehmensbesteuerung, 2007, S. 911.

Geschäftspapiere aufzunehmen. Zu den erforderlichen Verträgen gehören z. B. Gewinn-abführungsverträge der Organgesellschaften, um das Bestehen und die Gültigkeit einer Organschaft nachzuweisen.

Darüber hinaus sind für die Verrechnungspreisdokumentation spezielle Aufzeichnungen zu führen. Diese umfassen die in Kapitel 2.3.2.2.2 dargestellten Sachverhalts- und An-gemessenheitsdokumentationen. Die hierfür erzeugten Dokumente sind für alle Kon-zerngesellschaften zentral durch die Steuerabteilung zu überwachen, sodass eine ent-sprechende Datenbank mit den erforderlichen Nachweisen und Erläuterungen in das steuerliche Informationssystem aufzunehmen ist.

Zusätzliche Auskunftspflichten entstehen durch Betriebsprüfungen. Im Unterschied zu den grundsätzlichen Auskunftspflichten nach § 90 AO sind die für die Außenprüfung bereitzustellenden Unterlagen nicht vorab bekannt, sodass hierfür keine eigene Doku-mentenverwaltung erstellt werden kann. Der Bedarf kann sich auf sämtliche Geschäfts-unterlagen beziehen. Ebenso sind die Fragen zu bestimmten Sachverhalten nicht im Voraus bekannt, sodass im Rahmen der erweiterten Mitwirkungspflichten die Doku-mentationsanforderungen auf den laufenden Austausch mit den Betriebsprüfern bezogen sind. Die zur Verfügung gestellten Erläuterungen und Antworten durch die Konzern-steuerabteilung sind zusammen mit den gestellten Anfragen der Betriebsprüfer festzu-halten, sodass diese Informationen für die Abschlussbesprechung und die Prüfung des Abschlussberichts bereit stehen.[321] Darüber hinaus kann anhand einer solchen Doku-mentation nachgehalten werden, dass die gestellten Anfragen beantwortet wurden und auch in welchem zeitlichen Rahmen eine Antwort erfolgte. Bereits im Rahmen der Dar-stellung der steuerlichen Betriebsprüfung in Kapitel 2.2.3.5 wurde die aktuelle Entwick-lung der Forderung nach einer zeitnahen Außenprüfung genannt. In diesem Zusammen-hang ist die Dokumentation der Beantwortungsdauer von Anfragen relevant, um die Faktoren der Verzögerung einer schnellen Prüfung ausfindig zu machen. Insgesamt ge-währleistet eine solche Dokumentation eine erhöhte Transparenz der Betriebsprüfung und erleichtert die Kommunikation zum leitenden Steuerverantwortlichen für die Au-ßenprüfung. Den Betriebsprüfern steht weiterhin ein Zugriff auf relevante Geschäfts-vorgänge und Buchungsdaten zu, die jedoch über bereits bestehende Systeme zu erfül-len sind und daher nicht in die Anforderungen an ein Steuerinformationssystem aufzu-nehmen sind.

---

[321] Siehe zu dieser Dokumentationsanforderung auch Kapitel 2.2.3.5.

Insgesamt ist festzuhalten, dass die Aufgaben der Steuerabteilung hinsichtlich der Mitwirkungspflichten durch ein Steuerinformationssystem unterstützt werden können. Die verschiedenen Bereiche der hierfür erforderlichen Dokumentationen sind in Tabelle 5 zusammengefasst.

Tabelle 5: Steuerliche Dokumentationsanforderungen

Dokumentation von Sachverhalten (z. B. bei Ausübung von Wahlrechten, speziellen steuerlichen Gestaltungen, usw.)
Spezielle Dokumentationsanforderungen für Verrechnungspreise und Finanzierungsstrukturen
Dokumentenmanagement für Verträge, Urkunden und weitere relevante Geschäftspapiere (z. B. Gewinnabführungsverträge bei Organschaft)
Dokumentation der Fragen und Antworten bei Betriebsprüfungen

3.2.2 Weitere Anforderungen aus dem Besteuerungsverfahren

Im Zusammenhang mit dem Besteuerungsverfahren ergeben sich weitere Pflichten und Aufgaben für den Steuerpflichtigen, die durch ein Steuerinformationssystem unterstützt und kontrolliert werden können. Hierzu gehört die in Kapitel 2.2.3.3 dargestellte Aufgabe zur Erstellung von Steuererklärungen. Die Pflicht zur Abgabe von Steuererklärungen ergibt sich aus den verschiedenen Steuergesetzen. Für die Tax Compliance ist es daher relevant, dass diese Pflicht vollständig und fristgerecht erfüllt wird. Das Informationssystem hat demnach eine Auskunftsfunktion über den Bearbeitungsstand der Steuererklärungen zu enthalten. Hierfür ist vorab der Soll-Erfüllungsgrad einschließlich der jeweiligen Abgabefristen zu definieren. Für jede Gesellschaft sind die verschiedenen Arten der abzugebenden Steuererklärungen zu erfassen sowie die aktuelle Frist zur Abgabe. Wie jedoch bereits in Kapitel 2.2.3.3. erläutert wurde, werden diese Fristen regelmäßig verlängert. Daraus ergeben sich zu verschiedenen Zeitpunkten unterschiedliche Abgabetermine für die jeweiligen Steuererklärungen, sodass die Information der für diese Gesellschaft beantragten und genehmigten Fristverlängerung ebenfalls in das System aufgenommen werden muss. Im Rahmen der Bearbeitung der Steuererklärungen sind die entsprechenden Informationen bzgl. des Bearbeitungsstands und der endgültigen Einreichung beim Finanzamt zu erfassen. Dabei ist das Datum der Abgabe einzutragen. Diese Informationen zur laufenden Bearbeitung können jederzeit mit dem Soll-

Erfüllungsgrad abgeglichen werden, sodass ein aktueller Stand der Abgabenquote und der Fristeinhaltung ermittelt werden kann. Solche Quoten sind wiederum für darüber hinaus gehende Fristverlängerungen wichtig, da das Finanzamt nur bei ausreichend erfüllter Quote zusätzliche Fristen zur Einreichung der Steuererklärungen gewährt. Diese Quoten sind anhand der aus dem Informationssystem gelieferten Listen einfach zu belegen. Darüber hinaus ist für die Steuerabteilung anhand dieser Informationen ersichtlich, welche Erklärungen noch nicht eingereicht wurden, sodass hiermit gleichzeitig eine Kontrollfunktion erfüllt wird. Anhand der eingetragenen Fristen sind zusätzlich automatische Überwachungs- und Erinnerungsfunktionen denkbar.

Neben den zu erfüllenden Pflichten des Steuerpflichtigen ergeben sich weitere Anforderungen aus dem Steuerrecht, die im Rahmen der der Erfüllung der Compliance Aufgaben zu beachten sind. Wie in Kapitel 2.2.3.4 gezeigt wurde, sind die eingehenden Steuerbescheide durch die Steuerabteilung zu prüfen und ggf. Maßnahmen zur Änderung der Steuerfestsetzung zu ergreifen. Daher sind bei der Umsetzung eines Informationssystems die Anforderungen aus dem Verfahrensrecht der Steuerbescheide zu berücksichtigen. Für die Steuerbescheidprüfung ist die Bestandskraft der Bescheide relevant, da sich daraus die Korrekturmöglichkeiten ergeben. Für die reguläre Prüfung und Beanstandung der Steuerbescheide gilt die Rechtsbehelfsfrist. Somit ist sicherzustellen, dass ein Rechtsbehelf innerhalb dieser Frist an die Finanzbehörde gerichtet wird. Daraus ergibt sich für das Steuerinformationssystem die Forderung nach einer Fristenkontrolle für die Bescheidprüfung. Eine solche Funktion erfordert die Erfassung der eingehenden Steuerbescheide mit dem relevanten Datum des Bescheids, sodass daraus die Rechtsbehelfsfrist ermittelt werden kann. Durch eine Überwachung dieser Fristen kann ein rechtzeitiges Prüfen der Steuerfestsetzungen erreicht werden. Darüber hinaus beinhaltet die Abgabenordnung verschiedene Arten der Steuerveranlagung. Nach § 164 AO bzw. § 165 AO ist eine vorläufige Steuerfestsetzung bzw. eine Festsetzung unter dem Vorbehalt der Nachprüfung möglich. Aus diesen Vorschriften ergeben sich erweiterte Möglichkeiten, die Steuerfestsetzung zu ändern, sodass diese Information relevant ist und im Rahmen der Bescheiderfassung festzuhalten ist. Um den aktuellen Stand der Steuerfestsetzungen abrufen zu können, ist das Ergebnis der Bescheidprüfung zu dokumentieren. In diesem Zusammenhang sind insbesondere Einsprüche und Klagen in das Steuerinformationssystem aufzunehmen, sodass laufende und abgeschlossene Rechtsbehelfsverfahren einzusehen sind. Solche Verfahren können sich über einen längeren Zeitraum hinziehen, wenn die Entscheidung über einen Einspruch von einem Urteil der Gerichte abhängt.

Damit jederzeit eine Übersicht der Verfahren erstellt werden kann, ist eine zentrale Ablage erforderlich. Ein solches Vorgehen unterstützt wiederum die zentral verantwortliche Stelle innerhalb der Steuerabteilung und beugt dem Verlust von Detailwissen vor, falls sich die Mitarbeiterstruktur verändert. Das Steuerinformationssystem hat demnach die erforderlichen Daten zu den Steuerbescheiden und Rechtsbehelfsverfahren zu speichern und die geforderten Auswertungen bereit zu stellen. Die Definition der hierfür erforderlichen Eingabedaten erfolgt im Rahmen der Umsetzung des Systems.

3.3 Anforderungen an ein Steuerbelastungs- und Steuerplanungsmodell

3.3.1 Zielsetzung und Grundlagen eines Belastungs- und Planungsmodells

Das Informationssystem hat zur Unterstützung der in Kapitel 2.3.2 dargestellten Aufgaben zur Konzernsteuerplanung verschiedene Funktionen zur Verfügung zu stellen. Im Mittelpunkt steht dabei die Quantifizierung der Steuerbelastung, sodass ein Modell zur Berechnung der Steuerlast aufzubauen ist. Die Zielsetzung eines Steuerbelastungsmodells ist die Ermittlung tatsächlicher Steuerbelastungen im Konzern. Hingegen hat ein Steuerplanungsmodell das Ziel, Steuerbelastungen für verschiedene Gestaltungsalternativen und Entscheidungssituationen zu simulieren sowie zukünftige Steuerbelastungen zu prognostizieren. Im Rahmen solcher Modelle ist der zugrundeliegende Konzern abzubilden und die Steuerlast anhand der Unternehmensdaten zu ermitteln.[322] Zur Darstellung eines spezifischen Unternehmens ist ein finanzplangestütztes Steuerbelastungsmodell zu verwenden, welches wirtschaftliche Rahmendaten und steuerliche Einflussfaktoren realitätsnah abbildet.[323] Anhand eines solchen finanzwirtschaftlichen Modells können die Folgen verschiedener Sachverhalte sehr detailliert berechnet werden, sodass die Ergebnisse eine gute Entscheidungshilfe zur Beurteilung betrieblicher Sachverhalte darstellen.[324]

Aufgrund der Abbildung eines realen Unternehmens sind für die aktuelle Steuerberechnung keine fiktiven Annahmen zu treffen. Die für die Berechnung erforderlichen Beträ-

---

[322] Es handelt sich bei diesem Modell folglich um die Abbildung des Originals, vgl. hierzu Kiso, D., Entwurfskonzept, 1997, S. 14.
[323] Vgl. Jacobs, O.H./Spengel, C./Hermann, R./Stetter, T., StuW 2003, S. 315; Gutekunst, G., Steuerbelastungen, 2005, S. 66.
[324] Vgl. Spengel, C./Lammersen, L., StuW 2001, S. 227.

ge wie z. B. der Jahresüberschuss, Abschreibungsaufwand und Dividenden können direkt erfasst bzw. eingespielt werden. Ebenso sind die ökonomischen und finanzwirtschaftlichen Parameter bereits vorgegeben und im System hinterlegt. Für ein darüber hinaus gehendes Steuerplanungsmodell sind jedoch Möglichkeiten zur Variation dieser Daten vorzusehen. Um verschiedene Szenarien im Rahmen einer Simulation berechnen zu können, sind Annahmen z. B. über die Entwicklung des Unternehmens, die Abschreibungsarten und –dauern sowie über Ausschüttungen zu treffen. Hierfür können die verschiedenen, bereits existierenden Unternehmenspläne als Basis dienen, die jedoch für Zwecke der Steuerplanung hinsichtlich der zu verwendenden Annahmen zu modifizieren sind. Neben der reinen Planungsrechnung für steuerliche Zwecke sind somit zusätzliche Modellrechnungen zur Abbildung der verschiedenen Entwicklungsszenarien und Gestaltungsalternativen in das System zu integrieren. Für die Durchführung von Simulationsrechnungen ist zusätzlich die Möglichkeit zur Veränderung der ökonomischen und finanzwirtschaftlichen Variablen vorzusehen, hierzu gehören z.B. Steuersätze und Zinssätze. Insgesamt dient ein solches Steuerplanungsmodell nicht der gesamtübergreifenden Optimierung der Konzernsteuerbelastung, sondern vielmehr der Abbildung von Steuerbelastungen in verschiedenen Entscheidungssituationen. Die Ergebnisse dieses Modells sind daher geeignet, verschiedene Handlungsalternativen und steuerliche Gestaltungsmaßnahmen zu vergleichen und zu beurteilen.

Die Anforderungen an den Umfang der Steuerberechnung werden im folgenden Kapitel 3.3.2 näher erläutert. In Kapitel 3.3.3 werden die in das Modell eingehenden Ausgangsdaten, die Berechnungsmethode sowie die zu ermittelnden Ergebnisse und Zielgrößen definiert.

3.3.2 Umfang der Steuerberechnung

Der Hauptbestandteil des Modells ist wie bereits dargestellt die Quantifizierung der Steuerbelastung. Für den Aufbau der Steuerberechnung sind die relevanten Steuersubjekte, die relevanten Steuerarten sowie die relevanten steuerrechtlichen Vorschriften zu bestimmen und in das Modell zu integrieren.[325] Für einen internationalen Konzern bedeutet dies, dass zur Abbildung der weltweiten Gesamtsteuerbelastung alle Konzernge-

---

[325] Vgl. Jacobs, O.H./Spengel, C., Intertax 2000, S. 335. Zur damit umschriebenen Modelltiefe und Modellbreite siehe auch Heinhold, M., Steuerplanung, 1979, S. 127 ff.

sellschaften einzubeziehen sind. Hierzu zählen folglich die Konzern-Holdinggesellschaft und sämtliche Tochtergesellschaften in Form einer Kapitalgesellschaft oder Personengesellschaft. Für den Modellaufbau wird wie bereits in Kapitel 2.1 ein Konzern in Form einer strategischen Management-Holding unterstellt, sodass die Konzernmuttergesellschaft die Rechtsform einer Kapitalgesellschaft besitzt.[326] In diesem Fall kann die Ebene der Anteilseigner für die hier zugrundgelegte Zielsetzung vernachlässigt werden, da die aus einer Dividendenausschüttung resultierende Steuer unabhängig der auf Konzernebene gewählten Struktur anfällt und nur relativ gesehen durch die steuergestalterischen Maßnahmen beeinflusst wird. Die Steuerbelastung der Anteilseigner variiert lediglich mit der Höhe der Ausschüttung, die wiederum durch steuersenkende Gestaltungen und einer dadurch gesteigerten Rendite höher ausfallen kann. Dies entspricht der Zielsetzung der Investoren, sodass diese Belastungsebene nicht in das Modell aufgenommen werden muss. Für die Konzerngesellschaften in Form einer Personengesellschaft gilt für die Besteuerung das Transparenzprinzip, daher ist in diesem Fall für eine vollständige Ermittlung der Ertragsteuern die Ebene der Anteilseigner relevant. Innerhalb eines Konzerns werden diese Personengesellschaften jedoch von anderen Konzerngesellschaften gehalten, daher sind die Einkünfte der Personengesellschaften im Einkommen der entsprechend beteiligten Tochterkapitalgesellschaften enthalten und werden dort einer Ertragsbesteuerung unterworfen.

In diesem Zusammenhang wird bereits deutlich, dass für eine Abbildung der Konzernsteuerbelastung die Beteiligungsstruktur der Konzerngesellschaften berücksichtigt werden muss. Aus diesem Grund sollte das Modell einen entsprechenden Konzernaufbau beinhalten. Zur Verwaltung der Konzernstruktur ist die jeweils an anderen Konzerngesellschaften gehaltene Beteiligungshöhe darzustellen.[327] Weitere strukturelle Verknüpfungen der Gesellschaften sind z. B. Organschaftbeziehungen.

Die in der Berechnung zu berücksichtigenden Steuerarten beziehen sich entsprechend der Zielsetzung des Modells auf die Ertragsteuern. Bei den Entscheidungsparametern handelt es sich vor allem um Gewinnverlagerungen und Finanzierungsentscheidungen, wodurch hauptsächlich die Bemessungsgrundlage der Ertragsteuern beeinflusst wird. Substanz- und Verkehrssteuern werden daher nicht in das Modell aufgenommen. Wer-

---

[326] Die Betrachtung einer Personengesellschaft als oberste Gesellschaft wird hier nicht betrachtet. Dies würde den Einbezug der Anteilseignerebene erforderlich machen und ist für das vorliegende Modell nicht zielführend.

[327] Zur Umsetzung der Verwaltung von Konzernstrukturen siehe Kapitel 4.1.3.1.2.

den im Rahmen der Steuerplanung durch eine Umstrukturierungsmaßnahme oder Funktionsverlagerung weitere Steuern ausgelöst, so sind diese separat in die Beurteilung einzubeziehen. Die relevanten Ertragsteuern bei der Konzernbesteuerung nach deutschem Steuerrecht sind die Körperschaftsteuer, die Gewerbesteuer sowie der Solidaritätszuschlag. Für die darüber hinaus betrachteten Staaten sind die vergleichbaren Steuerarten einzubeziehen. Die Anteilseigener des Konzerns werden im Rahmen der Steuersubjekte nicht betrachtet, sodass auch die Einkommensteuer nicht berücksichtigt werden muss. Dies vereinfacht zudem den im Modell dargestellten Tarifverlauf. Wie bereits erläutert, besteht ein Konzern hauptsächlich aus Kapitalgesellschaften, die mit Körperschaftsteuer und Gewerbesteuer belastet werden. Sollten vereinzelt Konzerngesellschaften in Form einer Personengesellschaft eingebunden sein, so werden diese innerhalb des Konzerns von Kapitalgesellschaften gehalten. Aus diesem Grund werden die Einkünfte der Personengesellschaften im Rahmen eines Konzerns ebenfalls nur mit Gewerbesteuer und Körperschaftsteuer belastet. Bei Betrachtung eines internationalen Konzerns sind darüber hinaus die anfallenden Quellensteuern auf grenzüberschreitende Zins-, Lizenz- und Dividendenzahlungen zu berücksichtigen, die oftmals eine Definitivbelastung darstellen. Aufgrund der variierenden Höhe der Quellensteuern besteht hierbei vielseitiges Gestaltungspotential, daher sind die steuerlichen Wirkungen durch das Modell abzubilden. Dies ist z. B. über die Einbindung eines Ausschüttungsplans für alle Gesellschaften möglich. Insgesamt ist bei der Einbindung der Steuerarten in die Steuerberechnung auf mögliche Interdependenzen zu achten, wenn z. B. eine Steuerart die Bemessungsgrundlage einer anderen Steuerart beeinflusst.[328]

Für die Berechnungslogik sind die wesentlichen Merkmale und Vorschriften der anzuwendenden Steuergesetze umzusetzen. Dies bedeutet, dass für jedes Land die relevanten steuerrechtlichen Vorschriften in das System aufzunehmen sind. Hierzu zählen die Ermittlung der Bemessungsgrundlage, Verlustausgleichsvorschriften, das Körperschaftsteuersystem sowie die Maßnahmen zur Vermeidung der internationalen Doppelbesteuerung.[329] Insgesamt ist dabei die Exaktheit des Belastungsmodells zu fordern, wenngleich in der Realität nur eine angemessene und zielführende Auswahl der Steuerrechtsnormen getroffen werden kann.[330] Zum grundsätzlichen Besteuerungskonzept gehören

---

[328] Vgl. Heinhold, M., Steuerplanung, 1979, S. 135; Klöne, H., Steuerplanung, 1980, S. 10; Storz, P., Steuerplanung, 1984, S. 28.
[329] Vgl. Spengel, C./Lammersen, L., StuW 2003, S. 223; Gutekunst, G., Steuerbelastungen, 2005, S. 44.
[330] Vgl. Gröschel, M., Softwarewiederverwendung, 1999, S. 11; siehe hierzu auch Klöne, H., Steuerplanung, 1980, S. 9.

die Anwendung des Trennungs- oder Transparenzprinzips sowie Angaben zu den Tarif-verläufen und zu den Steuersätzen der o. a. Ertragsteuern.[331] Für die Abbildung einer deutschen Steuerberechnung sind darüber hinaus die Besonderheiten der Gewerbesteuer in Form der gewerbesteuerlichen Hinzurechnungen und Kürzungen zu berücksichtigen.

Zur Ermittlung der Bemessungsgrundlage kann ein vergleichbares Schema für jedes Land zugrunde gelegt werden. Es ist zu bestimmen, welche Ertragsgröße den Aus-gangspunkt für die Steuerberechnung darstellt. Davon ausgehend sind die steuerlichen Korrekturen vorzunehmen, d. h. es sind die nicht abzugsfähigen Aufwendungen zu de-finieren sowie die steuerfreien Erträge. Bei den nicht abzugsfähigen Aufwendungen sind vor allem die Vorschriften zur Zinsabzugsbeschränkung entscheidend. Die Rege-lungen hierzu fallen in jedem Staat unterschiedlich aus, sodass über entsprechende Formeln eine exakte Berechnung der abzugsfähigen bzw. nicht abzugsfähigen Finanzie-rungskosten gewährleistet wird. Die in Deutschland eingeführte Zinsschranke erlaubt z. B. lediglich einen Abzug der Zinsaufwendungen in Höhe von 30 % des EBITDA, also des Ergebnisses vor Abzug der Zinsen, Steuern und Abschreibungen. Zinsaufwand, der nicht in derselben Periode zum Abzug zugelassen wird, fließt als Zinsvortrag in den Zinsaufwand der Folgeperiode. Ein nicht genutzter Teil des verrechenbaren EBITDA kann ebenfalls in Folgejahre vorgetragen werden. Zusätzlich sind die verschiedenen Ausnahmetatbestände für die Anwendung der Abzugsbeschränkung zu berücksichti-gen.[332] Die zur Berechnung erforderlichen Größen stammen hauptsächlich aus der lau-fenden Steuerberechnung, sodass diese Daten nicht separat bereit gestellt werden müs-sen. Informationen zum Zins- oder EBITDA-Vortrag sowie zur Escape- oder Konzern-klausel sind jedoch durch das Informationssystem vorzuhalten und in der Steuerrech-nung zu berücksichtigen. Dies gilt auch für andere Systeme zur Beschränkung des Fi-nanzierungsaufwands, in denen unterschiedliche Ansatzgrößen verwendet werden und für deren Anwendung ggf. zusätzliche Werte, wie z. B. die Kapitalausstattung, durch ein Informationssystem zur Verfügung zu stellen sind. Bei den steuerfreien Erträgen handelt es sich vor allem um Dividenden aus Beteiligungen, die innerhalb des Konzerns gehalten werden.

Ebenfalls von Bedeutung für die Steuerberechnung sind die Möglichkeiten der Verlust-verrechnung. Entsteht in einem Jahr ein Verlust, der nicht sofort ausgeglichen werden

---

[331] Vgl. Jacobs, O.H./Spengel, C./Hermann, R./Stetter, T., StuW 2003, S. 310.
[332] Vgl. zu den Regelungen der Zinsschranke auch Kapitel 2.3.2.2.3.

kann, so erlauben die meisten Staaten einen Verlustvortrag. Die Nutzung dieses Verlustvortrags ist jedoch wiederum eingeschränkt. Hierbei kann es sich um zeitliche Be-
grenzungen handeln aber auch um Beschränkungen der Höhe nach, wie z. B. die im
deutschen Steuerrecht verankerte Mindestbesteuerung. Solche Vorschriften sind anhand
von Formeln im Modell zu hinterlegen, sodass die Berechnung automatisch erfolgen
kann. Für die automatische Berücksichtigung von Verlusten ist es relevant, eine Übersicht der noch bestehenden Verlustvorträge in einem Informationssystem zur Verfügung
zu stellen.[333]

Zur Bestimmung des zu versteuernden Einkommens, d. h. der Größe, die letztendlich
mit dem anzuwendenden Steuersatz multipliziert wird, sind die Grundlagen der Grup-
penbesteuerungssysteme in das Modell aufzunehmen. Gehören mehrere Gesellschaften
einer solchen Gruppe bzw. eines solchen Organkreises an, so werden die jeweils ermittelten Einkommen zusammengerechnet und gemeinsam beim Organträger als Oberge-
sellschaft versteuert. Im Idealfall erfolgt eine automatische Zurechnung der Einkommen
der Organgesellschaften zum Einkommen des Organträgers.

3.3.3 Verfahren und Zielgrößen der Steuerberechnung und Steuerplanung

3.3.3.1 Ausgangsdaten und Ablaufschema

Die Aufgaben der Konzernsteuerabteilung erfordern eine umfangreiche Datenbasis zur
Bestimmung der Steuerlast und zur Durchführung der Steuerplanung. Die Vermögens-
und Erfolgssituation eines Unternehmens wird durch die handelsrechtlichen Bestands-
und Stromgrößen abgebildet, die im Konzernrechnungswesen verwaltet werden. Die
erforderlichen Bemessungsgrundlagen für die Berechnung der Ertragsteuern bauen auf
diesen Größen auf, sodass als Ausgangsdaten die Handelsbilanz, die Gewinn- und Verlustrechnung sowie die Finanzbuchhaltung herangezogen werden.[334] Zwischen der
Steuerabteilung und dem Rechnungswesen hat daher ein Austausch dieser Daten statt-
zufinden.

---

[333] Siehe hierzu Kapitel 3.3.2.
[334] Vgl. Reichmann, T., Controlling, 2001, S. 11; Horváth, P., Controlling, 2006, S. 576 f.; Krahmer, E.,
Konzernanalyse, 1998, S. 44.

Der erste Arbeitsschritt ist die laufende Steuerberechnung, die auf dem steuerlichen Gewinn aufbaut, um das zu versteuernde Einkommen zu ermitteln. Aus dem Rechnungswesen wird jedoch lediglich das Ergebnis der Handelsbilanz geliefert. Die Daten der Handelsbilanz sind daher in eine Steuerbilanz zu transformieren. Im Rahmen der Steuerberechnung sind darüber hinaus die steuerspezifischen Vorschriften und Gesetze zu berücksichtigen. Für diese steuerlichen Anpassungen der Daten sind zusätzliche Ertrags- und Aufwandsgrößen aus der Gewinn- und Verlustrechnung bzw. aus der Finanzbuchhaltung hinzuzuziehen. Anhand der Daten aus dem Rechnungswesen und der Anwendung der steuerlichen Gesetze können somit die Steuerzahlungen für jede Gesellschaft berechnet werden.

In einem zweiten Schritt sind Berechnungen für steuerplanerische Zwecke vorzunehmen. Die Grundlage für diese Steuerplanungsrechnungen bilden die im vorigen Schritt ermittelten Daten der Steuerberechnung. Die Steuerplanung beinhaltet dabei die Bestimmung der Steuerbelastung für einen Planungszeitraum, die durch die Fortschreibung der Daten der Steuerberechnung erzeugt wird. Daraus lassen sich die steuerlichen Zielgrößen ermitteln sowie eine Simulation verschiedener Sachverhalte und Handlungsalternativen durchführen. Insgesamt bilden die Daten des Rechnungswesens somit auch die Ausgangsbasis für die Steuerplanung. Die einzelnen Stufen der Arbeitsschritte sowie ihre Verbindung zueinander lassen sich durch das in Abbildung 3 dargestellte Ablaufschema verdeutlichen. Der Bereich der Steuerberechnung wird im folgenden Kapitel 3.3.3.2 näher betrachtet, im Anschluss daran wird in Kapitel 3.3.3.3 der Bereich der Steuerplanung dargestellt.

3.3.3.2 Steuerberechnung

Die Steuerberechnung verwendet, wie in Abbildung 3 dargestellt, die Daten des Rechnungswesens als Ausgangsbasis. Die steuerliche Bemessungsgrundlage stimmt dabei jedoch nicht mit den handelsrechtlichen Gewinngrößen überein, sodass verschiedene steuerliche Anpassungen vorzunehmen sind.[335] Die Daten der Handelsbilanz sind dabei in einem ersten Schritt in eine Steuerbilanz zu überführen. Typische Abweichungen entstehen z. B. aufgrund unterschiedlicher Abschreibungsmethoden, einer abweichenden Bewertung von Rückstellungen oder bei unterschiedlichem Ansatz von Herstel-

---

[335] Vgl. Horváth, P., Controlling, 2006, S. 577.

107

lungskosten. Für die Transformation in eine steuerliche Größe stehen zwei Möglichkeiten zur Verfügung. Die aufgrund einer Bewertungsdifferenz entstehende Gewinnwirkung kann direkt mit dem handelsrechtlichen Ergebnis verrechnet werden, um auf den steuerlichen Gewinn überzuleiten. Dagegen kann jedoch auch eine vollständige Steuerbilanz aufgestellt werden, die den zu verwendenden steuerlichen Gewinn ausweist. Dieses steuerliche Ergebnis bildet den Ausgangspunkt für die weiteren Berechnungen.

Abbildung 3: Ablaufschema zur Steuerberechnung und Steuerplanung

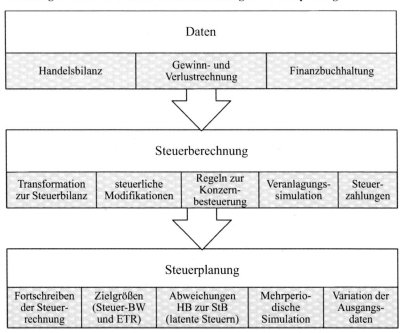

Als Methodik des zugrundeliegenden Berechnungsmodells wird die kasuistische Veranlagungssimulation verwendet, die für eine Betrachtungsperiode die Gesamtsteuerbelastung analog eines simulierten Besteuerungsverfahrens der Finanzbehörden ermittelt.[336] Bei dieser Methode handelt es sich um eine exakte und anschauliche Berechnung der Steuerlast.[337] Die Ergebnisse der Veranlagungssimulation werden sehr detailliert aus-

---

[336] Vgl. Storz, P., Steuerplanung, 1984, S. 33; Scheffler, W., WiSt 1991, S. 70; Kiso, D., Entwurfskonzept, 1997, S. 41; Spengel, C., Steuerbelastungsvergleiche, 1995, S. 29; Scheffler, W., Steuerplanung, 2010, S. 6.
[337] Vgl. Storz, P., Steuerplanung, 1984, S. 33; Schreiber, U., Unternehmensbesteuerung, 1987, S. 51 f.; Spengel, C., Steuerbelastungsvergleiche, 1995, S. 30.

gewiesen und sind für den Anwender in der Praxis leicht nachvollziehbar.[338] Die verschiedenen Einflussfaktoren, die sich auf die Steuerbelastung auswirken, werden erkennbar und können für eine Analyse des Konzerns verwendet werden. Die Beurteilung und Entscheidungsfindung durch das Management wird somit erleichtert und stützt sich auf die in der Praxis übliche Datengrundlage.

Die Kritik an der Veranlagungssimulation hinsichtlich der zugrundeliegenden Methodik in Form einer aufwendigen und schrittweisen Berechnungslogik ist insbesondere vor dem Hintergrund einer EDV-technischen Umsetzung eines Belastungsmodells nicht mehr gültig. Vielmehr stellt die Möglichkeit einer realitätsnahen Abbildung des Steuerrechts einen bedeutenden Vorteil dar, da hierdurch sowohl Freibeträge, Freigrenzen, progressive Tarifverläufe sowie die in Deutschland vorhandene Mindestbesteuerung im Rahmen der Verlustverrechnung und die Abzugsbeschränkung für Finanzierungsaufwendungen in das Modell integriert werden können.[339] Darüber hinaus handelt es sich um eine flexible Berechnungsmethode, die sowohl die Abbildung regionaler Unterschiede der Steuerberechnung als auch Anpassungen in der Rechenlogik aufgrund von steuerrechtlichen Änderungen relativ einfach erlaubt.[340] Damit wird sogleich die Modellanforderung der Flexibilität zur Abbildung veränderter steuerlicher Rahmenbedingungen erfüllt.[341] Aufgrund der gezeigten Merkmale ist die Veranlagungssimulation für die hier erforderliche Abbildung eines realen Konzerns die geeignete Methode.

Für die Durchführung der Veranlagungssimulation sind die steuerlichen Modifikationen sowie die Regelungen zur Konzernbesteuerung zu beachten. Dies bedeutet, dass die steuerliche Ausgangsgröße hinsichtlich steuerfreier Erträge und nicht abzugsfähiger Betriebsausgaben anzupassen ist. Ebenso sind bestehende Verlust- oder Zinsvorträge soweit zulässig mit der Bemessungsgrundlage zu verrechnen. Wichtig bei einem komplexen Konzern ist die Berücksichtigung der zwischengesellschaftlichen Beziehungen. Bei der Veranlagungssimulation sind die Ausschüttungen der Tochter- an die Muttergesellschaften einzubeziehen, dementsprechend ist die Reihenfolge der Berechnung aufzubauen. Zusätzlich sind Organkreisbesteuerungen zu berücksichtigen, für die ebenfalls die Reihenfolge entsprechend den verschiedenen Organkreisebenen einzuhalten ist, da-

---

[338] Vgl. Scheffler, W., WiSt 1991, S. 74.
[339] Vgl. Gutekunst, G., Steuerbelastungen, 2005, S. 88.
[340] Vgl. zu den Vorteilen Scheffler, W., WiSt 1991, S. 74; Kiso, D., Entwurfskonzept, 1997, S. 42.
[341] Vgl. Storz, P., Steuerplanung, 1984, S. 46f.

mit die Ergebnisse der Organgesellschaften bei den Organträgern einbezogen werden können.[342]

Als Ergebnis werden im Rahmen der Veranlagungssimulation die Steuerzahlungen der Gesellschaften berechnet. Das Modell enthält lediglich die Ebene des Konzerns, sodass die in Kapitel 3.1.3.2 genannten Ertragsteuern des Unternehmens nacheinander ermittelt werden. Die Veranlagung erfolgt je Gesellschaft und jeweils für einen Veranlagungszeitraum. Die Gesamtsteuerbelastung ist anschließend aus der Summe der einzelnen Steuerarten und Steuerbelastungen der Gesellschaften zu ermitteln.[343]

3.3.3.3 Steuerplanung

Die Veranlagungssimulation im Rahmen der Steuerberechnung wird für jede Veranlagungsperiode angewendet und liefert somit jährliche Steuerbelastungen der aktuellen Periode. Für Zwecke der Steuerplanung ist jedoch ein mehrjähriger Planungszeitraum zu betrachten.[344] Zum einen ist die prognostizierte Entwicklung des Unternehmens und der Steuerposition für laufende Entscheidungen relevant, zum anderen wirken sich steuerliche Gestaltungen auch auf die Folgejahre aus, die daher zu berücksichtigen sind. Zu den interperiodischen Steuergestaltungsmaßnahmen gehören z. B. zeitliche Gewinnverlagerungen, die in der laufenden Periode zu einer geringeren Steuerlast führen, aufgrund der rein zeitlichen Verschiebung jedoch in späteren Perioden realisiert werden und dann zu versteuern sind.[345] Vergleichbares gilt für Gewinnausschüttungs- und Thesaurierungsstrategien, die ebenfalls lediglich eine Zeitkomponente beinhalten und daher über ein Mehrperiodenmodell abgebildet werden sollten. Spätestens zum Ende der betrachteten Planungsperiode sollte die Gewinnausschüttung in die Besteuerung einbezogen werden, damit die Betrachtung der Gesamtsteuerbelastung möglich ist. Ein mehrperiodisches Modell ist auch für die Darstellung der Nutzung von Zins- und Verlustvorträgen erforderlich. Darüber hinaus bietet ein Mehrperiodenmodell den Vorteil, dass eine Veränderung der ökonomischen Ausgangsdaten simuliert werden kann, z. B. für eine Steigerung der Ertragslage oder zur Einbeziehung von Erweiterungsinvestitionen.

---

[342] Vgl. hierzu den Umfang der Steuerberechnung in Kapitel 3.3.2.
[343] Vgl. Storz, P., Steuerplanung, 1984, S. 33; Spengel, C., Steuerbelastungsvergleiche, 1995, S. 29.
[344] Vgl. Heinhold, M., Steuerplanung, 1979, S. 227.
[345] Vgl. hierzu Spengel, C., Steuerbelastungsvergleiche, 1995, S. 10.

Zur Umsetzung eines solchen mehrperiodischen Modells sind daher mehrere Veranlagungsperioden aneinanderzureihen und jeweils eine Veranlagung durchzuführen. Hierzu erfolgt eine Fortschreibung der laufenden Steuerberechnung. Die Daten der Steuerberechnung können für den Planungszeitraum entsprechend den getroffenen Annahmen weiterentwickelt werden. Soweit Unternehmenspläne zur Ergebnisentwicklung oder Abschreibungspläne vorhanden sind, sind diese als Grundlage zu berücksichtigen. Das Steuerplanungsmodell enthält demnach für jedes Jahr die einzelnen Steuerlasten der Gesellschaften. Auf Basis dieser Daten sind die in Kapitel 2.3.1 definierten Zielgrößen zu berechnen. Das Modell hat daher die Möglichkeit zur Berechnung des Steuerbarwerts sowie der Konzernsteuerquote vorzusehen.

Für die Bestimmung der Konzernsteuerquote sind die erforderlichen Größen der tatsächliche und latente Steueraufwand sowie der Jahresüberschusses. Der Jahresüberschuss sowie der tatsächliche Steueraufwand sind in der Veranlagungssimulation bereits enthalten. Darüber hinaus sind die latenten Steuern aus den Differenzen der Handelsbilanz zur Steuerbilanz zu ermitteln. Die Überleitung von der Handelsbilanz zur Steuerbilanz erfolgte im Bereich der Steuerberechnung, sodass diese Daten für die aktuelle Periode ebenfalls bereits zur Verfügung stehen. Zur Ermittlung der latenten Steuern für den Planungszeitraum sind Planbilanzen erforderlich. Im Rahmen der Planung der Konzernsteuerquote sind diese folglich in die Unternehmensplanung einzubeziehen bzw. die bestehenden Bilanzen analog zu den übrigen Teilplänen fortzuführen. Die Konzernsteuerquote wird für jede Veranlagungsperiode berechnet und gibt somit keine einwertige Zielgröße für den gesamten Planungszeitraum.[346] Vielmehr lässt sich die Entwicklung dieser Kennziffer aufzeigen und die Effekte verschiedener Entscheidungsalternativen ermitteln. Dies ermöglicht eine Beurteilung hinsichtlich der Zielsetzung eines möglichst stabilen Verlaufs der effektiven Steuerquote.

Als weitere Zielgröße für die Steuerplanung wurde der Steuerbarwert betrachtet. Dabei wurde gleichzeitig lediglich die Ausrichtung der Tätigkeiten an dem Konzept des Steuerbarwerts hervorgehoben, da in der Praxis die aufwendige Berechnung dieser Kennziffer unterbleibt. Beim Aufbau eines mehrperiodischen Steuerplanungsmodells besteht jedoch die Möglichkeit, den Steuerbarwert zu bestimmen. Hierfür sind für den vorhandenen Planungszeitraum die ermittelten Steuerlasten auf das aktuelle Jahr zu diskontieren und anschließend die Summe daraus zu bilden. Als zusätzliche Größe ist der Dis-

---

[346] Zur Forderung nach einwertigen Ergebnismengen siehe Kiso, D., Entwurfskonzept, 1997, S. 25.

kontierungssatz in das Modell aufzunehmen. Die Aussagefähigkeit dieser Kennzahl ist dabei von der Länge des Planungszeitraums abhängig und erfordert zudem die Einbeziehung möglicher Ausschüttungen am Ende der Planungsperiode. Der Steuerbarwert stellt im Vergleich zur Konzernsteuerquote eine Vergleichsgröße in Bezug auf den gesamten Planungshorizont dar und zeigt eine direkte Vorteilhaftigkeit verschiedener Gestaltungen oder Strategien, indem die Alternative mit dem geringeren Steuerbarwert als vorteilhaft einzustufen ist.

Für die Optimierung der Steuerbelastung sind anhand des Steuerplanungsmodells mehrperiodische Simulationsrechnungen durchzuführen. Durch Veränderung der zugrundeliegenden Annahmen können verschiedene Szenarien berechnet werden. Die steuerlichen Auswirkungen aufgrund der veränderten Daten können daraufhin anhand der steuerlichen Zielgrößen analysiert und beurteilt werden. Hierdurch können die Steuerbelastungen verschiedener Entscheidungssituationen oder Handlungsalternativen vorab für den Planungszeitraum ermittelt werden. Zur Durchführung von Simulationsrechnungen sollte das Planungsmodell in den Finanzplan des Unternehmens eingebunden werden. Dies ermöglicht eine Variation der Ausgangsdaten, die sich direkt auf die steuerlichen Größen auswirkt. Die Variationen können sich dabei auf sämtliche enthaltenen Daten des Finanzplans beziehen, z. B. die Finanzierungs- und Erfolgsgrößen. Durch den Bezug zum Finanzplan können gleichzeitig die Steuerwirkungen von Planänderungen ermittelt werden. Zusätzlich bietet ein solches finanzplangestütztes Modell die Möglichkeit, als weiteres Beurteilungsmaß für betriebliche Entscheidungen den Vermögensendwert zu bestimmen.[347] Dieser ergibt sich automatisch aus den zuvor dargestellten Berechnungsgrößen.

3.4 Technische Anforderungen

Im Rahmen der Umsetzung eines Steuerinformationssystems sind nach der Definition der aufzunehmenden Informationen und der zu erfüllenden rechtlichen Anforderungen technische Aspekte zu betrachten. Die technischen Anforderungen sind unter Berücksichtigung der bisher erläuterten Inhalte zu bestimmen, sodass das System den Aufgaben und sonstigen Anforderungen gerecht wird. In diesem Zusammenhang ist der

---

[347] Siehe hierzu auch Spengel, C., Steuerbelastungsvergleiche, 1995, S. 20 f.; Scheffler, W., Steuerplanung, 2010, S. 51 ff.; Schreiber, U., Unternehmensbesteuerung, 1987, S. 32 ff.

grundsätzliche technische Rahmen für das System sowie verschiedene Eigenschaften zu definieren.

Die Umsetzung eines Planungs-, Kontroll- und Informationssystems sollte auf Basis einer gemeinsamen Datenbank erfolgen, sodass alle Informationen zentral gespeichert werden. Die Daten stehen somit den verschiedenen Systemen und den darin eingebetteten Funktionen direkt zur Verfügung. Hinsichtlich der Speicherung ist sicherzustellen, dass die Datenbank regelmäßig gesichert wird und vorherige Datenbestände jederzeit wiederhergestellt werden können. Dies ist sowohl bei Verlust der Daten aufgrund technischer Probleme wichtig, aber auch bei nicht beabsichtigten Veränderungen oder sogar dem nicht gewollten Entfernen der erfassten Informationen. Darüber hinaus ist allen Aktionsträgern Zugriff auf die Informationen zu gewährleisten. Das bedeutet, dass die Erfassung und die Auswertung der Daten am besten jederzeit und von jedem Ort möglich ist. Aus diesen Gründen bietet sich eine Umsetzung des Informationssystems im Rahmen eines internen Netzwerks des Unternehmens an. Die Netzwerklösung hat gegenüber einer Einzelplatzlösung den Vorteil, dass sie eine gemeinsame Datenbasis benutzt und die Anwender jederzeit den aktuellen Datenstand verwenden, wodurch gleichzeitig eine redundante Datenhaltung vermieden wird.[348] Für eine Nutzung des Systems von jeder Konzerngesellschaft aus bietet sich zur Umsetzung der Netzwerklösung eine Web-Anwendung an, bei der sowohl die Anwendung selbst als auch die Datenbank von einem Server zur Verfügung gestellt wird. Neue Anwendungen und aktuelle Anpassungen stehen dann sofort allen Nutzern zur Verfügung. Bei der alternativ möglichen Client-Server-Anwendung ist die Anwendung auf jedem Einzelplatzrechner installiert, die sich die Daten von einem gemeinsamen Server holt. Die Web-Anwendung ist jedoch für eine globale Nutzung in einem internationalen Konzern vorteilhaft, da auch aus dem Ausland nationale Funktionen und Bereiche genutzt werden können, die ansonsten evtl. nicht auf den ausländischen Rechnern installiert sind. Die Intranet-Technologie ermöglicht zusätzlich Vorteile für das Reporting, da Berichte und Informationen über E-Mail-Funktionen verteilt werden können bzw. Online-Konferenzen zum Informationsaustausch genutzt werden können.[349]

Ein weiteres wichtiges Thema im Rahmen der technischen Umsetzung ist die Datensicherheit. Bei den betroffenen steuerlichen Daten handelt es sich um äußerst sensible

---

[348] Vgl. Dahlke, J./Seitz, A., BB 2008, S. 1894; Reichmann, T., Controlling, 2001, S. 672.
[349] Vgl. Reichmann, T., Controlling, 2001, S. 673.

Daten, sodass diese Informationen geschützt werden müssen und nur einem einge-schränkten konzerninternen Nutzerkreis zur Verfügung stehen dürfen. Über die be-schriebene Netzwerklösung sind individuelle Berechtigungen und Beschränkungen möglich. Der externe Zugriff auf die Daten ist dadurch grundsätzlich nicht zugelassen, für interne Nutzer können die verschiedenen Bereiche über ein Rollenkonzept freigege-ben werden. Die Verwaltung dieser Rollen und Berechtigungen erfolgt zentral und er-möglicht es, Anwender jederzeit mit mehr oder weniger Zugriffsrechten auszustatten.[350]

Neben diesem allgemeinen Rahmen zum Aufbau eines Informationssystems sind weite-re technische Anforderungen zu berücksichtigen. Ein solches System ist sehr komplex und ist daher auch hinsichtlich der Anwendung durch die steuerlichen Sachbearbeiter und das Management zu entwerfen. Hierzu gehören Übersichtlichkeit und Anwender-freundlichkeit. Zur Übersichtlichkeit gehört z. B. ein modularer Aufbau des Systems.[351] Die Einteilung in verschiedene Module erfüllt dabei weitere Anforderungen an ein mo-dernes Softwaresystem. Zum einen bilden die Module jeweils ein geschlossenes Sys-tem, sodass die Entwicklung und Qualitätssicherung neuer Module erfolgen kann ohne dabei das laufende System zu beeinträchtigen. Zum anderen ermöglicht die Modularität das Austauschen einzelner Module, sodass z. B. für die Anwendung in verschiedenen Ländern spezifische Module mit den jeweiligen steuerrechtlichen Anforderungen einge-setzt werden können.[352] Ein weiterer Vorteil eines solchen Aufbaus ist die Möglichkeit einer modulspezifischen Zugriffsberechtigung. Die Nutzer können somit nur auf die Module freigeschaltet werden, die für sie erforderlich sind. Für eine hohe Anwender-freundlichkeit ist das System so zu entwickeln, dass keine speziellen EDV-Kenntnisse erforderlich sind.[353] Die Benutzeroberfläche sollte daher klar strukturiert sein, eine in-tuitive Menüführung vorweisen sowie einen Hilfebereich mit kurzen Erläuterungen ent-halten.[354] Zur Erfüllung dieser Anforderungen an die Benutzerfreundlichkeit bietet sich die bereits genannte Intranet-Lösung mit der darin enthaltenen Browser-Technologie an, die eine einfache graphische Darstellung, die Bedienung über Hyperlinks sowie die in-dividuelle Gestaltung der Arbeitsoberfläche ermöglicht.[355]

---

[350] Vgl. Dahlke, J./Seitz, A., BB 2008, S. 1894.
[351] Vgl. Schiffers, J., Stuw 1997, S. 45.
[352] Vgl. Dahlke, J./Seitz, A., BB 2008, S. 1893.
[353] Vgl. Schiffers, J. StuW 1997, S. 45.
[354] Vgl. Gröschel, M., Softwarewiederverwendung, 2000, S. 18.
[355] Vgl. Reichmann, T., Controlling, 2001, S. 674.

Die technische Umsetzung hat darüber die Anforderungen einer einfachen Wartung und Erweiterung zu erfüllen.[356] Insbesondere aufgrund des Bezugs zum Steuerrecht muss eine einfache Anpassung des Systems ermöglicht werden, da die Steuergesetze und das steuerliche Umfeld häufigen Änderungen unterliegen, die in den einzelnen Modulen nachvollzogen werden müssen.[357] Dabei ist ebenfalls zu berücksichtigen, dass die vorherigen Regelungen erhalten bleiben, sodass steuerliche Sachverhalte eines bestimmten Veranlagungszeitraums jeweils nach dem zu diesem Zeitpunkt geltenden Recht behandelt werden. Das Informationssystem hat folglich verschiedene Rechtsstände abzubilden. Im Rahmen der Nutzung eines solchen Systems können zusätzliche Anforderungen an die Datenverarbeitung und -auswertung entstehen, sodass die nötige Flexibilität gewährleistet sein muss, um das System zu erweitern. Dabei kann es sich einerseits um Änderungen innerhalb des bestehenden Modells handeln, die durch den Anwender durchführbar sind, andererseits aber auch um Erweiterungen des Modells, die durch einen Entwickler vorzunehmen sind.[358] Vor dem Hintergrund solcher Erweiterungen stellt die Verwendung von Modulen wiederum eine gute Basis dar, sodass komplexe Erweiterungen des Systems anhand eines zusätzlichen Moduls umgesetzt werden können. Die technischen Anforderungen an ein steuerliches Informationssystem und die ideale Umsetzung für einen internationalen Konzern sind in Tabelle 6 zusammengefasst.

Tabelle 6: Zusammenfassung der technischen Anforderungen

Anforderung	Umsetzung
Zentrale Datenbank	Netzwerklösung in Form einer Web-Anwendung im Intranet
Zugriffsschutz	Zugang über Berechtigungskonzept nur für zugelassene Nutzer
Übersichtlichkeit und Anwenderfreundlichkeit	Modularer Aufbau im Web-Browser
Flexibilität	Anpassungen an Steuerrechtsänderungen durch Nutzer

---

[356] Vgl. Gröschel, M., Softwarewiederverwendung, 2000, S. 18; Dahlke, J./Seitz, A., BB 2008, S. 1893.
[357] Vgl. Stetter, T., Steuerbelastungsvergleiche, 2005, S. 19.
[358] Vgl. hierzu Stetter, T., Steuerbelastungsvergleiche, 2005, S. 18 ff.

4 Umsetzung eines Steuerinformationssystems

Das folgende Kapitel beschreibt die Umsetzung eines steuerlichen Informationssystems im Rahmen eines Projekts innerhalb eines DAX 30-Konzerns. Diese konkrete Umsetzung richtet sich nach den spezifischen Anforderungen des Unternehmens, wobei die im dritten Kapitel definierten Anforderungen als Grundlage dienen. Der Aufbau des Steuerinformationssystems erfolgte in der Konzernsteuerabteilung. Die durch das System zu unterstützenden Aufgaben sowie die in das System aufzunehmenden Informationen wurden innerhalb der Steuerabteilung vorgegeben und unter Berücksichtigung der allgemeinen Anforderungen umgesetzt. Dabei waren die Gegebenheiten des vorliegenden Konzerns sowie die Besonderheiten der zur Verfügung stehenden Daten zu berücksichtigen.

Die in Kapitel 4.1 enthaltene Dokumentation zum Aufbau des Systems umfasst die Unterstützung der Tax Compliance Aufgaben. Das Ziel war es, eine umfassende Datengrundlage zu schaffen und Informationen zu den einzelnen Gesellschaften zentral zur Verfügung zu stellen. Die Umsetzung erfolgte dabei für die deutschen Konzerngesellschaften, deren steuerliche Betreuung durch die zentrale Konzernsteuerabteilung erfolgt. Die Systembeschreibung beginnt mit der Definition und Verwaltung der erforderlichen Stammdaten. Daran anschließend folgt die Umsetzung der Erfassung und Verwaltung der Bewegungsdaten, unterteilt in technische Grundlagen und Verwaltung sowie Definition der Bewegungsdaten. Darauf aufbauend folgt die Beschreibung der einzelnen Module entsprechend der Reihenfolge eines typischen Compliance Prozesses.

Aufbauend auf der so erzeugten Datengrundlage können weiterführende Steuerplanungsaufgaben durchgeführt werden. Im Rahmen des Projekts wurde die Unterstützung der Steuerplanung durch das Informationssystem nicht umgesetzt. Die möglichen Erweiterungen und der Ausbau zum Planungssystem werden jedoch in Kapitel 4.2 skizziert. Dabei werden die Erfahrungen aus dem betrachteten Konzern berücksichtigt und in das Konzept integriert.

4.1 System zur Tax Compliance

4.1.1 Organisatorischer Aufbau des Unternehmens und Ziele des Systems

Das zugrundeliegende Unternehmen entspricht der Organisationsform einer strategischen Managementholding wie sie im zweiten Kapitel erörtert wurde. Die Holdinggesellschaft ist demnach in die Konzernführung und das Corporate Center unterteilt. In diesem Corporate Center werden bestimmte Unterstützungs- und Servicefunktionen für die Konzernführung zusammengefasst. Das Corporate Center ist in die folgenden Zentralbereiche gegliedert[359]: *Corporate Office, Communications, Investor Relations, Corporate Auditing, Corporate Human Resources & Organization, Corporate Development, Law & Patents and Insurance, Finance, Group Accounting and Controlling, Regional Coordination & Advocacy* und *Environment & Sustainability*. Der Bereich *Finance* ist wiederum in verschiedene Abteilungen untergliedert, hierzu gehören die Finanzabteilung und die Steuerabteilung. Darüber hinaus sind eigene Abteilungen für Akquisitionen, für das Konzern-Treasury, das Finanz-Controlling und die Vermögensverwaltung diesem Bereich zugeordnet.

Das Corporate Center Finanzen verfolgt als oberste Zielsetzung die Sicherung der Liquidität sowie die Erhöhung des Geschäftswerts. Die Zuständigkeit erstreckt sich dabei auf die Struktur und Kapitalausstattung der Konzerneinheiten, die Betreuung von Akquisitionsprojekten, Management des Finanzrisikos, Festlegung der Transferpreisgrundsätze, Steuerplanung und Steuerstrategie. Diese finanziellen und steuerlichen Aufgaben werden mit globaler Verantwortung wahrgenommen, sodass das Finanzergebnis sowie die gezahlten und geschuldeten Steuern durch die Konzernfinanzen zu verantworten sind. Das operative Ergebnis hingegen ist durch die Teilkonzerne zu verantworten. Hinsichtlich weiterer steuerlicher Belange ist das Corporate Center dafür zuständig, die steuerlichen Verpflichtungen aus Gesetzen, Richtlinien, Verordnungen und Rechtsprechung zu erfüllen sowie die Bewertung und das Management steuerlicher Risiken vorzunehmen. Die genannten Zuständigkeiten mit Einfluss der Steuern fallen in den Aufgabenbereich der Steuerabteilung. Als Zentralstelle übernimmt die Steuerabteilung somit die Steuerplanung und Steuergestaltung sämtlicher Konzerngesellschaften sowie die laufende steuerliche Beratung für die lokalen Konzerneinheiten. Die Erfüllung der

---

[359] Der Aufbau des Corporate Center ist der entsprechenden Konzernrichtlinie entnommen.

laufenden Steuerpflichten für ausländische Gesellschaften wird durch lokale Steuerexperten (intern oder extern) vorgenommen, jedoch besteht auch hier eine enge Abstimmung mit der zentralen Steuerabteilung. Darüber hinaus werden externe steuerliche Berater nur in besonderen Fällen und nur unter Zustimmung der Steuerabteilung hinzugezogen.

Zur Unterstützung der Aufgaben der zentralen Konzernsteuerabteilung sind im Rahmen eines Compliance-Systems vor allem eine Datenbank für steuerliche Bewegungsdaten, ein System zur Fristenkontrolle, die Dokumentation von Kontrollanforderungen sowie die Erfüllung von Managementberichten umzusetzen. Dabei wird der Ablauf des in Kapitel 2.2 beschriebenen Prozesses zugrundegelegt und für jeden Arbeitsschritt die zu erhebenden Daten sowie erforderlichen Funktionen integriert. Der Fokus der nachfolgenden Dokumentation liegt entsprechend der im zweiten Kapitel erfolgten Eingrenzung auf den Ertragsteuern, sodass der Zusammenhang der Bewegungsdaten zur Körperschaftsteuer und Gewerbesteuer von der Steuerrechnung über die verschiedenen Compliance Aufgaben bis zur Steuerplanung dargestellt wird. Die Verantwortlichkeit der Steuerabteilung geht jedoch über die Ertragsteuern hinaus, sodass ein steuerliches Informationssystem grundsätzlich auch die Substanz- und Verkehrsteuern beinhalten sollte. Aus diesem Grund werden im Rahmen des Systemaufbaus bereits Grundlagen geschaffen, die eine Erweiterung um diese Steuerarten ermöglichen. Dies bedeutet, dass die systematischen Anforderungen zur Erfassung und Verwaltung von Grundbesitzabgaben und Kammerbeiträgen bereits berücksichtigt wurden, die Definition und eigene Berechnung dieser Daten sind in der Dokumentation jedoch nicht enthalten.[360] Für die Umsatzsteuer existiert in dem betrachteten Konzern ein eigenes System, sodass die umsatzsteuerlichen Aspekte vernachlässigt werden.

4.1.2 Technische Umsetzung

Die technische Umsetzung des Systems erfolgt im Rahmen des bestehenden Konzernintranets. Dies bedeutet, dass es sich um ein Client-Server-System handelt und weiterhin um ein Browser-gestütztes System, sodass die Anforderungen aus Kapitel 3.4 erfüllt werden. Durch die Einbindung in das vorhandene System sind sämtliche Informationen

---

[360] Die Einbindung dieser Daten und einer entsprechenden Berechnungslogik war Bestandteil eines weiteren Projekts, das zum Abschluss des vorliegenden Projekts noch nicht abgeschlossen war.

und Dienste zentral zugänglich und die Mitarbeiter des Konzerns können weltweit über das konzerninterne Netzwerk auf die benötigten Daten zugreifen.

Für die steuerlichen Informationen und Funktionen wird ein eigener Bereich „Tax" eingerichtet, der wiederum in verschiedene Module unterteilt ist. Die Gliederung des Bereichs enthält sowohl eine Verwaltung der Steuer-Stammdaten als auch der Steuer-Bewegungsdaten, dabei entsprechen die eingebundenen Module für die Bewegungsdaten den einzelnen Prozessschritten des Compliance-Bereichs. Die Stammdaten bilden dabei die Grundlage für den gesamten Prozess. Dieser Zusammenhang ist in Abbildung 4 veranschaulicht.

Abbildung 4: Ablauf des Compliance Prozesses

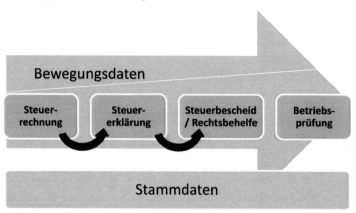

Ein sehr sensibles Thema im Zusammenhang mit einem Steuerinformationssystem ist die Sicherheit der Daten. Es muss sichergestellt sein, dass nur befugte Personen auf die kritischen Daten Zugriff haben, um Missbrauch zu vermeiden. Diese Aufgabe wird durch ein Benutzerrechtekonzept gelöst. Im Rahmen des vorliegenden Systems ist daher eine Anmeldung des Benutzers mit seinem Passwort erforderlich. Über die für diesen Benutzer hinterlegte Benutzerrolle werden die für ihn freigeschalteten Module und Services angezeigt und er kann hierauf zugreifen. Der Nutzerkreis kann auf diesem Wege z. B. auf die Steuerabteilung eingeschränkt werden. Darüber hinaus können innerhalb des Tax-Bereichs bestimmte Module oder Teile eines Moduls für einen Benutzer freigeschaltet sein und andere wiederum nicht. Im Bereich der Steuerabteilung sind etwa dreißig bis vierzig Nutzer mit unterschiedlichen Zugangsberechtigungen auf das System zugelassen.

Das Konzept sieht die folgenden drei Benutzerrollen vor. Zum einen gibt es die Rolle des Administrators, der auf alle Steuermodule Zugriff hat und darüber hinaus auf spezielle Administrator-Bereiche, die zur Pflege des Systems dienen. In diesen Bereichen sind Anpassungen vorzunehmen, die sich durch Änderungen im Steuerrecht oder durch veränderte Anforderungen seitens der Steuerabteilung ergeben. Die zweite Rolle ist der steuerliche Sachbearbeiter (Steuerreferent), der für alle Steuer-Module zugelassen wird. Der Zugriff ist hier nicht weiter beschränkt, da jeder Steuerreferent grundsätzlich jedes Modul verwendet. Darin eingeschlossen sind auch die Stammdatenmodule. Die dritte Rolle ist eine Sekretariatsfunktion, die eingeschränkten Zugriff auf die Steuermodule erhält. Z. B. wird ein Teil der Datenerfassung zentral getätigt, sodass hierfür die entsprechenden Benutzerrechte vorhanden sein müssen. Darüber hinaus ist jedoch kein Zugriff auf die bereits erfassten Daten sowie auf Auswertungen möglich. Im Bereich der Stammdaten wird ebenfalls ein eingeschränkter Zugriff eingeräumt, sodass die relevanten Informationen einzusehen sind.

Über den Zugriff auf verschiedene Module hinaus gibt es noch eine weitere Unterscheidung der Nutzungsrechte, und zwar die erlaubten Funktionen innerhalb eines Moduls. So kann man zwischen den Funktionen Lesen (Read), Schreiben (Write) und Löschen (Delete) unterscheiden. Die Rolle der Sekretariatsfunktion hat z. B. lediglich ein Leserecht auf die Gesellschaftsstammdaten, d. h. die Informationen können eingesehen, jedoch nicht verändert werden. Liegt die Verwaltung bestimmter Daten in der Verantwortung der Steuerreferenten, so erhalten diese für das entsprechende Modul auch Schreibrechte. Grundsätzlich sind dies die prozessabbildenden Module und teilweise die Stammdatenmodule. Ein darüber hinausgehendes Recht beinhaltet die Erlaubnis, Datensätze aus dem System zu löschen. Diese Funktion ist der Administratorrolle vorbehalten. Die aktuelle Umsetzung dieser Modul-Zugriffsrechte sowie der zugelassenen Funktionen ist in Tabelle 7 dargestellt.

Beim Entwurf eines konzernweiten Informationssystems ist als weiterer Aspekt die Sprache des Systems relevant. In einem internationalen Unternehmen ist die Konzernsprache Englisch, sodass auch das System diese Anforderung erfüllen sollte. Dies ist sinnvoll, damit eine Ausweitung des Systems auf internationale Module und eine weltweite Nutzung möglich ist. Im Bereich Steuern entsteht hier jedoch das Problem, dass viele steuerliche Fachbegriffe aus dem deutschen Steuerrecht nicht direkt und eindeutig übersetzt werden können, da diese im Ausland so nicht existieren. Zur Gewährleistung einer eindeutigen und korrekten Nutzung des Systems durch die Steuerreferenten der zentralen Steuerabteilung sind daher diese Fachbegriffe in deutscher Sprache zu verwenden. Im Ergebnis ist die Menüführung des Systems in Englisch verfasst, die Einträge zu den jeweiligen Modulen erfolgen jedoch in Deutsch. Diese Umsetzung ermöglicht nun eine Wiederverwendung der Modulrahmen für internationale Zwecke, in die jeweils das ausländische Steuerrecht in eigener Sprache integriert werden kann.

Tabelle 7: Übersicht des Benutzerrollenkonzepts

Modul	Funktion	Nutzerrolle		
		Administrator	Steuerreferent	Sekretariat
Tax Assessment (Erfassung)	Read	X	X	X
	Write	X	X	X
	Delete	X	X	X
Tax Assessment (Bearbeitung)	Read	X	X	
	Write	X	X	
	Delete	X		
Tax Declaration	Read	X	X	
	Write	X	X	
	Delete	X		
Tax Computation	Read	X	X	
	Write	X	X	
	Delete	X		
Tax Computation Import	Read	X	X	
	Write	X	X	
	Delete	X		
Tax Entity Modul (Stammdaten)	Read	X	X	X
	Write	X	X	
	Delete	X		

Zur Erfüllung der Anforderungen an Flexibilität und Änderbarkeit des Systems hinsichtlich der steuerrechtlichen Gesetze sowie der zu erfassenden Daten sind die verschiedenen Erfassungs- und Berechnungsmasken so aufgebaut, dass sie durch die Sachbearbeiter der Steuerabteilung geändert bzw. aktualisiert werden können, ohne hierfür den Programmcode zu ändern. Die im System enthaltenen Eingabemasken und Berechnungen bestehen aus einzelnen Feldern, Funktionen und Bausteinen, die nach Bedarf hinzugefügt oder angepasst werden können. Die einzelnen Felder sind dabei sowohl mit der zugrundeliegenden Datenbank als auch mit anderen Datensätzen zu verknüpfen, sodass die erfassten Daten gespeichert und die im System implementierten Funktionen und Auswertungen erfüllt werden können. Die hierfür erforderlichen komplexen Verknüpfungen sowie der Aufbau von Systemmasken werden in den folgenden Abschnitten näher erläutert.

4.1.3 Stammdaten

Die erste Kategorie der Informationsanforderungen sind die Stammdaten, vor allem die Informationen zu den Gesellschaften. Darüber hinaus sind im Rahmen der Anwendung eines Steuerinformationssystems weitere Daten zu berücksichtigen, die die Erfassung und Anwendung zu den verschiedenen Aufgabenbereichen erleichtern bzw. erst ermöglichen. Diese zusätzlichen Informationen fallen ebenfalls in den Bereich der Stammdaten, da sie nicht regelmäßigen Änderungen unterliegen und die Grundlage für die einzelnen Module des Systems darstellen. Die relevanten Stammdaten für das Steuerinformationssystem umfassen folglich neben den Gesellschaftsstammdaten weitere allgemeine Verwaltungsdaten. Zu den Gesellschaftsstammdaten gehören die Gesellschaftsverwaltung, die Abbildung des Organkreises sowie die Zuständigkeiten für die Gesellschaften. Zu den weiteren Verwaltungsdaten gehören die zuständigen Behörden und Finanzämter. Nachfolgend werden für den Bereich Tax daher die Bereiche Tax Entity Management und Tax general unterschieden. Aufgrund der kritischen Funktion, die diese Daten übernehmen, ist die Richtigkeit und Aktualität dieser Daten von großer Bedeutung. Wird bei einer Änderung der Stammdaten diese nicht im System nachvollgezogen, sind folglich die darauf aufbauenden Auswertungen inkorrekt und können zu Fehlentscheidungen führen. Daher ist ein Prozess zu definieren, der die Richtigkeit der Stammdaten zu jeder Zeit sicherstellt. Die Verantwortung zur Eingabe und Pflege ist für jede Datengruppe separat zu bestimmen und wird in den jeweiligen Unterkapiteln erläutert.

4.1.3.1 Gesellschaftsstammdaten (Tax Entity Management)

4.1.3.1.1 Verwaltung der Gesellschaften

Im Rahmen der Gesellschaftsverwaltung wird der Bestand an Gesellschaften einschließlich grundlegender Informationen zu den Gesellschaften erfasst (siehe Abbildung 5). Hierbei sind weltweit ca. fünfhundert Gesellschaften in das System aufzunehmen, wovon allein knapp zweihundert Gesellschaften in Deutschland ansässig sind. Die Angaben zu einer Konzern-Gesellschaft sind bereits auf die steuerlichen Zwecke auszurichten. Die Basis für diese Daten bilden der eingetragene Name der Gesellschaft und ein konzernintern vergebener Company Code. Über diesen vierstelligen Code lässt sich eine Gesellschaft eindeutig identifizieren. Zu den Gesellschaftsdaten gehören darüber hinaus eine Länderzuordnung einschließlich entsprechender Währung sowie ein Gültigkeitszeitraum, in der die Gesellschaft existent ist oder war. Der Gültigkeitszeitraum wird durch ein Datum für die Gründung und ggf. ein Datum für die Auflösung der Gesellschaft abgebildet.

Abbildung 5: Ansicht und Bearbeitung der Gesellschaftsdaten

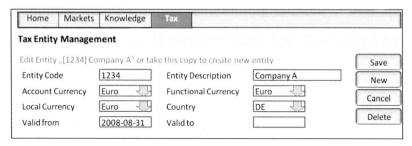

Da es sich bei den Gesellschaftsdaten um grundlegende Informationen zu den Gesellschaften handelt, entstammen Teile der Stammdaten einer zentralen Konzerndatenbank und nicht originär aus der Steuerabteilung. Andere Informationen dagegen sind an den steuerlichen Zwecken ausgerichtet und daher innerhalb der Steuerabteilung zu verwalten. Die Basis dieses Moduls ist daher eine Anbindung an die Datenbank der zentralen Gesellschaftsdaten. Aus dieser Datenbank werden die o. g. Informationen übertragen. Bezüglich des Gültigkeitszeitraums gibt es unterschiedliche Ausprägungen, die vom Verwendungszweck abhängig sind. Im Rahmen des Accounting sind z. B. die Zuordnung zu einem Konsolidierungskreis sowie das dazugehörige Aufnahmedatum relevant. Für steuerrechtliche Fragestellungen dagegen ist das rechtliche Gründungsdatum von Bedeutung. In der Gesellschaftsdatenbank ist lediglich das Aufnahmedatum in den Konsolidierungskreis eingetragen, sodass für die steuerlichen Zwecke das rechtliche Gründungsdatum hinzuzufügen ist. Diese Information ist primär in der Steuerabteilung vorhanden, sodass die Erfassung vorerst in den Aufgabenbereich der Steuerabteilung fällt. Im Idealfall wird die Datenbank um dieses Datenfeld erweitert, sodass keine zusätzliche Bearbeitung durch die Steuerabteilung erforderlich ist.

Die Erfassung und Bearbeitung erfolgt im Bereich Tax Entity durch Auswahl der Gesellschaft (siehe Abbildung 6). Die Ansicht der Gesellschaften zeigt die Entwicklung im Zeitablauf, z. B. Änderungen im Namen einer Gesellschaft mit dem jeweiligen Gültigkeitszeitraum. Zum Bearbeiten der Gesellschaft ist der entsprechende Datensatz auszuwählen.

Abbildung 6: Auswahl einer Gesellschaft in Tax Entity

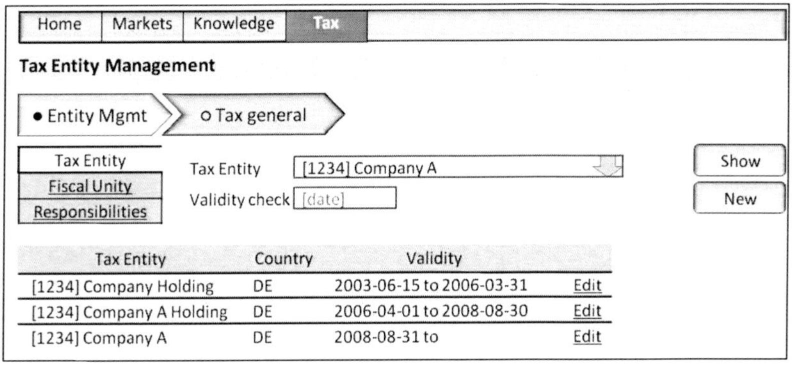

Home	Markets	Knowledge	Tax	

Tax Entity Management

● Entity Mgmt   ○ Tax general

Tax Entity	Tax Entity	[1234] Company A		Show
Fiscal Unity	Validity check	[date]		New
Responsibilities				

Tax Entity	Country	Validity	
[1234] Company Holding	DE	2003-06-15 to 2006-03-31	Edit
[1234] Company A Holding	DE	2006-04-01 to 2008-08-30	Edit
[1234] Company A	DE	2008-08-31 to	Edit

4.1.3.1.2 Abbildung der Gesellschaften im Organkreis

4.1.3.1.2.1 Aufbau und Erfassung der Datenfelder

Der zweite Teilbereich der Stammdaten beinhaltet die Verwaltung und Abbildung des Konzern-Organkreises in Deutschland. Der Organkreis des betrachteten Konzerns erstreckt sich über mehrere Ebenen, d. h. die Organschaftbeziehungen sind stufenweise zu erfassen. Insgesamt sind über einhundert Gesellschaften in den Organkreis eingegliedert. Für jede dieser Gesellschaften ist nun festzuhalten, an welcher Position sich diese Gesellschaft befindet, d. h. in welcher Beziehung sie zu anderen Gesellschaften steht. Dabei kann eine Gesellschaft gleichzeitig als Organgesellschaft einer übergeordneten Gesellschaft und als Organträger mit untergeordneten eigenen Organgesellschaften fungieren. Daneben kann eine Gesellschaft nur reine Organgesellschaft sein oder nur Organträger wie z. B. die oberste Holdinggesellschaft. Den Aufbau eines solchen Organkreises mit mehreren Ebenen verdeutlicht Abbildung 7.

Abbildung 7: Beispiel für einen mehrstufigen Organkreis

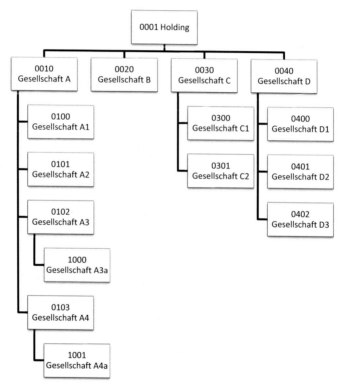

Ein solcher Organkreis ist dabei nicht statisch, sondern unterliegt Änderungen in seiner Struktur. Es können einerseits Gesellschaften zusätzlich aufgenommen werden, andererseits können Gesellschaften aus dem Organkreis ausscheiden oder einem anderen Organträger zugeordnet werden. Um zu jedem Zeitpunkt den relevanten Status einer Gesellschaft und damit des gesamten Organkreises abrufen zu können, hat die Abbildung im Informationssystem zeitabhängig zu erfolgen. Deshalb ist die Zugehörigkeit zu einem Organkreis bei jeder Gesellschaft über ein Gültigkeitsdatum einzutragen. Darüber hinaus gibt es im Hinblick auf verschiedene Steuerarten unterschiedliche Ausprägungen des Organkreises. Für jede Steuerart ist daher ein eigener Organkreis abzubilden. Im Folgenden beschränkt sich das Informationssystem auf die Darstellung von ertragsteuerlichen Organkreisen. Trotz der Tatsache, dass im aktuellen Steuerrecht der körperschaftsteuerliche und gewerbesteuerliche Organkreis übereinstimmen, wird der Organkreis nach der Steuerart unterschieden. Diese Überlegung basiert auf der Historie, in der für die genannten Ertragsteuern eine unterschiedliche Ausprägung des Organkreises möglich war. Aufgrund der Unvorhersehbarkeit im deutschen Steuerrecht sowie auch im Hinblick auf abweichendes ausländisches Steuerrecht soll hiermit eine möglichst hohe Flexibilität erreicht werden. Die zu erfassenden Informationen lassen sich in zwei Bereiche einteilen, den Eintrag zur Organgesellschaft und den Eintrag zum entsprechenden Ergebnisabführungsvertrag. Zusammenfassend ergeben sich in der Datenbank zu jeder Organgesellschaft die in Tabelle 8 gezeigten Erfassungsfelder.

Tabelle 8: Erfassungsfelder zur Organgesellschaft

Feld	Beschreibung
Parent	Auswahl der Organträgergesellschaft
Consolidated Entity	Auswahl der Organgesellschaft
Kind	Auswahl der Steuerart: corporate tax, trade tax, VAT
Valid from	Beginn des Organschaftverhältnisses
Valid to	Ende des Organschaftverhältnisses
Equity Investment	Höhe der Beteiligung

Als Grundinformationen sind die Organträgergesellschaft und die Organgesellschaft anzugeben. Hierzu steht jeweils die Gesellschaftsliste aus den Stammdaten zur Auswahl. Die relevante Steuerart ist ebenfalls aus einer vorgegebenen Liste auszuwählen. Der Gültigkeitszeitraum wird über ein Datum für den Beginn und das Ende erfasst. Bei einer Neuerfassung ist folglich lediglich das Feld „Valid from" einzutragen, bei späterer Beendigung des Organschaftverhältnisses ist das Feld „Valid to" zu erfassen. Als Zusatzinformation ist die Höhe der Beteiligung anzugeben.

Darüber hinaus sind im zweiten Bereich zu jedem Eintrag eines Organschaftverhältnisses die Vertragsinformationen sowie die dazugehörigen Dokumente zu hinterlegen. Dies ist in erster Linie der Ergebnisabführungsvertrag. Dabei sind die in Tabelle 9 gezeigten Informationen zu erfassen.

Tabelle 9: Erfassungsfelder zum Ergebnisabführungsvertrag

Feld	Beschreibung
Name	Bezeichnung des Vertrags
Comment	Kommentar zum Vertrag
Closing Date	Abschlussdatum des Vertrags
Validity Date	Gültigkeitsdatum des Vertrags
Commercial Register ID	Eintrag im Handelsregister
Commercial Register Entry	Datum zum Handelsregistereintrag
Termination	Datum der Beendigung
Termination Kind	Auswahl der Art der Beendigung

Die Vertragsinformationen bestehen aus einer Bezeichnung des Vertrags, den im Vertrag enthaltenen Daten zum Abschluss und zur Gültigkeit des Vertrags sowie ggf. einem Kommentar. In diesem Kommentar können zusätzliche Informationen hinterlegt werden, die für die Bearbeitung relevant, jedoch nicht unbedingt sofort ersichtlich sind. Weiterhin ist die Eintragung im Handelsregister zu dokumentieren, hierbei sind die Nummer des Eintrags im Handelsregister sowie das Datum des Eintrags zu erfassen. Wird das Organschaftverhältnis beendet, sind das Datum und die Art der Vertragsbeendigung zu erfassen.

Abschließend ist noch der Ergebnisabführungsvertrag als Datei hochzuladen. Für weitere Dokumente, die im Zeitpunkt des Eintrags oder zu einem späteren Zeitpunkt relevant sind, können zusätzliche Dateien hochgeladen werden. Die Informationen zum steuerlichen Organkreis sind originär in der Steuerabteilung vorhanden. Für die regelmäßige Pflege dieser Daten und Eingabe von Änderungen sind daher die Steuerreferenten für ihre jeweiligen Gesellschaften verantwortlich. Die gesamte Bearbeitungsmaske zeigt Abbildung 8.

Das Datum zur Gültigkeit des EAV erfüllt eine weitere Funktion. Hieraus lässt sich automatisch die Mindestlaufzeit für eine Organschaft ermitteln, da eine vorzeitige Aufhebung steuerliche Folgen nach sich zieht, die in der Regel nicht gewünscht sind. Die Mindestlaufzeit beträgt 5 Jahre ab der Gültigkeit des EAV. Es lässt sich daraus automatisch der Zeitpunkt bestimmen, ab dem eine Umstrukturierung ohne steuerliche Folgen bleibt. Dieser Zeitpunkt dient Informationszwecken bei geplanten Umwandlungen oder Umstrukturierungen, sodass die möglichen Konsequenzen sofort in die Entscheidung einfließen können.

Abbildung 8: Bearbeitungsmaske zum Eintrag einer Organgesellschaft

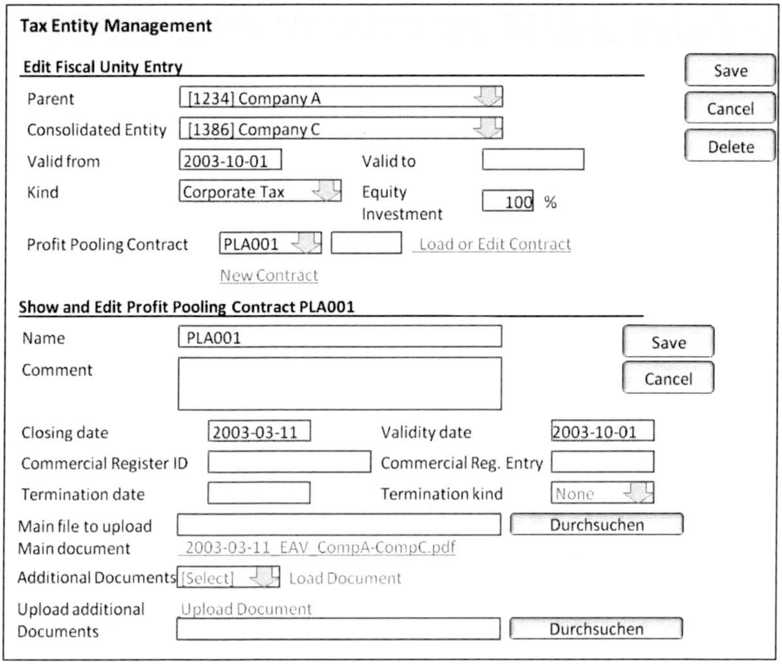

4.1.3.1.2.2 Anzeige und Auswertungen

Anhand der zuvor beschriebenen Daten kann man für jede Gesellschaft die Position im Organkreis ableiten. Ist einer Gesellschaft ein Organträger zugeordnet, so ist diese Gesellschaft eine Organgesellschaft. Ist diese Gesellschaft gleichzeitig als Organträger für andere Gesellschaften ausgewählt, so handelt es sich um eine Zwischengesellschaft, die sowohl Organgesellschaft als auch Organträger ist. Bei einer Gesellschaft, der kein Organträger zugeordnet ist, die jedoch selbst als Organträger für andere Organgesellschaften eingetragen ist, handelt es sich folglich um den obersten Organträger eines Organkreises. Ist einer Gesellschaft hingegen weder ein Organträger noch eine Organgesellschaft zugeordnet, so handelt es sich um eine sog. Stand Alone Gesellschaft, d. h. eine Gesellschaft außerhalb des Organkreises.

Die Auswertung erfolgt in verschiedenen Formen, zum einen innerhalb der Systemoberfläche und zum anderen als Ausgabe der Daten in einer Excel-Tabelle. Die erste Auswertung im System liefert eine Baumstruktur des Organkreises (siehe Abbildung 9). Die Ansicht wird durch die Auswahl einer Gesellschaft, eines Zeitpunktes sowie der Steuerart angepasst. Für die ausgewählte Gesellschaft werden, wenn vorhanden, die Organträgergesellschaft sowie die Organgesellschaften der nächsten Ebene angezeigt. Sollte es über der angezeigten Organträgergesellschaft weitere Organträger geben, so werden diese bis zum obersten Organträger angezeigt. Für die aufgelisteten Organgesellschaften wird darüber hinaus die Information geliefert, ob und wie viele direkt darunter liegende Organgesellschaften existieren.

Abbildung 9: Ansicht der Baumstruktur zum Organkreis

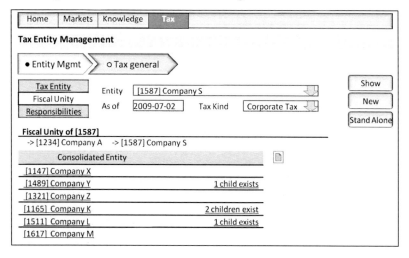

Die Auswahl kann auch direkt über die Baumstruktur angepasst werden. Über einen Link auf die Anzahl der weiteren Organgesellschaften gelangt man in der Struktur eine Ebene nach unten. Für die neue Ansicht gilt wiederum der gleiche Aufbau wie zuvor. Genauso gelangt man durch Auswahl eines Organträgers eine oder mehrere Ebenen nach oben und erhält eine Liste der direkt darunter liegenden Organgesellschaften.

Durch Auswahl einer Organgesellschaft aus dieser Liste gelangt man zu dem entsprechenden Eintrag zum Organschaftverhältnis und kann diesen bearbeiten.

Die weitere Auswertung „Stand Alone" wird ebenfalls innerhalb der Systemoberfläche aufgerufen und liefert eine Liste aller Gesellschaften, die keinem Organkreis angehören (siehe Abbildung 10). Im vorliegenden Konzern sind dies etwa 40 Gesellschaften, die nicht im Organkreis besteuert werden. Diese Information wird in der Datenbank nicht explizit gepflegt, sondern ergibt sich aus der Gesamtliste aller deutschen Gesellschaften und einer Abfrage über die Organkreisdatenbank. Ist eine Gesellschaft dort keinem Organkreis zugeordnet, ist sie automatisch eine Stand Alone Gesellschaft. Die Gesamtliste der relevanten deutschen Gesellschaften bezieht sich dabei auf die Gesellschaftsstammdaten. Analog zur Organkreisauswertung kann man eine Liste der Stand Alone Gesellschaften zu einem beliebigen Stichtag abrufen. Dieser Stichtag bestimmt auch die Gesamtliste der Gesellschaften, die in die Auswertung einbezogen werden, da offensichtlich nur die zu diesem Stichtag existierenden Gesellschaften relevant sind.

Abbildung 10: Auswertung Stand Alone-Gesellschaften

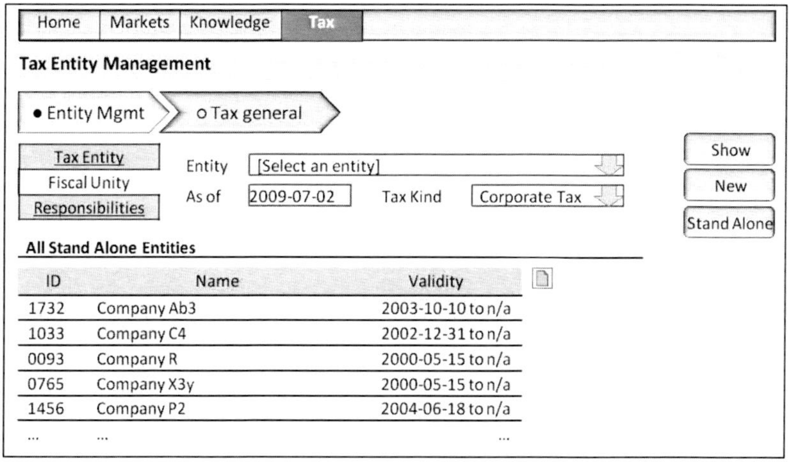

Die Daten zum Organkreis können darüber hinaus in einer Excel-Tabelle ausgegeben werden. Hierzu sind analog zur Auswertung innerhalb der Systemoberfläche ein zu betrachtender Stichtag sowie die Steuerart auszuwählen. Die daraufhin geladenen Daten können über die Funktion „Download Excel Report" (Excel-Symbol) in Excel ausgegeben werden. Der Datenexport erfolgt für den gesamten Organkreis und zeigt für jede

Organgesellschaft den entsprechenden Organträger sowie den Gültigkeitszeitraum (siehe Abbildung 11). Eine Gesellschaft kann dabei sowohl in der Spalte Organgesellschaft als auch in der Spalte Organträger enthalten sein. Dies ist aufgrund der verschiedenen Ebenen des Organkreises erforderlich. Die Bestimmung der Position einer Gesellschaft innerhalb des Organkreises ist wiederum durch eine Interpretation der Tabelle möglich.

Abbildung 11: Ansicht der Excel-Auswertung zum Organkreis

	A	B	C	D	E
1					
2	CCode Organträger	Name Organträger	CCode Organgesellschaft	Name Organgesellschaft	gültig von
3	1234	Company A	1236	Company B	2003-08-01
4	1234	Company A	1321	Company C	2002-03-01
5	1234	Company A	1587	Company S	2006-07-15
6	1234	Company A	1411	Company E	2002-04-30
7	1234	Company A	1651	Company H	2003-08-01
8	1236	Company B	1542	Company F	2004-10-10
9	1236	Company B	2098	Company G	2004-02-08
10	1587	Company S	1147	Company X	2006-10-01
11	1587	Company S	1489	Company Y	2006-11-15
12	1587	Company S	1321	Company Z	2007-03-30
13	1587	Company S	1165	Company K	2003-05-10
14	1587	Company S	1511	Company L	2004-04-01
15	1587	Company S	1617	Company M	2000-08-16
16	1489	Company Y	2148	Company abc	2005-07-01
17	1165	Company K	2215	Company xxy	2005-06-30
18	1165	Company K	2218	Company xxz	2003-12-01
19	...	...	...	...	...

4.1.3.1.3 Zuständigkeiten für Gesellschaften

Neben der Verwaltung der Stammdaten zu den Gesellschaften werden weitere Daten für die Funktionen des Steuerinformationssystems benötigt. Dazu gehört eine Zuständigkeitsverwaltung, die die Steuerreferenten den jeweiligen Gesellschaften zuordnet, sodass entsprechende Informationen aus dem System heraus direkt an die zuständigen Bearbeiter weitergeleitet werden können. Jede Gesellschaft hat jedoch nicht nur einen Betreuer, sondern je nach Steuerart und Aufgabenbereich verschiedene Sachbearbeiter. Im Steuerinformationssystem werden daher verschiedene Kategorien für die Verantwortlichkeiten unterschieden, sodass für alle Funktionen der jeweils zuständige Sachbearbeiter identifiziert werden kann. Der Aufbau der Zuständigkeiten richtet sich nach der Organisation der Steuerabteilung, sodass die verschiedenen Abteilungen berücksichtigt werden. Für jede Funktion ist ein zuständiger Steuerreferent auszuwählen. Die hierzu benötigten Ausprägungen sind in Tabelle 10 aufgeführt.

Tabelle 10: Übersicht der Zuständigkeiten in der Steuerabteilung

Abteilung	Funktion	Beschreibung
Steuerabteilung (gesamt)	Head of Tax	Leitung Steuerabteilung
Inlandsreferat	Main responsible	Steuerreferent einer Gesellschaft für Ertragsteuern
Inlandsreferat	Alternative responsible	Vertretung einer Gesellschaft für Ertragsteuern
Inlandsreferat	Head of German Affiliates	Leitungsfunktion inländische Gesellschaften
Referat für Grundbesitzabgaben und Gewerbesteuerzerlegung	Main responsible	Steuerreferent einer Gesellschaft für GewSt-Zerlegung, Grundbesitzabgaben, Kammerbeiträge
Referat für Grundbesitzabgaben und Gewerbesteuerzerlegung	Alternative responsible	Vertretung einer Gesellschaft für GewSt-Zerlegung, Grundbesitzabgaben, Kammerbeiträge

Die Erfassung der Zuständigkeiten erfolgt je Gesellschaft. Im Bereich Responsibilities der Stammdaten können diese nach Auswahl einer Gesellschaft angezeigt und bearbeitet werden. Für die Pflege und Verwaltung dieser Daten bietet sich eine zentrale Funktion innerhalb der Steuerabteilung an. Für diesen Bereich der Stammdaten ist abweichend zu den Gesellschaftsdaten keine Historienverwaltung erforderlich, sodass immer nur der aktuelle Stand abgebildet wird. Eine Übersicht aller deutschen Gesellschaften mit den entsprechenden Steuerreferenten kann in Form einer Excel-Auswertung erzeugt werden.

4.1.3.2 Allgemeine Verwaltungsdaten (Tax general)

Die weiteren Stammdaten sind für die Aufgabenerfüllung nicht direkt erforderlich, für die Handhabung und Erfassung der Bewegungsdaten jedoch sinnvoll. Hierzu zählen Informationen der Gemeinden, IHKs und Finanzämter. Die relevanten Stammdaten hierzu beziehen sich vorerst auf eine Liste dieser Behörden, sodass im Rahmen der Erfassung und Bearbeitung von Bewegungsdaten durch die Auswahl einer Behörde eine eindeutige Zuordnung erfolgt. In der weiteren Bearbeitung können über diese Zuordnung bei Bedarf noch weitere Informationen gesteuert werden, z. B. aktuelle Bankverbindungen, Adressdaten, etc.

In Bezug auf die Finanzämter ist eine vollständige Liste aller deutschen Finanzämter im System fest hinterlegt, sodass eine laufende Bearbeitung dieser Liste entfällt. Darüber hinaus ist im Rahmen der allgemeinen Verwaltungsdaten ein Bereich vorgesehen, in dem die Steuernummern der Gesellschaften bei den o. g. Finanzämtern erfasst werden. Zu jeder Gesellschaft kann für jede Steuerart eine eigene Steuernummer erfasst werden.

Vergleichbar zu den Finanzämtern wird auch eine Liste der Gemeinden benötigt. In diesem Fall ist eine vollständige Liste sämtlicher deutscher Gemeinden jedoch zu umfangreich, sodass ein eigener Verwaltungsbereich für eine Gemeinde-Liste implementiert wurde. In diese Liste werden nur die Gemeinden aufgenommen, die aktuell relevant sind, d. h. in denen sich zurzeit Betriebsstätten befinden. Die Bearbeitung einer Gemeinde sowie das Hinzufügen einer Gemeinde erfolgt im Menü Community. Die zu erfassenden Informationen enthalten die in Tabelle 11 angegebenen Felder.

Tabelle 11: Erfassungsfelder zu einer Gemeinde

Feld	Beschreibung
AGS (Amtlicher Gemeindeschlüssel)	8-stelliger Schlüssel zur Identifikation der Gemeinde
Community Text	Bezeichnung der Gemeinde
Valid from / to	Gültigkeitszeitraum
IHK	Zuordnung einer IHK
Mode of Decomposition	Auswahl der Zerlegungsart (Aufteilung und Rundung der Zerlegungsbeträge)
Mode of payment	Auswahl der Zahlungsart (Aufteilung und Rundung der Zahlungsbeträge im Quartal)

Eine Gemeinde wird durch ihre Bezeichnung und einen 8-stelligen amtlichen Gemeindeschlüssel definiert. Diese Angaben sind in einem offiziellen Register sämtlicher deutschen Gemeinden enthalten und sind bei Neuaufnahme einer Gemeinde in das System zu übertragen. Analog zu den Gesellschaftsdaten werden die Gemeinden ebenfalls mit einem Gültigkeitsdatum erfasst. Darüber hinaus wird eine Zuordnung zu einer IHK hinterlegt. Für die Gewerbesteuerzerlegung sowie für die Gewerbesteuer-Vorauszahlungen wenden die Gemeinden unterschiedliche Methoden zur Aufteilung und Rundung der ermittelten Beträge an. Diese Informationen sind daher zu jeder Gemeinde in den Stammdaten zu speichern, sodass im Rahmen der Gewerbesteuerzerlegungsberechnung darauf zurückgegriffen werden kann. Für die Zerlegungsart und für die Zahlungsart steht jeweils eine Liste mit den gängigen Methoden zur Verfügung, aus der die entsprechende Methode für die betrachtete Gemeinde ausgewählt werden kann.

Analog zur Gemeindeverwaltung wird eine Liste der IHKs benötigt, die im Menü IHK verwaltet wird. Hier sind ebenfalls nur die Kammern aufgenommen, an die zurzeit Beiträge zu zahlen sind. Anders als bei den Gemeinden besitzen die IHKs keinen amtlichen Schlüssel zur Identifikation, sodass ein eigener Schlüssel vergeben wird. Neben diesem numerischen Schlüssel wird die IHK durch ihren Sitz definiert, dieser kann entweder eine Stadt oder eine Region sein. Zusätzlich ist noch der Gültigkeitszeitraum zu erfassen sowie ggf. ein Kommentar hinsichtlich zu beachtender Besonderheiten hinzuzufügen. Die zu erfassenden Felder sind in Tabelle 12 zusammengefasst.

Tabelle 12: Erfassungsfelder zu einer IHK

Feld	Beschreibung
IHK	Nr. der IHK (eigener Schlüssel)
IHK-domicile	Sitz der IHK (Stadt/Region)
Valid from / to	Gültigkeitszeitraum
Comment	Kommentarfeld (nur bei Bedarf)

Die Pflege der Daten zu Gemeinden und IHKs erfolgt durch die zuständigen Sachbearbeiter des Bereichs für die Gewerbesteuerzerlegung, Grundbesitzabgaben und Kammerbeiträge.

4.1.4 Bewegungsdaten

Neben den im vorigen Kapitel vorgestellten Stammdaten sind im Rahmen des Compliance Prozesses die Bewegungsdaten jeder Gesellschaft von Interesse. Unter Bewegungsdaten versteht man im Rahmen der steuerlichen Behandlung die Steuerbemessungsgrundlagen, Steuer- und andere Abgabenleistungen, sowie damit in Zusammenhang stehende relevante Werte, z. B. Angaben zur Ermittlung der Bemessungsgrundlage oder der Steuerlast. Eine Aufnahme dieser Werte in das Steuerinformationssystem erfüllt verschiedene Anforderungen. Einerseits werden automatische Auswertungen bestimmter Werte oder Sachverhalte ermöglicht. Andererseits erlaubt dies die Nachverfolgung der vorab definierten Werte über den gesamten Compliance Prozess hinweg. Das bedeutet, dass von einem Prozessschritt zum nächsten die Ausprägung eines entsprechenden Wertes bereits zur Verfügung steht, mit dem aktuell korrekten Wert verglichen werden kann und darüber gleichzeitig Änderungen festgehalten, dokumentiert und kommentiert werden können.

Für diese Zwecke sind die zu erfassenden Bewegungsdaten für jeden Prozessschritt zu definieren. Das Kapitel 4.1.4.1 beschreibt dabei vorab die System-Grundlagen zur Erfassung der Bewegungsdaten sowie die Verwaltung und Bearbeitung der erforderlichen Erfassungsformulare. Im Kapitel 4.1.4.2 werden die erforderlichen Bewegungsdaten je Modul definiert und die Verknüpfungen im System aufgezeigt. Die Umsetzung der Formulare und Werte erfolgt dabei für das Wirtschaftsjahr 2008.

4.1.4.1 Aufbau von Erfassungsmasken

4.1.4.1.1 Verwaltung der Formulare (Templates)

Die Bewegungsdaten zu einem Sachverhalt bzw. zu einem Prozessschritt werden anhand von Formularen (sog. Templates) erfasst. Für jedes Modul werden mehrere Templates benötigt, z. B. im Modul Steuerrechnung für jede Ausprägung einer Steuerrechnung, im Modul Steuererklärung für jede Steuererklärungsart und im Modul Steuerbescheid für jeden Bescheidtyp. Beim Anlegen eines Templates erhält dieses für die spätere Nutzung und Auswertung bestimmte Eigenschaften, die je nach Modul zu bestimmen sind (siehe Abschnitt 4.1.4.2). Darüber hinaus besteht jedes Template aus zwei Erfassungsbereichen. Der erste Bereich umfasst die Daten zur Identifikation des Datensatzes und ist je Modul einheitlich und fest definiert, d. h. diese Felder können nicht verändert werden, da sie Teil des Datenbankkonzepts sind. Diese Daten werden im Rahmen der Beschreibung zur Anwendung der einzelnen Module erläutert. Der zweite Bereich enthält die zu erfassenden Bewegungsdaten, die für jedes Formular zu definieren sind. Der

Bereich der Bewegungsdaten besteht aus sog. dynamischen Feldern, sodass die Anforderung einer flexiblen Umsetzung der Formulare erfüllt wird. Diese Anforderung beruht auf der Tatsache, dass der Umfang der in der Datenbank zu speichernden Bewegungsdaten nicht fest definiert werden kann, sondern im Zeitablauf Änderungen unterliegt. Solche Änderungen können zwei Ursachen haben. Zum einen verändert sich das deutsche Steuerrecht, sodass zusätzliche Werte in die Datenbank aufgenommen werden müssen bzw. einzelne Werte nicht mehr zu erfassen sind. Zum anderen können sich die Anforderungen an die Datenbank verändern, sodass auch hier eine Anpassung der relevanten Werte erfolgen muss, um z. B. neue Auswertungen zu ermöglichen. Das Anlegen und Anpassen des Erfassungsbereichs für die Bewegungsdaten kann durch diese Umsetzung durch einen hierfür bestimmten Steuerreferenten der Steuerabteilung erfolgen. Dieses Kapitel beschreibt daher das Anlegen solcher Erfassungsmasken. Die Definition der jeweiligen Eigenschaften eines Templates, der zu erfassenden Daten zur Identifikation eines Datensatzes sowie der eigentlichen Bewegungsdaten erfolgt je Modul in den zuvor genannten Abschnitten.

Das gesamte Formular wird als Form bezeichnet, die mit einer ID und einem Title benannt wird. Eine Form besteht wiederum aus einem oder mehreren Erfassungsbereichen, sog. Field Areas (siehe Abbildung 12).

Abbildung 12: Aufbau eines Formulars (Form)

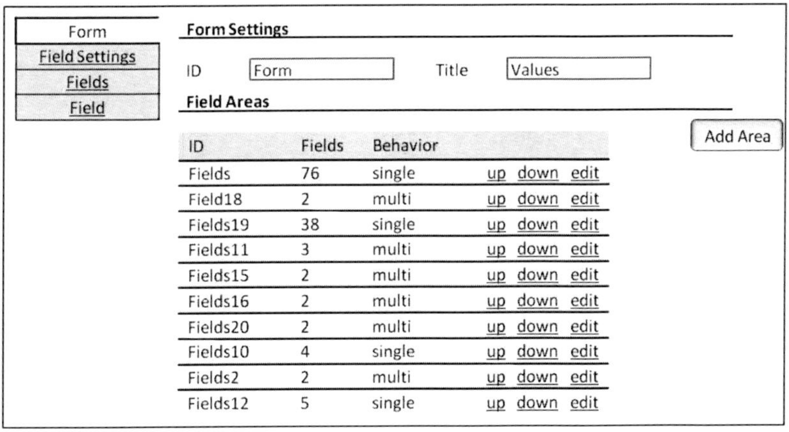

Zu jeder Field Area werden anschließend die einzelnen Erfassungsfelder angelegt. Die Aufteilung in Erfassungsbereiche hat den Hintergrund, dass somit einer Gruppe von

Feldern bestimmte Eigenschaften zugeteilt werden können, z. B. die Möglichkeit der Mehrfacherfassung. Beim Anlegen einer `Field Area` (siehe Abbildung 13) ist diese wieder mit einer `ID` und einem `Title` zu benennen. Zusätzlich ist die Eigenschaft auszuwählen, ob jedes diesem Bereich zugeordnete Feld einmal oder mehrfach erfasst werden kann (`single value set, multiple value sets`).

Abbildung 13: Anlegen eines Erfassungsbereichs (`Field Area`)

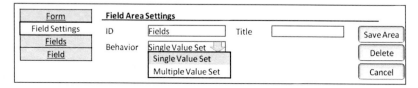

Eine Übersicht sämtlicher Felder sortiert nach den Erfassungsbereichen ist unter `Fields` aufzurufen (siehe Abbildung 14). Im Rahmen dieser Übersicht können Felder angelegt, bearbeitet oder gelöscht werden. Darüber hinaus können Felder innerhalb einer Area sowie von einer Area zu einer anderen Area verschoben werden. Das Vorgehen bei diesen Aktionen wird nachfolgend erläutert.

Abbildung 14: Übersicht der Erfassungsfelder eines Formulars

```
  Form
  Field Settings
  Fields              Area Fields
  Field
                                                                    Add Field
                   [Select Action]  ⌄   [ Execute ]
                   □  ID            Caption        Type           Sour   Order
                                                                  ce
                   □  Computatio    Computation    TaxComputa     0      1       up  down  edit
                      nImport       Import         tionImport
                   □  Help          2              Label          0      6       up  down  edit
                   □  HBI           38             Label          0      11      up  down  edit
                   □  ErgHBI        3              Amount         1      16      up  down  edit
                   □  AdjHB1-       Anpassung      Amount         0      21      up  down  edit
                      Result        HB1-Ergebnis
                   □  HB1SUM        Summe HB1      Calculation    2      26      up  down  edit
                   □  KorrBetOrg                   Label          0      31      up  down  edit
                   □  AusglZahlOT   Ausgleichs-    Amount         0      36      up  down  edit
                                    zahlungen des
                                    Organträgers
```

4.1.4.1.2 Anlegen und Bearbeiten von Erfassungsfeldern

Ein neues Erfassungsfeld ist jeweils der entsprechenden Field Area hinzuzufügen. Zum Anlegen eines Formularfeldes sind diesem Feld bestimmte Eigenschaften und Informationen mitzugeben. Eine entscheidende Eigenschaft ist dabei der Typ des Feldes, d. h. welche Funktion dieses Feld hat. Anhand dieser Funktion bestimmen sich die weiteren zu bestimmenden Eigenschaften für dieses Feld, daher ist der Feld-Typ vorab festzulegen, hierfür stehen die in Tabelle 13 aufgelisteten Typen zur Auswahl.

Tabelle 13: Liste der unterschiedlichen Erfassungsfelder

Feld-Typ	Beschreibung
Label	Überschrift
String	Textfeld
Options	Auswahlliste
Amount	Zahlenfeld als Währungsbetrag
Check Box	Feld zum Ankreuzen
Date	Datumsfeld
Double	Zahlenfeld im Format Double
Integer	Zahlenfeld im Format Integer
Calculation	Berechnungsfeld
Entity List	Auswahlfeld über alle Gesellschaften
Tax Assessment Link	Schnittstelle zu einem Steuerbescheid
Tax Computation Link	Schnittstelle zu einer Steuerrechnung
Tax Computation Import Link	Schnittstelle zum Import einer Steuerrechnung
Tax Declaration Link	Schnittstelle zu einer Steuererklärung

Für ein Erfassungsfeld ist dabei zu unterscheiden, um welche Art von Information es sich handelt, z. B. ob Text (String) oder Zahlen (Amount, Integer, Double) erfasst werden und um welches Zahlenformat es sich handelt. Ein besonderes Format gilt für Datumsangaben (Date), in diesem Fall steht für die Erfassung ein Kalender zur Verfügung, aus dem das entsprechende Datum ausgewählt werden kann. Für die Eingabe einer Gesellschaft steht ebenfalls ein eigener Feld-Typ Entity List zur Verfügung, sodass als Erfassungsfeld eine Auswahlliste mit den Konzerngesellschaften aus den

Stammdaten angezeigt wird, aus denen die entsprechende Gesellschaft gewählt werden kann. Als weitere Spezifikation gibt es ein Feld Check Box, das bei der Erfassung durch Ankreuzen ausgefüllt wird. Darüber hinaus können Felder angelegt werden, die eine Berechnung durchführen (Calculation)[361]. Ebenfalls als eigener Feld-Typ sind die Schnittstellen zu anderen Modulen vorgesehen (Tax Assessment Link, Tax Computation Link, Tax Computation Import Link, Tax Declaration Link). In diesem Feld ist bei der Erfassung der entsprechende Datensatz eines anderen Moduls auszuwählen, um die dort bereits gespeicherten Daten in die aktuelle Erfassungsmaske zu laden. Schließlich kann ein Feld auch als reine Überschrift angelegt werden (Label), um die Erfassungsmaske übersichtlich zu gestalten.

Abbildung 15: Ansicht der Bearbeitungsmaske eines Feldes

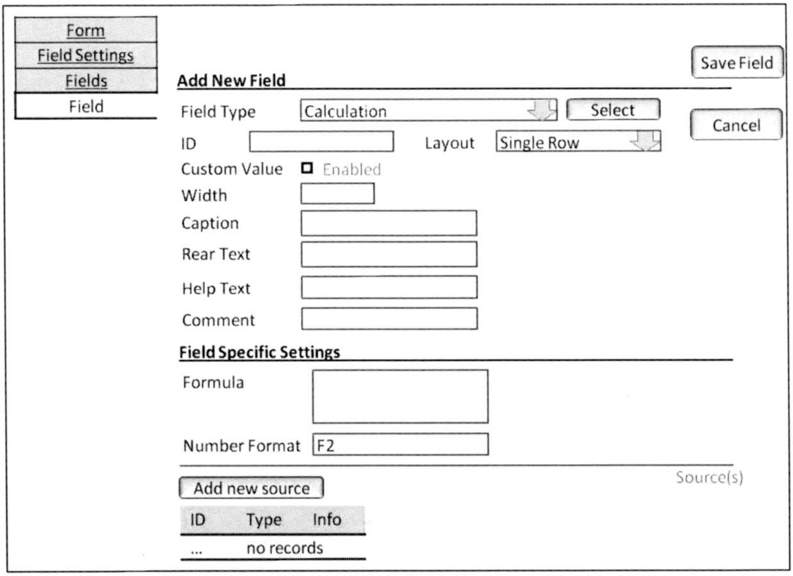

Ein neu erzeugtes dynamisches Feld wird automatisch in der Datenbank angelegt, sodass dort die erfassten Werte gespeichert werden können. Hierfür ist es erforderlich, jedem Feld eine eigene Identifikation (ID) zu geben. Diese Field ID wird benötigt, sobald ein Wert aus diesem Feld verwertet werden soll oder auf dieses Feld Bezug genommen wird. Zusätzlich sind die zu dem ausgewählten Feld-Typ erforderlichen weiteren Angaben zu machen. Eine Ansicht der Bearbeitungsmaske zur Anlage und Bearbei-

---

[361] Zur genaueren Umsetzung eines Berechnungsfeldes siehe S. 140.

tung eines Feldes ist in Abbildung 15 dargestellt. Anschließend werden die erforderlichen Angaben zu einem Feld erläutert.

Tabelle 14: Übersicht der zu erfassenden Eigenschaften eines Feldes

Feldeigenschaft	Beschreibung	Anmerkung
ID	Kurzname zur Feld-Identifikation	
Layout	Bestimmt die Anordnung im Formular, z. B. ob das Feld in einer eigenen Zeile oder hinter dem vorangehenden Feld erscheint	Auswahl: Single row, single cell, multi cell, indented
Custom Value	Erlaubt das manuelle Überschreiben eines automatisch ermittelten Wertes in einem separaten Feld →hierzu Enabled ankreuzen	wird aktiv sobald Quellen angelegt sind
Width	Verändert die Anzeigebreite des Feldes im Formular	Für Standardgröße ist kein Eintrag vorzunehmen
Caption	Beschriftung des Feldes	
Rear Text	Beschriftung nach einem Feld, z.B.: %, EUR.	
Help Text	Hilfstext / Erläuterung zu diesem Feld	Wird bei der Erfassung durch ein ?-Symbol eingeblendet
Comment	Kommentar	nur für den Administrator zu sehen
Source	Anlegen / Bearbeiten von Quellen zu diesem Feld	Für eine Beschreibung der verschiedenen Quellen siehe Kapitel 4.1.4.1.3

Tabelle 14 enthält eine Beschreibung der Feldeigenschaften, die für alle Felder relevant sind. Hierzu gehören neben der bereits erwähnten ID die Angaben zur formalen Darstel-

141

lung (Layout, Width), die Beschriftung des Feldes (Caption, Rear Text), die Anzeige eines Hilfstextes zur Erfassung (Help Text), die Eingabe von Kommentaren zu diesem Feld (Comment) sowie die Angabe der Quellen zu diesem Feld (Sources). Im Zusammenhang mit Quellen zu einem Feld gibt es noch eine zusätzliche Funktion, die Eigenschaft Custom Value. Diese Eigenschaft erlaubt es, einen aus einer Quelle geladenen Wert in einem separaten Feld manuell zu überschreiben, z. B. wenn der in der Quelle vorhandene Wert nicht mehr aktuell ist. Durch das Erfassen des neuen Wertes in einem zusätzlichen Feld wird gleichzeitig die Entwicklung des Wertes dokumentiert, da sowohl der ursprüngliche als auch der neue Wert ersichtlich sind.

Darüber hinaus gibt es Merkmale, die nur bei bestimmten Feld-Typen anzugeben sind und auch nur bei diesen angezeigt werden. Diese Field Specific Settings sind in einer separaten Tabelle zusammengefasst (Tabelle 15).

Die Field Specific Settings enthalten z. B. für ein Überschriftenfeld die Eingabemöglichkeit für den Text der Überschrift und die Angabe über die formale Darstellung, d. h. ob die Überschrift hervorgehoben werden soll. Weiterhin sind für Optionsfelder die verschiedenen Auswahlmöglichkeiten im Rahmen der Field Specific Settings anzulegen, z. B. welche Form und welchen Inhalt die Auswahlliste erhalten soll. Bei zahlenmäßigen Erfassungsfeldern ermöglichen die Field Specific Settings die Festlegung einer Unter- und einer Obergrenze, sodass im Rahmen der Erfassung nur Werte innerhalb dieser Grenze eingetragen und gespeichert werden können. Die gleiche Eigenschaft steht auch für ein Datumsfeld zur Verfügung. Dem Feld-Typ Entity List kann unter diesen feldspezifischen Eigenschaften ein Länderfilter hinzugefügt werden, sodass nicht alle in den Stammdaten vorhandenen Gesellschaften angezeigt werden, sondern nur die Gesellschaften eines Landes. In der aktuellen Umsetzung des Informationssystems ist dieser Filter standardmäßig mit Deutschland (DE) vorbelegt. Für den Feld-Typ Calculation ist unter den Field Specific Settings die zu verwendende Berechnungsformel einzugeben. Diese Eigenschaft ist nachfolgend näher erläutert.

Tabelle 15: Übersicht der Field Specific Settings nach Feld-Typ

Feld Typ	Spezifische Feldeigenschaft	Beschreibung
Label	Text	Überschriftentext
	Is Header	Anzeige der Überschrift in Fett-Schrift und Unterstrichen
Options	Mode	Form, in der die Auswahl erfolgen soll, z. B. Drop down Liste
	Options	Erfassung der auswählbaren Optionen
Amount, Double	Use Max / Min	Auswahl, ob die Funktion Mindest- und Höchstwert verwendet werden sollen
	Min Value	Eingabe des Mindestwertes für die Erfassung
	Max Value	Eingabe des Höchstwertes für die Erfassung
	Number Format	Zahlenformat
Date, Integer	Use Max / Min	Auswahl, ob die Funktion Mindest- und Höchstwert verwendet werden sollen
	Min Value	Eingabe des Mindestwertes für die Erfassung
	Max Value	Eingabe des Höchstwertes für die Erfassung
Calculation	Formular	Eingabe einer Berechnungsformel (siehe nachfolgende Erläuterung)
	Number Format	z. B. N2
Entity List	Country Filter	z. B. DE für Deutschland

Die Eingabe der Formel erfolgt in dem dafür vorgesehenen Feld. Die dabei zu verarbeitenden Werte werden separat im Bereich der Quellen definiert.[362] Dabei ist zu beachten, dass die in der Formel verwendeten Bezeichnungen oder Variablen den Id-Bezeichnungen der Quellen entsprechen (siehe Abbildung 16). Die in die Berechnung einfließenden Werte können dabei aus unterschiedlichen Quellen stammen, in der Regel sind dies jedoch interne Verknüpfungen.

Abbildung 16: Beispiel für ein Berechnungsfeld

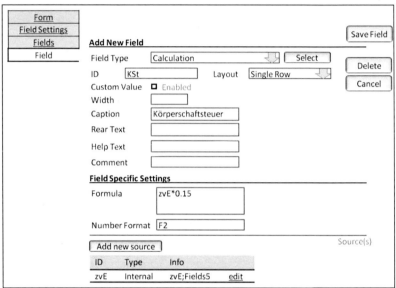

Für die Berechnungsformeln stehen neben den Grundrechenarten zusätzliche Funktionen und Bedingungen zur Verfügung. Die Eingabe einer Bedingung erfolgt über das Format (A=x)?B:C. Dabei steht die Bedingung in Klammern (A=x), die auszuführende Aktion bzw. der zu verwendende Wert im Fall der Erfüllung der Bedingung (B) und der Wert bei Nichterfüllung (C) mit der gezeigten Syntax dahinter. In dem vereinfachten Beispiel heißt dies, dass wenn ein Feld A einen Wert gleich x annimmt, die Bedingung ist somit erfüllt, dann wird der Wert aus Feld B verwendet. Ist die Bedingung nicht erfüllt, da der Wert in Feld A ungleich x ist, dann wird der Wert aus Feld C verwendet. Die Bedingung sowie die Ergebnisse können auch in Form einer Berechnung dargestellt werden. Darüber hinaus lassen sich solche Bedingungen beliebig schachteln und anei-

---

[362] Siehe zur Erläuterung der Quellen Kapitel 4.1.4.1.3.

nanderreihen. Eine Liste der Operatoren, Funktionen und logischen Verknüpfungen mit ihrer Bedeutung ist in Tabelle 16 enthalten.

Tabelle 16: Übersicht der Formeloperatoren

Formeloperator	Beschreibung
+	Addition
-	Subtraktion
*	Multiplikation
/	Division
Math.Truncate (A)	Streicht die Nachkommastellen eines Wertes A
Math.Round (A;x)	Rundet einen Wert A auf die angegebene Anzahl Nachkomma-stellen x
==	ist gleich-Bedingung
>	ist größer-Bedingung
<	ist kleiner-Bedingung
>=	ist größer gleich-Bedingung
<=	ist kleiner gleich-Bedingung
=!	ist ungleich-Bedingung
&&	Und-Verknüpfung (z. B. wenn zwei Bedingungen erfüllt sein sollen)
||	Oder-Verknüpfung (z. B. wenn die erste oder die zweite Bedingung erfüllt sein soll)

Die Bearbeitung eines bereits vorhandenen Feldes erfolgt durch Auswahl des Bearbeitungsbereichs zu dem entsprechenden Feld. Dieser umfasst die Eigenschaften, die in den Tabelle 14 und 15 bereits dargestellt wurden. Zu beachten ist hierbei, dass der Field Type und die Field ID nicht geändert werden können, da über diese Informationen ein fester Bezugspunkt zu der dahinter liegenden Datenbank besteht. Das Löschen eines Feldes kann sowohl aus der Bearbeitungsmaske als auch direkt aus der Fields-Übersicht vorgenommen werden. Hierfür sind die zu löschenden Felder zu markieren und die Aktion Delete zu wählen und auszuführen (siehe Abbildung 17).

Die einzelnen Formularfelder sind mit einer laufenden Positions-Nummer (Order) versehen (siehe Abbildung 17). Um ein Feld innerhalb einer Area zu verschieben, ist die entsprechende Positions-Nummer der Zielposition einzugeben und anschließend die Reihenfolge dieser Area zu aktualisieren (Update Order). Beim Aktualisieren werden alle Felder aufsteigend nach dieser Positions-Nummer sortiert. Die Positions-Nummern sind nicht jedem Feld fest zugeordnet, sondern werden bei jedem Aktualisieren neu fortlaufend in 5er-Schritten vergeben. Dadurch können beliebig viele Felder eingefügt werden, ohne eine vollständig neue Nummerierung vornehmen zu müssen. Darüber hinaus ermöglichen die Positions-Nummern ein Verschieben mehrerer Felder gleichzeitig.

Um ein Feld einer anderen Field Area zuzuordnen, ist das entsprechende Feld zu markieren und die Aktion Move to Area zu wählen und auszuführen (siehe Abbildung 17). In der Auswahlliste sind jeweils alle in diesem Template vorhandenen Field Areas enthalten. Um dieses Feld dort an die richtige Position zu verschieben ist anschließend das Verschieben innerhalb einer Field Area über die Positions-Nummmern durchzuführen (s. o.).

Abbildung 17: Verschieben und Löschen eines Feldes

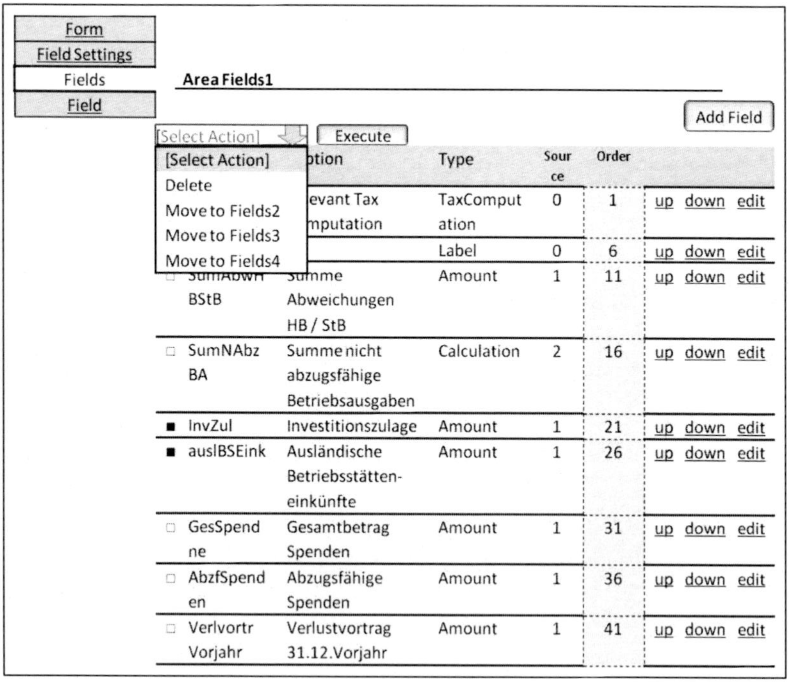

			Type	Source	Order			
Form								
Field Settings								
Fields	**Area Fields1**							
Field								Add Field
[Select Action] ▾	Execute							
[Select Action]		ption	Type	Sour ce	Order			
Delete		evant Tax mputation	TaxComput ation	0	1	up	down	edit
Move to Fields2								
Move to Fields3			Label	0	6	up	down	edit
Move to Fields4								
☐ SumAbwH BStB	Summe Abweichungen HB / StB		Amount	1	11	up	down	edit
☐ SumNAbz BA	Summe nicht abzugsfähige Betriebsausgaben		Calculation	2	16	up	down	edit
■ InvZul	Investitionszulage		Amount	1	21	up	down	edit
■ auslBSEink	Ausländische Betriebsstätten- einkünfte		Amount	1	26	up	down	edit
☐ GesSpend ne	Gesamtbetrag Spenden		Amount	1	31	up	down	edit
☐ AbzfSpend en	Abzugsfähige Spenden		Amount	1	36	up	down	edit
☐ Verlvortr Vorjahr	Verlustvortrag 31.12.Vorjahr		Amount	1	41	up	down	edit

4.1.4.1.3 Verknüpfung der Erfassungsfelder anhand von Quellen (Sources)

Zur Erfüllung der zuvor beschriebenen Aufgaben und Ziele des Informationssystems ist es erforderlich, nicht nur reine Erfassungsmasken umzusetzen, sondern die verschiedenen Formulare und Felder miteinander zu verbinden, sodass Berechnungen und das Anzeigen von Vorschlagwerten ermöglicht wird. Diese Funktion wird über das Einfügen von Quellen zu den einzelnen Feldern umgesetzt. Die verschiedenen Ausprägungen der Quellen lassen sich unterscheiden in einen Verweis innerhalb des gleichen Formulars, einen Verweis auf ein Formularfeld in einem anderen Modul und in einen Verweis auf Organkreisgesellschaften (siehe Tabelle 17).

Tabelle 17: Übersicht der verschiedenen Quellen

Source Type	Beschreibung
Internal	Verweis auf ein Feld innerhalb des gleichen Formulars
Tax Assessment	Verweis auf ein Feld eines Steuerbescheids
Tax Declaration	Verweis auf ein Feld einer Steuererklärung
Tax Computation	Verweis auf ein Feld einer Steuerrechnung
Tax Computation Import	Verweis auf ein Feld des Import-Datensatzes einer Steuerrechnung
Tax Computation Fiscal Unity	Automatische Summierung eines Feldes aus den Steuerrechnungsdaten der Organgesellschaften
Tax Declaration Fiscal Unity	Automatische Summierung eines Feldes aus den Steuererklärungsdaten der Organgesellschaften

Beim Anlegen einer Quelle ist der Source Type auszuwählen und anschließend die erforderlichen Angaben zum Quell-Feld zu machen. Für einen internen Verweis (Internal) ist eine Identifikation (ID) zu vergeben und das entsprechende Feld des Formulars anzugeben. Hierfür steht eine Auswahlliste zur Verfügung, die alle Formularfelder enthält.

Die Verknüpfung eines Feldes mit einem Feld in einem anderen Modul erfolgt über zwei Bestandteile. Dem zu bearbeitenden Formular ist als erstes ein Feld für diese Schnittstelle zu einem anderen Modul einzufügen. Dies erfolgt über die in Kapitel 4.1.4.1.2 enthaltenen Feld-Typen Tax Assessment Link, Tax Declaration

Link, Tax Computation Link und Tax Computation Import Link. In dieser Schnittstelle wird bei der Erfassung der Bewegungsdaten ein relevanter Datensatz aus dem jeweils anderen Modul ausgewählt, der dadurch mit dem aktuell zu bearbeitenden Datensatz verbunden wird. Als zweiter Bestandteil ist den einzelnen Feldern des Templates eine Quelle mit Verweis auf ein bestimmtes Feld in diesem ausgewählten Datensatz zu hinterlegen, sodass die entsprechenden Werte ausgelesen werden können. Hierzu ist als Quelle der Verweis auf das entsprechende andere Modul auszuwählen (Tax Assessment, Tax Declaration, Tax Computation, Tax Computation Import) und dieser Quelle eine ID zu vergeben. Darüber hinaus ist ein Bezug zu dem später ausgewählten Datensatz zu erstellen, dies erfolgt über die Angabe des Schnittstellen-Feldes. Schließlich ist das benötigte Feld zu hinterlegen, und zwar über die Angabe der Field ID und der Area ID, in der sich das Feld befindet. Das Informationssystem sucht im Rahmen der Erfassung in dem gewählten Datensatz nach der hier definierten Field ID und Area ID und zeigt den dort gespeicherten Wert an.

Bsp.: Die Körperschaftsteuererklärung für die Gesellschaftsnummer 2000 für das Jahr 2008 soll auf die Steuerrechnung dieser Gesellschaft und diesen Jahres verweisen. Im Template Körperschaftsteuererklärung ist folglich ein Tax Computation Link anzulegen. Die zu verknüpfenden Felder des Templates erhalten als Quelle den Typ Tax Computation mit Verweis auf das Schnittstellen-Feld und die relevanten Felder der Steuerrechnung. Bei Erstellung einer Steuererklärung für die Gesellschaftsnummer 2000 wird in der Erfassungsmaske in dem Tax Computation Link die Steuerrechnung der Gesellschaftsnummer 2000 für das Jahr 2008 ausgewählt. Bei mehreren Versionen ist die gewünschte Version auszuwählen. Die Werte dieser Steuerrechnung werden daraufhin in die entsprechend definierten Felder des Erfassungsformulars geladen.

Die Felder für die Schnittstellen zu einem anderen Modul zeigen eine Liste zur Verfügung stehender Datensätze, aus denen der zu verwendende Datensatz auszuwählen ist. Diese Flexibilität ist erforderlich, da keine feste Definition der zu verknüpfenden Datensätze möglich ist. Z. B. gibt es im Rahmen der Steuererklärungen auch berichtigte Versionen, die aber nicht zur Bescheidprüfung herangezogen werden sollen, sondern aufgrund zeitlicher Überlagerungen kann noch die Originalsteuererklärung dem Bescheid zugrunde liegen. Zur Vereinfachung wird die Auswahlliste bereits selektiert auf die Gesellschaft und das Jahr, die gerade bearbeitet werden, d. h. im Rahmen einer

Bescheidprüfung für die Gesellschaft 1234 und das Jahr 2008 werden nur die Steuererklärungen angezeigt, die für diese Gesellschaft und dieses Jahr eingereicht wurden.

Als weitere Quelle gibt es den Typ Fiscal Unity. Diese Quelle wird für die automatische Berechnung des Organkreises benötigt. Im Gegensatz zu den anderen Quellen findet hier kein Verweis auf Werte der zu bearbeitenden Gesellschaft statt, sondern auf vorhandene Datensätze der direkt untergeordneten Organgesellschaften. Der Bezug bleibt dabei innerhalb des gleichen Moduls, da für die Steuerberechnung des Organträgers die Werte aus den Steuerrechnungen der Organgesellschaften relevant sind. Gleiches gilt auch für die Steuererklärung. Die hierbei heranzuziehenden Gesellschaften werden automatisch aus den Stammdaten ausgelesen. Für die Gültigkeit der Stammdaten wird das zu bearbeitende Jahr oder der Stichtag herangezogen. Für die Definition einer solchen Quelle ist neben dem Typ Fiscal Unity das Feld zu bestimmen, das aus den Organgesellschaftsdaten verwendet werden soll (siehe Abbildung 18). Im Ergebnis wird die Summe dieses Feldes aus allen vorhandenen Organgesellschaften angezeigt. Zur Erläuterung kann hierzu die Zusammensetzung dieser Summe im Rahmen der Erfassung angezeigt werden, d. h. aus welcher Gesellschaft welcher Wert in die Summe eingeflossen ist. In dieser Zusammensetzung wird ebenfalls kenntlich gemacht, für welche gültigen Organgesellschaften kein Wert gefunden wurde.

Diese Form einer Quelle ist im Modul Steuerrechnung und im Modul Steuererklärung erforderlich. Für jede dieser Formen ist zu hinterlegen, welche Version einer Steuerrechnung oder Steuererklärung heranzuziehen ist. Aus diesem Grund gibt es als Ausprägung dieser Quelle Tax Computation Fiscal Unity und Tax Declaration Fiscal Unity. Im Rahmen einer Steuerrechnung ist die endgültige Version der Jahresabschlussrechnung zu verwenden, sodass nur Steuerrechnungen mit dem Status Final einbezogen werden. Im Rahmen der Steuererklärung ist die letzte aktuelle Version zu verwenden, die beim Finanzamt eingereicht wurde, sodass nur Steuererklärungen mit dem Status Submitted verwendet werden. Ist für eine relevante Gesellschaft keine dieser Versionen vorhanden, so geht für diese Gesellschaft kein Wert in die Summe ein und es wird als Fehler in der Erläuterung angezeigt. Zur Behebung kann die fehlende Version für diese Gesellschaft nachträglich angelegt werden oder der Wert für den Organkreis manuell erfasst werden.

.

Abbildung 18: Beispiel einer Quelle Fiscal Unity

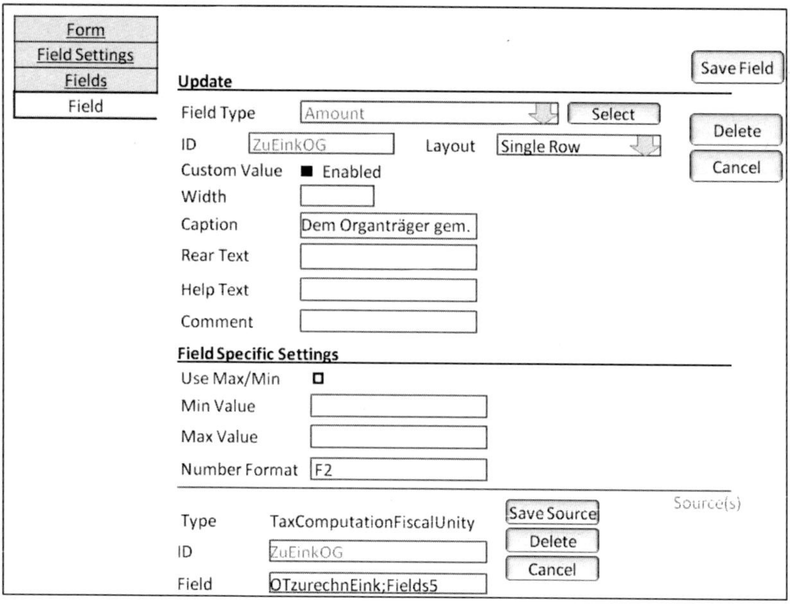

Form

```
Field Settings
     Fields          Update                                              [ Save Field ]
       Field
                      Field Type    [Amount                    ⤵]  [ Select ]
                                                                             [ Delete ]
                      ID            [ZuEinkOG        ]   Layout  [Single Row    ⤵]
                      Custom Value  ■ Enabled                                 [ Cancel ]
                      Width         [            ]
                      Caption       [Dem Organträger gem.]
                      Rear Text     [                    ]
                      Help Text     [                    ]
                      Comment       [                    ]

                      Field Specific Settings
                      Use Max/Min   □
                      Min Value     [                    ]
                      Max Value     [                    ]
                      Number Format [F2                  ]

                                                                    Source(s)
                      Type     TaxComputationFiscalUnity   [Save Source]
                      ID       [ZuEinkOG              ]    [ Delete ]
                      Field    [OTzurechnEink;Fields5 ]    [ Cancel ]
```

4.1.4.2 Definition der Bewegungsdaten

4.1.4.2.1 Steuerrechnung

Die Steuerrechnung wird als vollständiges Berechnungsformular abgebildet, sodass neben der reinen Erfassung von Bewegungsdaten auch die Berechnung einer Steuerlast bzw. die Plausibilitätsprüfung von Steuerrechnungswerten möglich ist. Aus diesem Grund sind die erforderlichen Daten sehr detailliert zu bestimmen sowie eine Berechnungslogik zu hinterlegen. In diesem Zusammenhang ist zu berücksichtigen, dass eine Steuerrechnung in Abhängigkeit der Rechtsform einer Gesellschaft sowie ihrer Einbindung in einen Organkreis unterschiedlich ausgeprägt ist. Als relevante Rechtsformen sind die Kapitalgesellschaft und die Personengesellschaft zu betrachten. Bezüglich der Funktion einer Gesellschaft sind in dem betrachteten Organkreis reine Organgesellschaften enthalten, Organgesellschaften die gleichzeitig Organträger sind und Gesellschaften, die nur als Organträger fungieren. Zusätzlich gibt es Gesellschaften, die nicht im Organkreis enthalten sind, sog. Stand Alone Gesellschaften. Grundsätzlich beschreibt jede Kombination aus Rechtsform und Funktion eine eigene Form der Steuerrechnung, jedoch kann eine Personengesellschaft nicht Organgesellschaft sein, sodass sechs verschiedene Ausprägungen der Steuerrechnung verbleiben (siehe Übersicht in Tabelle 18).

Der Aufbau einer Steuerrechnung ist für jede dieser Ausprägungen vergleichbar. Eine Unterscheidung erfolgt hinsichtlich einzelner Bestandteile, die nicht in jeder Ausprägung zur Anwendung kommen. Dies kann z. B. die Berechnung der Körperschaftsteuer sein, die im Fall einer Personengesellschaft nicht zu ermitteln ist. Zur Vereinfachung der Umsetzung der einzelnen Steuerrechnungen lassen sich diese Grundformen in drei verschiedenen Berechnungsformularen abbilden.

Tabelle 18: Ausprägungen einer Steuerrechnung

	Organ-gesellschaft (OG)	Organ-gesellschaft / Organträger (OG / OG-OT)	Organträger (OT)	Stand Alone Gesellschaft
Kapitalgesellschaft	X	X	X	X
Personengesellschaft	-	-	X	X

Das erste Formular enthält die Steuerrechnung für Personengesellschaften, sowohl für eine Stand Alone Gesellschaft als auch für eine Organträger-Gesellschaft. Der Aufbau dieser beiden Arten einer Steuerrechnung unterscheidet sich lediglich in der Zurechnung des Organkreisergebnisses, sodass diese Felder im Fall einer Stand Alone Gesellschaft mit 0 in die Berechnung einfließen.

Das zweite Formular enthält die Steuerrechnung für Kapitalgesellschaften, die eine Organgesellschaft sind. Dabei ist unerheblich, ob es sich um reine Organgesellschaften handelt oder gleichzeitig auch um einen Organträger, also eine Zwischengesellschaft. Wichtig in diesem Formular ist, dass das dem darüber liegenden Organträger zuzurechnende Einkommen ermittelt wird.

Das dritte Formular stellt die Steuerrechnung für eine Kapitalgesellschaft dar, die entweder eine Stand Alone Gesellschaft oder der oberste Organträger in einem Organkreis ist. Auf dieser Ebene wird die Berechnung der Steuer auf das eigene Einkommen sowie ggf. das Einkommen der Organgesellschaften vorgenommen. Vergleichbar zum Formular der Personengesellschaft fließt das Organkreisergebnis im Fall einer Stand Alone Gesellschaft mit 0 in die Berechnung ein.

Als Ergebnis sind die folgenden Templates anzulegen:

- PersG (Stand Alone / OT);
- KapG (OG / OG-OT);
- KapG (Stand Alone / OT).

Ein Formular für eine Steuerrechnung erhält beim Anlegen die in Tabelle 19 aufgeführten vier Merkmale:

Tabelle 19: Merkmale für ein Formular einer Steuerrechnung

Merkmal	Beschreibung
Name	Bezeichnung des Formulars
Legal form	Relevante Rechtsform
Gültig von / bis	Gültigkeitszeitraum
Comment	Kommentarfeld

Dem Formular ist eine Bezeichnung als Name zu vergeben, der für die weitere Verwendung benutzt wird. Darüber hinaus ist die Rechtsform zu hinterlegen, für die das Formular die Steuer berechnet. Zusätzlich kann ein Kommentarfeld mit Hinweisen zu diesem Formular eingegeben werden. Aufgrund der bereits erwähnten Änderungen im deutschen Steuerrecht kann sich die Steuerrechnung von einem Jahr zum nächsten Jahr ändern. Ein Beispiel hierfür ist die Steuerrechnung für das Jahr 2008, die sich aufgrund der Unternehmensteuerreform 2008 deutlich von der Steuerrechnung 2007 unterscheidet. In solchen Fällen kann über den Gültigkeitszeitraum eines Berechnungsformulars für jedes Jahr eine Steuerrechnung erstellt werden.

Der grundsätzliche Aufbau einer Steuerrechnung ist in Tabelle 20 dargestellt. Die Übersicht enthält eine umfassende Aufstellung der möglichen Positionen einer Steuerrechnung. In den Spalten 2 bis 4 sind die zu beachtenden Besonderheiten der drei definierten

Ausprägungen für eine Steuerrechnung eingetragen. Ist eine Position für eine Form der Steuerrechnung nicht anwendbar, so ist dies mit „n. a." kenntlich gemacht. Anschließend werden die einzelnen Positionen kurz erläutert und die Umsetzung im Rahmen des Informationssystems dargestellt. Dabei werden die Verknüpfungen im System aufgezeigt, sodass die Organkreisquellen und modulübergreifenden Quellen deutlich werden. Im Rahmen der Erläuterung werden ebenfalls die Besonderheiten der einzelnen Ausprägungen einer Steuerrechnung aufgegriffen. Neben den einzelnen Erfassungsfeldern für die Bewegungsdaten sind in diesem Formular bereits Felder für Zwischenergebnisse und die letztendliche Steuerlast hinterlegt. Diese Felder enthalten entsprechende Formeln zur Berechnung. Dabei sind die anzuwendenden Steuersätze in den Berechnungsformeln dieser Felder enthalten, sodass bei einer Steuersatzänderung das entsprechende Feld mit der Formel anzupassen ist. Vergleichbare Berechnungen sind auch für weitere steuerliche Vorschriften hinterlegt, z. B. die Verlustnutzung und die Zinsschranke. Änderungen im Steuerrecht sind daher ebenfalls direkt im Formular vorzunehmen; hierfür sollte ein neues Formular mit neuer Gültigkeit angelegt werden.

Für die Umsetzung der Steuerrechnungsformulare ist die Tatsache zu berücksichtigen, dass die Steuerrechnung für Organkreisgesellschaften im Rechnungswesen, die Steuerrechnung für Stand Alone Gesellschaften dagegen in der Steuerabteilung erstellt wird. Aus diesem Grund existieren zwei verschiedene Vorlagen, anhand derer die Steuerrechnung durchgeführt wird. Die Steuerrechnung des Informationssystems ist für alle Gesellschaften anzuwenden, unabhängig davon in welcher Abteilung die Steuerrechnung laut Funktionsverteilung durchzuführen ist. Die Steuerrechnungsformulare im System übernehmen somit zwei Aufgaben. Als erste Aufgabe lösen sie die Vorlage in der Steuerabteilung ab, als zweite Aufgabe werden die Daten aus den Steuerrechnungen des Rechnungswesens in diese Formulare übernommen und plausibilisiert. Das Formular im Modul Tax Computation hat somit beide Vorlagen zu vereinen, sodass einerseits das Durchführen einer Steuerrechnung in der Steuerabteilung möglich ist und andererseits die vorhandenen Daten aus dem Rechnungswesen importiert werden können. Da die Vorlage der Steuerabteilung einen höheren Detaillierungsgrad aufweist, ist diese Vorlage zugrunde zu legen und insofern anzupassen, dass ein Datenimport aus dem Rechnungswesen möglich ist.

Tabelle 20: Aufbau der Steuerrechnung

	PersG (OT/ Stand Alone)	KapG (OG/ OG-OT)	KapG (OT/ Stand Alone)
Handelsbilanzergebnis			
+ / - Korrekturen / Anpassungen zum Handelsbilanzergebnis			
+ / - Abweichungen zwischen Steuerbilanz und Handelsbilanz			
+ Ergebnis Personengesellschaften			
+ nicht abzugsfähige Betriebsausgaben			
- steuerfreie Erträge		Ohne Sachverhalte § 8b KStG	
- abzugsfähige Spenden			
+ Einkommen von Organgesellschaften	n.a.	Nur bei Zwischengesellschaft	Stand Alone Ges. = 0
- dem Organträger zuzurechnendes Einkommen	n.a.		n.a.
+ nicht abzugsfähiger Zinsaufwand (inkl. Ermittlung des Zinsvortrags)		Nur relevante Angaben für Organträger	
- Verlustabzug KSt	n.a.	n.a.	
= zu versteuerndes Einkommen	n.a.	Im Fall von Ausgleichszahlungen nach § 16 KStG	
* Steuersatz KSt	n.a.		
= Körperschaftsteuer	n.a.		
Gewinn aus Gewerbebetrieb			
+ Hinzurechnungen § 8 GewStG			
- Kürzungen § 9 GewStG			
+ Einkommen von Organgesellschaften	Stand Alone Ges. = 0	Nur bei Zwischengesellschaft	Stand Alone Ges. = 0
- Verlustabzug GewSt		n.a.	
= Gewerbeertrag			
* Steuermesszahl		n.a.	
= Gewerbesteuermessbetrag		n.a.	
* Hebesatz		n.a.	
= Gewerbesteuer		n.a.	

Für den Fall eines Datenimports werden Verweise auf die bereits vorhandene Steuer-rechnung des Jahresabschlusses benötigt, ansonsten sind alle Werte manuell in das Be-rechnungsformular einzutragen. Für die nachfolgende Erläuterung zur Umsetzung der Steuerrechnung werden die entsprechenden Verweise auf die Importdatei aufgezeigt. Um eine Verknüpfung der Daten herzustellen, ist für jedes Steuerrechnungsformular ein entsprechendes Feld `Tax Computation Import Link` zu definieren. Sollten keine Steuerrechnungsdaten vorliegen, so bleiben die Quellenverweise leer. Zusätzlich wer-den Verknüpfungen und Berechnungen erläutert, die unabhängig von der Steuerrech-nung des Rechnungswesens hinterlegt sind, z. B. für Organkreisbeziehungen.

Aufgrund des Umfangs einer vollständig ausgeprägten Steuerrechnung ist eine gesamte Abbildung der Erfassungsfelder zu den Bewegungsdaten nicht möglich. Zur Veran-schaulichung werden jedoch zu den nachfolgend beschriebenen Bereichen die jeweils im System enthaltenen Erfassungsfelder einschließlich der Berechnungsfelder in einer Tabelle abgebildet. Dabei wird das Formular des obersten Organträgers in Form einer Kapitalgesellschaft zugrundegelegt.

Korrekturen / Anpassung zum Handelsbilanzergebnis

Die Ausgangsgröße einer Steuerrechnung ist das Handelsbilanzergebnis vor Steuern des Jahresabschlusses. Diese Größe stammt entweder aus der Importdatei oder ist durch den Sachbearbeiter aus dem Jahresabschluss in das System zu übernehmen. Aufgrund der Einbindung in einen Konzern ist es möglich, dass in diesem gemeldeten Handelsbilanz-ergebnis bereits Ergebnisse anderer Konzerngesellschaften enthalten sind, sodass in einem ersten Schritt das eigene Ergebnis der betrachteten Gesellschaft isoliert werden muss. Hierzu sind Korrekturen vorzunehmen, die bereits gebuchte Organschaftergebnis-se oder Personengesellschaftsergebnisse sowie geleistete Ausgleichszahlungen revidie-ren. In der Importdatei sind ggf. enthaltene Ergebnisse anderer Gesellschaften bereits ausgewiesen, teilweise sind die Korrekturposten jedoch manuell anzupassen. Vor allem geleistete Ausgleichszahlungen sind in den Importdaten nicht enthalten, sodass solche manuell korrigiert werden müssen. Tabelle 21 enthält eine Übersicht zur Ermittlung des Handelsbilanzergebnisses vor Organschaft auf Ebene des Organträgers. Bei einer Or-gangesellschaft sind die Anpassungen zur Gewinnabführung bzw. Verlustübernahme in entgegengesetzter Richtung vorzunehmen sowie eine ggf. geleistete Ausgleichszahlung der Organgesellschaft hinzuzurechnen. Bei einer Gesellschaft, die gleichzeitig Organge-sellschaft und Organträger ist, sind jeweils beide Korrekturen vorzunehmen.

Tabelle 21: Erfassungsbereich der Anpassungen zum Handelsbilanzergebnis

Ergebnis Handelsbilanz
- erhaltene Gewinnabführungen (von OG an OT)
+ Verlustübernahmen (von OT an OG)
+ geleistete Ausgleichszahlungen des Organträgers an außen stehenden Anteilseigner der Organgesellschaft
= Handelsbilanzergebnis vor Organschaft

Abweichungen zwischen Steuerbilanz und Handelsbilanz

Als nächster Schritt sind die Abweichungen der Steuerbilanz zur Handelsbilanz zu berücksichtigen, um das Steuerbilanzergebnis zu erhalten. Hierfür sind zwei Methoden möglich, zum einen die Erfassung der reinen Gewinnwirkung als Sammelposten und zum anderen die Erfassung einzelner Differenzen zu jeder Bilanzposition.

Stammen die Bewegungsdaten zur Steuerrechnung aus dem Rechnungswesen und folglich aus einer Importdatei, so sind in diesem Fall die sich aus den Abweichungen der Steuerbilanz zur Handelsbilanz ergebenden Gewinnwirkungen in einer Position zusammengefasst. Dieser Wert ist dann in die Steuerrechnung zu übernehmen.

Werden die Bewegungsdaten durch die Steuerabteilung erfasst, besteht die Möglichkeit, die Abweichungen für jeden Bilanzposten separat zu erfassen. In diesem Fall ist für jeden Bilanzposten in der Steuerbilanz, der von der Handelsbilanz abweicht, der Gewinnunterschied des Vorjahres und des laufenden Jahres im Formular zu erfassen, sodass der zu berücksichtigende Betrag automatisch als Differenz dieser Werte ermittelt wird. Die typischen Bilanzpositionen sind dabei das Anlagevermögen, das Umlaufvermögen, der Geschäfts- oder Firmenwert sowie Rückstellungen. Für jede Position ist die Entwicklung in beiden Bilanzen nachzuhalten, um auf diese Weise die jährliche Auswirkung auf den Gewinn berücksichtigen zu können. Eine Übersicht der zu berücksichtigenden Positionen zur Erfassung der Abweichungen zwischen Handelsbilanz und Steuerbilanz ist in Tabelle 22 enthalten.

Tabelle 22: Erfassungsbereich der Abweichungen zwischen HB und StB

Handelsbilanzergebnis vor Organschaft	
+ / - Gewinnwirkung aus Differenzen Handelsbilanz /Steuerbilanz aus	
	Pensionsrückstellung
	Immaterielle Vermögensgegenstände
	Sachanlagen
	Finanzanlagen
	Vorräte
	Forderungen
	Sonstiges Umlaufvermögen u. übrige Aktiva
	Jubiläumsrückstellung
	ATZ-Rückstellung
	Rückstellung Pensionsurlaub
	Drohverlustrückstellungen
	Rückstellung Entgeltfortzahlung, Aufwandsrückstellung, Instandhaltungsrückstellung
	Rückstellung Vorsorgesteuer
	Rückstellungen für nichtabzugsfähige Aufwendungen (Geldbußen etc.)
	Rückstellungen EU-Geldbußen Kartellverfahren
	Sonstige Rückstellungen
	Sonderposten mit Rücklageanteil, Verbindlichkeiten u. übrige Passiva
= Steuerbilanzergebnis	

Ergebnis Personengesellschaften

In diesem Bereich (siehe Tabelle 23) sind die steuerlichen Einkünfte von Tochter-Personengesellschaften zu berücksichtigen, sofern diese noch nicht im Steuerbilanzergebnis enthalten sind. Vor allem im Rahmen der Erstellung der Steuerrechnung in der Steuerabteilung sind diese Felder zu verwenden. Dabei können die Ergebnisse einzeln erfasst werden, da hier eine Tabellenerfassung vorgesehen ist (Multi Value Area). Im Fall der Übernahme der Steuerrechnung aus der Importdatei sind die Ergebnisse der Personengesellschaften bereits im Handelsbilanzergebnis enthalten und Anpassungen zu

157

den steuerlichen Einkünften werden über die Abweichungen der Handelsbilanz und Steuerbilanz abgebildet.

Tabelle 23: Erfassungsbereich der Personengesellschaftsergebnisse

Steuerbilanzergebnis	
+ steuerliche Einkünfte Personengesellschaften	
	Gesellschaft A
	Gesellschaft B
	Gesellschaft C
= Steuerbilanzergebnis einschließlich Ergebnis Personengesellschaften	

<u>Nicht abzugsfähige Betriebsausgaben</u>

Bestimmte Betriebsausgaben dürfen den steuerlichen Gewinn nicht mindern. Diese sind folglich dem handelsrechtlichen Gewinn wieder hinzuzurechnen. Zu den nichtabzugsfähigen Betriebsausgaben zählen die in § 4 Abs. 5 EStG aufgelisteten Ausgaben sowie der Steueraufwand. Das Erfassungsformular (siehe Tabelle 24) sieht für die jeweiligen Aufwandskategorien einzelne Erfassungsfelder vor, z. B. Bewirtungskosten, Geschenke, Straf- und Bußgelder, Spenden, nützliche Zuwendungen, Aufwand für Jagd- und Gästehäuser, etc. Dabei sind bestimmte Ausgaben vollständig vom Betriebsausgabenabzug ausgeschlossen, andere hingegen nur zu einem bestimmten Anteil, z. B. Bewirtungsaufwand in Höhe von 30 %. Diese Regelungen sind im System hinterlegt, sodass jeweils die vollen Beträge zu erfassen sind. Der nichtabzugsfähige Anteil wird automatisch berechnet.

Im Rahmen der Importdatei ist die Ausprägung der Betriebsausgaben weniger unterteilt, d. h. die ggf. dort enthaltenen zusammengefassten Beträge werden einem Feld im Erfassungsformular zugeordnet. Für die anteilig hinzuzurechnenden Betriebsausgaben ist in der Importdatei bereits der Hinzurechnungsbetrag ausgewiesen, sodass dieser Betrag direkt in das ansonsten zu berechnende Feld eingetragen wird.

Tabelle 24: Erfassungsbereich der nicht abzugsfähigen Betriebsausgaben

Steuerbilanzergebnis einschließlich Ergebnis Personengesellschaften
+ Aufsichtsratsvergütungen (nicht abzugsfähiger Anteil wird berechnet)
+ Geschenke
+ Bewirtungsaufwendungen (nicht abzugsfähiger Anteil wird berechnet)
+ Straf- und Bußgelder
+ Nützliche Zuwendungen Inland/Ausland
+ Nichtabzugsfähige Steuern incl. Nebenleistungen
+ Vorsteuer auf nicht abzugsfähige Betriebsausgaben
+ Umsatzsteuer auf Entnahmen
+ Steuerzinsen
+ Zinsen auf Gewerbesteuer (ab 2008)
+ sonstige Nebenleistungen auf nicht abzugsfähige Steuern
+ Spenden nicht abzugsfähig
+ Aufwendungen Jagd/Gästehäuser
+ Sonstige nichtabzugsfähige Aufwendungen
= Zwischensumme

<u>Steuerfreie Erträge</u>

Die steuerfreien Erträge sind unterteilt in die Bezüge nach § 8b KStG und in die sonstigen steuerfreien Erträge. Für Organträgergesellschaften und Stand Alone Gesellschaften sind die Bezüge nach § 8b KStG sofort im Rahmen der steuerfreien Erträge zu berücksichtigen. Dabei werden die Kategorien „Bezüge nach § 8b (1) KStG", „Gewinne nach § 8b (2) KStG" und „Gewinnminderungen nach § 8b (3) KStG" unterschieden. Zu erfassen sind die vollen Beträge als Bemessungsgrundlage, aus denen der steuerfreie Korrekturbetrag i. H. v. 95 % berechnet wird. Die steuerfreien Bezüge sind auch in der Importdatei enthalten, jedoch bereits als Korrekturbetrag, sodass diese Werte bei der Übernahme auf 100 % hochgerechnet werden und in die Felder für die Bemessungsgrundlagen eingetragen werden. Dies vereinheitlicht und vereinfacht die Erfassungsformulare, da sonst zusätzliche Felder erforderlich wären.

Tabelle 25: Erfassungsbereich steuerfreie Erträge

Zwischensumme			
	Bezüge von in- und ausländischen Körperschaften gem. § 8b Abs. 1 KStG		
		Gesellschaft A	
		Gesellschaft B	
		Gesellschaft C	
	= Summe der Dividenden (§ 8b (1) KStG)		
	5% nicht abzugsfähige Betriebsausgaben aus Dividenden		
- Korrektur aus Dividenden 95%			
	Gewinne gem. § 8b Abs. 2 KStG		
		Gesellschaft A	
		Gesellschaft B	
		Gesellschaft C	
	= Summe Gewinne § 8b (2) KStG		
	5 % nicht abzugsfähige Aufwendungen		
- Korrektur aus Veräußerungsgewinnen 95%			
	Gewinnminderungen gem. § 8b Abs. 3 KStG		
		Gesellschaft A	
		Gesellschaft B	
		Gesellschaft C	
- Korrektur aus Gewinnminderungen § 8b (3) KStG			
- Investitionszulagen			
- Ausländische Betriebsstätteneinkünfte §2a EStG			
= Summe der Einkünfte			

Auf Ebene der Organgesellschaften werden die Sachverhalte nach § 8b KStG nur festgestellt und mindern erst auf Ebene des obersten Organträgers das Einkommen. Insofern ist in dem Formular für Organgesellschaften der Bereich zu § 8b KStG nicht unter
den steuerfreien Erträgen enthalten, sondern als nachrichtlicher Teil am Ende des Steu-
errechnungsformulars, sodass diese beim Organträger einbezogen werden können. Die
Felder zur Erfassung der steuerfreien Sachverhalte sind dabei identisch zu einer Organ-
träger- oder Stand Alone-Gesellschaft aufgebaut. Dabei werden die Beträge je Kategorie summiert sowie ein Gesamtkorrekturbetrag ausgewiesen. Die Zwischensummen sind

für Organträger relevant, die selbst Organgesellschaft sind, da die Korrekturbeträge von einer Ebene zur nächsten summiert werden. Die Gesamtsumme ist für den obersten Organträger relevant, bei dem die Korrekturbeträge im Rahmen der Organschaftergebnisse das Einkommen mindern. Entsprechende Verweise sind in den Formularen definiert. Das Formular für Organgesellschaften verweist jeweils anhand einer Fiscal Unity-Quelle auf die Zwischensummen der untergeordneten Organgesellschaften, sodass die Werte in die eigene Summe einbezogen und darüber weitergegeben werden. Das Formular für Organträger verweist anhand einer Fiscal Unity-Quelle auf den Gesamtkorrekturbetrag der Organgesellschaften. Darüber werden die steuerfreien Beträge des gesamten Organkreises berücksichtigt.

Zu den sonstigen steuerfreien Erträgen zählen Investitionszulagen und Betriebsstätteneinkünfte. Diese sind bei jeder Gesellschaft sofort zu berücksichtigen. Eine Übersicht der Erfassungsfelder zu den steuerfreien Erträgen ist in Tabelle 25 abgebildet.

Abzugsfähige Spenden

Spenden für steuerlich begünstigte Zwecke sind nach § 10b EStG nur bis zu einem Höchstbetrag zu berücksichtigen. Der Höchstbetrag beträgt vier Promille der Summe aus Umsätzen und Löhnen und Gehältern. In der Steuerrechnung werden unter der Position nicht abzugsfähige Betriebsausgaben vorerst alle Spendenbeträge dem Einkommen hinzugerechnet. Im Rahmen des Spendenabzugs wird der abzugsfähige Höchstbetrag automatisch ermittelt. Das Formular sieht daher Erfassungsfelder für die zur Berechnung des Höchstbetrags erforderlichen Angaben vor (siehe Tabelle 26). Hierzu gehören der Gesamtbetrag der Spenden, die Umsätze sowie die Löhne und Gehälter. Diese Angaben sind ebenfalls in der Importdatei einer Steuerrechnung enthalten, sodass ein automatischer Übertrag der Werte erfolgen kann. Hierfür sind entsprechende Verweise definiert.

Nach Berechnung des Höchstbetrags kann der abzugsfähige Spendenbetrag, der das Einkommen der Gesellschaft mindert, ermittelt werden. Dieser entspricht entweder dem Höchstbetrag (wenn dieser den Gesamtbetrag der Spenden übersteigt) oder dem Gesamtbetrag der Spenden (wenn dieser unterhalb des Höchstbetrags liegt).

Tabelle 26: Erfassungsbereich Spendenabzug

Summe der Einkünfte		
	Gesamtbetrag der Spenden	
	Umsätze	
	Löhne und Gehälter	
- Abzugsfähiger Höchstbetrag Spenden		
= Zwischensumme der Einkünfte		

Einkommen von Organgesellschaften

Für einen Organträger ist an dieser Stelle die Zurechnung der relevanten Einkommens-
beträge der Organgesellschaften vorzunehmen (siehe Tabelle 27). Das Einkommen der
Organgesellschaften fließt somit in das zu versteuernde Einkommen zur Berechnung der
Körperschaftsteuer bzw. der Einkommensteuer ein. Für die Berechnung der Gewerbesteuer erfolgt eine eigene Zurechnung der Organgesellschafteinkommen im Rahmen der
Ermittlung des Gewerbesteuermessbetrags. Die Einkommen der Organgesellschaften
werden automatisch über die Definition einer Fiscal Unity-Quelle aus den Steuerrechnungen der Organgesellschaften ermittelt und als Summe an dieser Stelle übertragen. Das Feld „dem Organträger gem. § 14 KStG zuzurechnendes Einkommen der Organgesellschaften" entspricht folglich der Summe des Feldes „dem Organträger hinzuzurechnendes Einkommen" der Organgesellschaften. Diese Zurechnung erfolgt je Ebene des Organkreises, d. h. die Zwischengesellschaften weisen als Organträger die Ergebnisse ihrer jeweiligen Organgesellschaften aus, sodass dieser Bereich in jedem Formular vorgesehen ist. Im Fall einer Stand Alone Gesellschaft bleibt der Bereich der
Einkommenszurechnung leer.

Handelt es sich um den obersten Organträger und ist dieser eine Kapitalgesellschaft, so
sind zusätzlich die Korrekturbeträge nach § 8b KStG der Organgesellschaften an dieser
Stelle zu berücksichtigen. Dieser Betrag kann ebenfalls automatisch aus den Steuer-
rechnungen der Organgesellschaften ermittelt werden. Der Verweis bezieht sich auf die
zuvor beschriebenen nachrichtlichen Angaben zu den Sachverhalten nach § 8b KStG.
Dabei wird der Gesamtkorrekturbetrag beim Organträger berücksichtigt, sodass das
Feld „Steuerfreie Bezüge (§8b KStG) der Organgesellschaften" der Summe des Feldes
„Gesamtkorrekturbetrag für den Organträger" der Organgesellschaften entspricht. Die-

ses Feld ist folglich nur im Formular für einen Organträger in Form einer Kapitalgesell-schaft enthalten. Ist der oberste Organträger eine Personengesellschaft, so werden die Beträge nach § 8b KStG der Organgesellschaften festgestellt und im Rahmen der Besteuerung der Anteilseigner der Personengesellschaft berücksichtigt. Eine Berücksichtigung im Rahmen der Steuerrechnung ist folglich nicht erforderlich.

Die automatische Zurechnung der Organgesellschafteinkommen über die zuvor beschriebenen Quellen bezieht sich dabei auf die Steuerrechnungen im Modul Tax Computation und ist in der Importdatei aus dem Rechnungswesen nicht enthalten.

Tabelle 27: Erfassungsbereich Einkommenszurechnung beim Organträger

Zwischensumme der Einkünfte
+ Dem Organträger gem. § 14 KStG zuzurechnendes Einkommen der Organgesellschaften
- Steuerfreie Bezüge (§ 8b Abs. 1-6, KStG)
- Gem. § 16 S. 2 KStG zuzurechnendes Einkommen des OT (Ausgleichszahlungen des OT an außenstehende Anteilseigner)
= Gesamtbetrag der Einkünfte

Dem Organträger zuzurechnendes Einkommen

Für eine Organgesellschaft ist an dieser Stelle der Steuerrechnung das an den Organträger abzuführende Einkommen zu bestimmen (siehe Tabelle 28). Dieser Bereich ist lediglich im Formular für die Organgesellschaften (reine Organgesellschaft und Zwischengesellschaft) enthalten. Grundsätzlich ist das gesamte Einkommen beim Organträger zu versteuern. Eine Ausnahme hierzu bilden Ausgleichszahlungen nach § 16 KStG, die von der Organgesellschaft selbst zu versteuern sind, unabhängig davon, ob die Zahlungen von der Organgesellschaft selbst oder vom Organträger geleistet wurden. Aus diesem Grund sind die von der Organgesellschaft geleisteten Zahlungen von dem dem Organträger hinzuzurechnenden Einkommen abzuziehen und die Zahlungen seitens des Organträgers als Bruttobetrag dem Einkommen der Organgesellschaft hinzuzurechnen. Nach Verrechnung des Einkommens, das dem Organträger zuzurechnen ist, verbleibt im Regelfall ein zu versteuerndes Einkommen i. H. v. 0, im Fall von Ausgleichszahlungen ein zu versteuerndes Einkommen in Höhe der gesamten Brutto-Ausgleichszahlungen.

Die Steuerrechnung des Organträgers (siehe vorherigen Abschnitt) greift auf das hier enthaltene Feld „dem Organträger hinzuzurechnendes Einkommen" zurück.

Tabelle 28: Erfassungsbereich Einkommenszurechnung bei Organgesellschaft

Zwischensumme der Einkünfte
- 20/17tel der eigenen Ausgleichszahlungen und verdeckten Gewinnausschüttungen der Organgesellschaft an ihre außen stehenden Anteilseigner
- 3/17 des Betrages zu § 16 Satz 2 KStG (Ausgleichszahlungen des Organträgers)
= Dem Organträger hinzuzurechnendes Einkommen
Zwischensumme der Einkünfte
+ Ausgleichszahlungen des Organträgers an außen stehende Anteilseigner (§ 16 Satz 2 KStG)
- Dem Organträger zuzurechnendes Einkommen
= Gesamtbetrag der Einkünfte bei Organgesellschaft

Nicht abzugsfähiger Zinsaufwand

Aufgrund der Unternehmensteuerreform 2008 ist die Regelung zur Zinsschranke in die Steuerrechnung aufzunehmen. Die Berechnung sowie die Berücksichtigung des nicht abzugsfähigen Zinsaufwands sind im Fall eines Organkreises beim obersten Organträger vorzunehmen. Hierfür sind die erforderlichen Angaben der Organgesellschaften beim Organträger einzubeziehen. Aus diesem Grund ist der Erfassungsbereich unterteilt in die relevanten Angaben zur Zinsschrankenberechnung und in die Ermittlung des abzugsfähigen Zinsaufwands (siehe Tabelle 29).

Die Angaben für die Zinsschranke sind in allen Formularen enthalten und sind in Felder zum Zinsaufwand, Zinsertrag und Abschreibungen unterteilt. Dabei werden die Werte einer Organgesellschaft automatisch beim jeweiligen Organträger einbezogen, sodass in der Steuerrechnung des obersten Organträgers sämtlicher Zinsaufwand, Zinsertrag und Abschreibungsbeträge des Organkreises enthalten sind. Hierzu sind die Positionen „Zinsaufwand der Organgesellschaften", „Zinsertrag der Organgesellschaften" und „Abschreibungen der Organgesellschaften" über eine Fiscal Unity-Quelle definiert, sodass eine automatische Bestimmung der Werte der Organgesellschaften möglich ist.

Tabelle 29: Erfassungsbereich der Zinsschranke

Gesamtbetrag der Einkünfte vor Zinsschranke		
	Zinsaufwendungen gegenüber sonstigen Konzerngesellschaften	
	Zinsen für Überlassung von Fremdkapital	
	Zinsen für Überlassung Geldkapital	
	Damnum, Disagio für die Überlassung von Fremdkapital	
	Vorfälligkeitsentschädigung für die Überlassung von Fremdkapital	
	Bereitstellungsprovisionen	
	Gebühren an Fremdkapitalgeber	
	Auf-/Abzinsung unverzinslicher Verbindlichkeiten	
	Auf-/Abzinsung unverzinslicher Forderungen	
	Zinsanteil Leasingraten	
	Diskontbeträge bei unechten Factoring	
	Vergütung Fremdkapitalgenussrechte	
	Vergütungen für partiarische Darlehen, Genussrechte und Gewinnobligationen	
	Summe Zinsaufwendungen der Organgesellschaften	
		= Summe Zinsaufwendungen
	Zinserträge gegenüber sonstigen Konzerngesellschaften	
	Zinsen aus Kapitalforderungen	
	Auf-/Abzinsung unverzinslicher/niedrig verzinslicher Verbindlichkeiten	
	Auf-/Abzinsung unverzinslicher/niedrig verzinslicher Forderungen	
	Summe Zinserträge der Organgesellschaften	
		= Summe Zinserträge
		= Zinssaldo

Sofortabschreibung Geringwertige Wirtschaftsgüter		
Abschreibung des Sammelposten für Wirtschaftsgüter mit AK/HK >150 € < 1000 €		
planmäßige Abschreibungen Immaterielle Vermögensgegenstände		
planmäßige Abschreibungen Gebäude		
planmäßige Abschreibungen bewegliche Wirtschaftsgüter		
Summe Abschreibungen der Organgesellschaften		
		= Erhöhung des steuerlichen EBITDA aus Abschreibungen
		Steuerliches EBITDA (=Gesamtbetrag der Einkünfte + abzugsfähige Spenden + Abschreibungen + negativer Zinssaldo)
		hiervon maximal 30% abzugsfähig (Zinsschranke)
		Zinsvortrag aus Vorjahr
		+ negativer Zinssaldo
		= Zinsaufwand gesamt
		- abzugsfähiger Zinsaufwand (Freigrenze < 1 Mio. € oder 30 % vom EBITDA)
		= Zinsen nicht abzugsfähig (Zinsvortrag)
+ nicht abzugsfähige Zinsen		
= Gesamtbetrag der Einkünfte nach Zurechnung Zinsschranke		

Der Verweis bezieht sich dabei auf die jeweilige Summe dieser Kategorien, sodass etwaige Beträge untergeordneter Organgesellschaften dort bereits enthalten sind. Die genannten Positionen mit den relevanten Angaben zur Zinsschranke sind in der Importdatei enthalten und werden über entsprechende Verweise automatisch in das Formular geladen.

Die Ermittlung des abzugsfähigen Zinsaufwands ist nur in den Formularen für Stand Alone Gesellschaften und Organträger enthalten. Das relevante EBITDA sowie die abzugsfähigen Beträge und der Zinsvortrag werden über Berechnungsformeln bestimmt, die auf die erforderlichen Werte aus dem Steuerrechnungsformular zurückgreifen.[363] Hierbei werden ausschließlich interne Verweise verwendet. Die Berechnung zur Zinsschranke ist in der Importdatei einer Steuerrechnung nicht enthalten, sodass stets eine eigene Berechnung durchgeführt wird. Dies entspricht gleichzeitig dem Ziel einer Plausibilitätsprüfung. Ein möglicher Zinsvortrag aufgrund nicht berücksichtigungsfähiger Aufwendungen wird dementsprechend nur beim Organträger oder einer Stand Alone Gesellschaft festgehalten.

<u>Verlustabzug KSt</u>

Der körperschaftsteuerliche Verlustabzug kommt nur bei einer Kapitalgesellschaft in der Funktion einer Stand Alone Gesellschaft oder eines obersten Organträgers zur Anwendung. Dabei wird der ggf. bestehende Verlustvortrag manuell erfasst, der daraus resultierende Verlustabzug wird automatisch berechnet. In den Berechnungsformeln ist die Mindestbesteuerung berücksichtigt und ein ggf. verbleibender Verlustvortrag wird festgestellt (siehe Tabelle 30).

Tabelle 30: Erfassungsbereich Verlustabzug

Gesamtbetrag der Einkünfte nach Zurechnung Zinsschranke	
	Verlustvortrag Vorjahr
	- Vorwegabzug, maximal € 1 Mio.
	= restlicher Verrechnungsbetrag
	- max. 60% der verbleibenden Einkünfte (Mindestbesteuerung)
	= verbleibender Verlustvortrag
	+ negatives laufendes Einkommen
	= Verlustvortrag
- Verlustabzug (Vorwegabzug + 60 % der verbleibenden Einkünfte)	
= Zu versteuerndes Einkommen	

[363] Das System wurde zum Rechtstand 30.6.2009 umgesetzt, daher ist der EBITDA-Vortrag in der hier besprochenen Version noch nicht implementiert.

Berechnung KSt

Die Berechnung der Körperschaftsteuer ist für die Steuerrechnungen der Kapitalgesell-
schaften relevant, und dabei grundsätzlich nur für Stand Alone- und Organträger-
Gesellschaften. Im Fall von geleisteten Ausgleichszahlungen sind diese jedoch von der
Organgesellschaft zu versteuern, sodass die Berechnung der Körperschaftsteuer auch im
Formular für Organgesellschaften vorgesehen ist. Die Berechnungsformel ist unter Be-
rücksichtigung eines Körperschaftsteuersatzes i. H. v. 15 % im System hinterlegt. Der
Solidaritätszuschlag wird ebenfalls automatisch berechnet. Wie bereits erwähnt ermög-
lichen die Steuerrechnungsformulare eine eigene Berechnung der Steuer, sodass kein
Verweis auf die Importdatei definiert ist. Die Berechnung ist in Tabelle 31 enthalten.

Tabelle 31: Erfassungsbereich Körperschaftsteuerberechnung

Zu versteuerndes Einkommen
* 15 %
= Körperschaftsteuer
- anrechenbare Steuern
= verbleibende Körperschaftsteuer
Körperschaftsteuer
* 5,5 %
= Solidaritätszuschlag
- Solidaritätszuschlag auf anrechenbare Steuern
= verbleibender Solidaritätszuschlag

Gewinn aus Gewerbebetrieb

Ausgangspunkt für die Gewerbesteuerberechnung ist der Gewinn aus Gewerbebetrieb.
Dieser setzt sich aus der vorangehenden Steuerrechnung aus der Summe der Einkünfte
abzüglich der Spenden zusammen. Eine entsprechende Berechnungsformel ist im System definiert. Zusätzlich sind die ggf. erforderlichen Anpassungen aufgrund der Anwendung der Zinsschranke hier zu berücksichtigen (siehe Tabelle 32).

Tabelle 32: Erfassungsbereich Gewerbeertrag

Gewinn aus Gewerbebetrieb (vor Zinsschranke)
+ / - Anpassung Zinsschranke (nicht abzugsfähiger Zinsaufwand bzw. Zinsaufwand aus Vortrag)
= Gewinn aus Gewerbebetrieb (nach Zinsschranke)

Hinzurechnungen / Kürzungen

Im Rahmen der Gewerbesteuer sind die in den §§ 8 und 9 GewStG aufgelisteten Hinzurechnungen und Kürzungen zu berücksichtigen (siehe Tabelle 33). Zu den Hinzurechnungen gehören z. B. ein Viertel der Finanzierungskosten, Verlustanteile aus Personengesellschaften und ausländischen Betriebsstätten, steuerfreie Dividenden aus Beteiligungen unter 15 % sowie Spenden. Zu den Kürzungen gehören z. B. 1,2 Prozent des um 40 % erhöhten Einheitswerts für Betriebsgrundstücke, Gewinnanteile aus Personengesellschaften und ausländischen Betriebsstätten sowie steuerfreie Dividenden aus Beteiligungen über 15 %. Für diese Sachverhalte sind jeweils einzelne Erfassungsfelder vorgesehen. Dabei sind die zu berücksichtigenden Anteile als Berechnungsformel hinterlegt, sodass bei der Erfassung die vollen Beträge einzutragen sind. Im Rahmen der Hinzurechnung der Finanzierungskosten sind die verschiedenen Kategorien zu den Finanzierungskosten (z. B. Entgelte für Schulden, Miet- und Pachtzinsen, Lizenzaufwendungen) abgebildet, die jeweils als volle Bemessungsgrundlage erfasst werden. Die zu berücksichtigenden Finanzierungskostenanteile daraus und der hinzuzurechnende Teil der Kosten werden im System automatisch ermittelt.

Die einzelnen Felder sind mit einem Verweis auf die Importdatei der Steuerrechnung versehen, sodass eine automatische Wertübernahme erfolgen kann. Hierbei werden ebenfalls die vollen Beträge übernommen, sodass eine automatische Berechnung der zu berücksichtigenden Hinzurechnungs- und Kürzungsbeträge erfolgt.

Findet die Regelung zur Zinsschranke im Rahmen der Körperschaftsteuer Anwendung, sind zusätzliche Korrekturwerte zu den Finanzierungskosten zu erfassen. Dies ergibt sich daraus, dass in diesem Fall entweder nicht die vollen Finanzierungskosten den Gewinn aus Gewerbebetrieb gemindert haben, oder zusätzlicher Zinsauswand aus Vorjahren geltend gemacht wurde. Nicht abzugsfähiger Zinsaufwand ist deshalb bei den Hinzurechnungen nicht einzubeziehen, zusätzlich abzugsfähiger Zinsaufwand eines Zinsvortrags aus dem Vorjahr ist auch im Rahmen der Hinzurechnungen zu berücksichtigen. Die Zusammensetzung dieser Beträge ist aufgrund unterschiedlicher Behandlung der Aufwandskategorien manuell zu ermitteln und in die dafür vorgesehenen Erfassungsfelder einzutragen.

Tabelle 33: Erfassungsbereich Hinzurechnungen und Kürzungen Gewerbesteuer

Gewerbeertrag	
	Zinsen für Überlassung Geldkapital
	Damnum, Disagio
	Vorfälligkeitsentschädigungen, Provisionen, Gebühren an Fremdkapitalgeber
	Vergütungen für Fremdkapital-Genussrechte
	Vergütungen für partiarische Darlehen, Gewinnobligationen
	Korrektur, soweit Zinsen auf Grund der Zinsschranke nicht abziehbar sind (manuelle Kürzung)
	Korrektur, soweit Zinsen im Rahmen des Zinsvortrags abziehbar sind (manuelle Hinzurechnung)
	gewährte Skonti, die nicht dem gewöhnlichen Geschäftsverkehr entsprechen oder wirtschaftlich vergleichbare Vorteile
	Diskontbeträge bei Veräußerung von Forderungen
	Renten und dauernde Lasten
	Gewinnanteile stiller Gesellschafter
	Gewinnanteile KgaA-Gesellschafter
	Miet-/Pachtzinsen bewegliche Wirtschaftsgüter des Anlagevermögens
	Miet-/Pachtzinsen unbewegliche Wirtschaftsgüter des Anlagevermögens
	Lizenzaufwendungen
	= Summe Finanzierungskosten/-anteile
	- Freibetrag
	= verbleibende Finanzierungskosten
+ Hinzurechnung 25 % der verbleibenden Finanzierungskosten	
+ steuerfreie Dividenden (§9 Nr. 2a,7 GewStG)	
+ Verlustanteile inländischer Personengesellschaften	
+ Verlustanteile ausländischer Personengesellschaften	

+ Verluste ausländischer Betriebsstätten
+ Spenden
+ Ausländische Steuer
= Gewerbeertrag nach Hinzurechnungen
Betriebsgrundstücke
Grundstücke Land und Forstwirtschaft
- Kürzung 1,2% der Einheitswerte der Betriebsgrundstücke
- Gewinnanteile inländischer Personengesellschaften
- Gewinnanteile ausländischer Personengesellschaften
- ausländische Betriebsstättenerträge
- Kürzungen Grundbesitzgesellschaft
- Gewinnanteile KgaA-Gesellschafter
- Miet-/Pachtzinsen
- Spenden
- steuerfreie Dividenden (Beteiligung >=10%)
- Dividenden ausländischer Kapitalgesellschaften (AStG)
- Dividenden ausländischer Kapitalgesellschaften (DBA)
= Gewerbeertrag nach Kürzungen

Einkommen von Organgesellschaften

Analog zur Einkommenszurechnung in der Körperschaftsteuer ist auch für die Gewerbesteuer der Gewerbeertrag der Organgesellschaften beim Organträger zu berücksichtigen (siehe Tabelle 34). Dies erfolgt ebenfalls automatisch über die Definition einer
Fiscal Unity-Quelle zum Feld „Gewerbeertrag der Organgesellschaften". Auch hier
geschieht die Zurechnung des Einkommens auf jeder Ebene des Organkreises, sodass
dieser Erfassungsbereich in jedem Formular enthalten ist und ggf. nicht zu erfassen ist.
Ein Korrekturbetrag zu den steuerfreien Bezügen ist ebenfalls zu erfassen, allerdings
lässt sich dieser Betrag nicht automatisch ermitteln, da dieser Wert nicht unbedingt den
Korrekturbeträgen aus der Körperschaftsteuer entspricht. Hier ist eine manuelle Eingabe
erforderlich. Ein Verweis auf die Importdatei ist wie in der Körperschaftsteuer für das
Organergebnis nicht vorgesehen.

Tabelle 34: Erfassungsbereich Gewerbeertragszurechnung beim Organträger

Gewerbeertrag nach Kürzungen
+ Gewerbeertrag der Organgesellschaften
- Korrekturbeträge Organgesellschaften (§8b KStG, § 3 Nr. 40, § 3c EStG, § 15 KStG)
= Gewerbeertrag (vor Verlustabzug)

GewSt-Verlustabzug und Berechnung der Gewerbesteuer

Der gewerbesteuerliche Verlustabzug sowie die Berechnung der Gewerbesteuer ist lediglich für die Formulare der Stand Alone Gesellschaften und der Organträger-Gesellschaften relevant. Dabei ist der bestehende Verlustvortrag des Vorjahres manuell zu erfassen, der abzugsfähige Verlustanteil wird automatisch unter Berücksichtigung der Mindestbesteuerung berechnet.

Tabelle 35: Erfassungsbereich Verlustabzug und Gewerbesteuerberechnung

Gewerbeertrag vor Verlustabzug	
	Gewerbeverlustvortrag Vorjahr
	- Vorwegabzug (maximal € 1 Mio.)
	= restlicher Verrechnungsbetrag
	- max. 60% des verbleibenden Gewerbeertrags
	= Verbleibender Verlustvortrag
	+ negativer laufender Gewerbeertrag
	= Gewerbeverlustvortrag
- Verlustabzug (Vorwegabzug + 60 % des verbleibenden Gewerbeertrags)	
= Gewerbeertrag nach Verlustabzug	
* 3,5 %	
= Gewerbesteuer-Messbetrag	
* Gewerbesteuerhebesatz	
=Gewerbesteuer	

Darauf aufbauend wird auch die Gewerbesteuer automatisch ermittelt. Der Gewerbesteuermessbetrag wird anhand einer fest hinterlegten Steuermesszahl (aktuell 3,5 %) bestimmt. Der anzuwendende Hebesatz ist vorerst separat einzutragen. Ziel ist es, dass der zu verwendende durchschnittliche Hebesatz automatisch dem Zerlegungsmodul zur Gewerbesteuer entnommen werden kann, ein entsprechender Verweis ist noch zu definieren. Der Verlustabzug und die Berechnung der Gewerbesteuer sind in Tabelle 35 dargestellt.

4.1.4.2.2 Steuererklärung

Die Steuerreferenten erstellen die Steuererklärungen anhand der Erklärungsvordrucke der Finanzverwaltung. Für jedes Wirtschaftsjahr sind insgesamt für die deutschen Gesellschaften bis zu eintausend Steuererklärungen abzugeben, die alle in das Informationssystem aufnehmen sind. Darin enthalten sind neben den ursprünglichen Erklärungen auch korrigierte Steuererklärungen. Im Anschluss an die Anfertigung der Erklärungen werden bestimmte Kenngrößen daraus in das Informationssystem übertragen und die vollständigen Erklärungen als Dokument im System gespeichert.[364] Das Steuerinformationssystem enthält somit nicht die vollständigen Erklärungsdaten, sondern nur die für weitere Zwecke relevanten Größen. Die im System zu erfassenden Bewegungsdaten ergeben sich anhand der zu erfüllenden Funktionen des Informationssystems. Hierzu gehört eine Gegenüberstellung der Erklärungswerte mit den Werten aus der Steuerrechnung, da aufgrund des zeitlichen Auseinanderfallens der Steuerrechnung und der Steuererklärung die Ergebnisse hieraus differieren können. Eine weitere Funktion ist die Abstimmung der Organkreisergebnisse sowie das Speichern bestimmter Kenngrößen für spätere Auswertungen. Im Vergleich zur Steuerrechnung ist der Detaillierungsgrad der Bewegungsdaten für die Steuererklärung wesentlich geringer. Für den Vergleich der Werte werden Zwischensummen einzelner Kategorien herangezogen, sodass erkennbar wird, aus welchem Bereich die auftretenden Abweichungen stammen. Darüber hinaus umfassen die zu speichernden Bewegungsdaten alle für die Steuererklärung relevanten Werte des Organkreises, sodass eine Abstimmung der Ergebnisse auf Organgesellschaftsebene und Organträgerebene möglich ist. Als wichtige Kenngrößen werden darüber hinaus z. B. verbleibende Verlustvorträge gespeichert. Für die Bestimmung der zu erfassenden Bewegungsdaten im Rahmen der Steuererklärung ist ebenfalls zu berücksichtigen, dass diese Daten die Grundlage für die spätere Prüfung der Steuerbescheide

---

[364] Hierbei können vorhandene Daten aus der Steuerrechnung als Vorschlagwerte geladen werden, siehe Kapitel 4.1.5.3.1.

bilden. Alle im Rahmen der Steuerbescheide zu prüfenden Daten sind insofern bereits im Rahmen der Steuererklärung in das Informationssystem zu übernehmen.

Für jede Gesellschaft sind jedes Jahr verschiedene Steuererklärungen einzureichen, sodass verschiedene Erfassungsmasken benötigt werden. Die zu unterscheidenden Erklärungsarten sind:

- Körperschaftsteuererklärung;
- Erklärung für die Zerlegung der Körperschaftsteuer;
- Erklärung zur gesonderten Feststellung des Einlagekontos;
- Gesonderte und einheitliche Feststellung der Besteuerungsgrundlagen;
- Gewerbesteuererklärung;
- Erklärung für die Zerlegung des Gewerbesteuermessbetrags;
- Sonstige.

In dieser Aufstellung sind die regelmäßig zu erstellenden Erklärungen enthalten, für die gleichzeitig die Bewegungsdaten im Rahmen des Compliance Prozesses gespeichert und ausgewertet werden. Zusätzlich gibt es die Erklärungsart „Sonstige". Diese Kategorie ist in der Aufstellung enthalten, damit ggf. zusätzlich zu erstellende Steuererklärungen bzw. Anträge an das Finanzamt ebenfalls in das Informationssystem aufgenommen werden können.

Zum Anlegen eines Steuererklärungsformulars sind die in Tabelle 36 zusammengefassten Merkmale zu hinterlegen. Jedes Formular erhält eine Bezeichnung, sodass bei der späteren Auswahl das zu verwendende Formular eindeutig gewählt werden kann. Darüber hinaus ist vergleichbar zu den Formularen der Steuerrechnung ein Gültigkeitszeitraum zu hinterlegen. Hierüber lassen sich die Änderungen in den Erklärungsvordrucken für die verschiedenen Veranlagungsjahre entsprechend in verschiedenen Formularen im System abbilden. Zum Anpassen der Templates kann das bestehende Formular kopiert, mit einem neuen Gültigkeitszeitraum versehen und in dem neuen Formular die entsprechenden Änderungen vorgenommen werden. Zusätzlich können ein Kommentar zu jedem Formular und eine Versionsnummer vergeben werden. Jedes anzulegende Template erhält eine Zuordnung zu einer der zuvor definierten Erklärungsarten. Dies ermöglicht spätere Auswertungen aus der Datenbank, z. B. welche Erklärungen bereits abgegeben worden sind oder die Ausgabe einer Liste sämtlicher Erklärungen einer Art für bestimmte Zeiträume oder Gesellschaften.

Tabelle 36: Merkmale für ein Formular einer Steuererklärung

Merkmal	Beschreibung
Name	Bezeichnung des Formulars
Declaration Type	Auswahl einer Erklärungsart (s.o.)
Comment	Kommentar zu diesem Formular
Validity von / bis	Gültigkeitszeitraum
Version	Versionsnummer

Nachfolgend werden die unterschiedlichen Erklärungsformulare kurz erläutert. Dabei werden die relevanten Quellverweise und Organschaftverknüpfungen sowie berechnete Felder aufgezeigt. Die Steuererklärung enthält prinzipiell die Bemessungsgrundlagen aus der Steuerrechnung. Aus diesem Grund werden die Erfassungsfelder der Steuererklärung mit den Datenfeldern der Steuerrechnung verknüpft, sodass die Werte automatisch als Vorschlagwerte übernommen werden können. Hierfür ist in jedem Formular ein entsprechendes Feld Tax Computation Link für die Schnittstelle zur Steuerrechnung zu definieren, sodass bei der Erfassung der Erklärungsdaten der relevante Datensatz aus den Steuerrechnungen ausgewählt werden kann. Eine umfassende Darstellung der im System umgesetzten Erfassungsfelder ist beispielhaft für die Körperschaftsteuererklärung enthalten.

Körperschaftsteuererklärung

Die zu erfassenden Werte zur Körperschaftsteuererklärung werden entsprechend den Formularvordrucken in Mantelbogen, Anlage WA, Anlage AE, Anlage ORG sowie einen zusätzlichen Bereich für die Angaben zur Zinsschranke gegliedert. Die in der Erklärung zu erfassenden Beträge zu Abweichungen der Handelsbilanz und Steuerbilanz, zu nicht abzugsfähigen Betriebsausgaben, steuerfreien Erträgen etc. werden jeweils als Summe aus der Steuerrechnung übernommen, sodass zu den entsprechenden Feldern eine Quelle Tax Computation definiert ist. Hierbei wird die Möglichkeit vorgesehen, die Werte dieser Quelle manuell zu überschreiben (Custom Value). Im Bereich des Mantelbogens wird darüber hinaus die Entwicklung des Verlustvortrags erfasst, d. h. der Verlustvortrag des Vorjahres, ein ggf. neuer Verlust aus dem laufendem Jahr, die Nutzung des Verlustes unter Berücksichtigung der Mindestbesteuerung sowie der verbleibende Verlustvortrag. Das Erfassungsformular ist somit umfangreicher als der Vordruck der Steuererklärung. Dies ist jedoch sinnvoll, damit die Zusammensetzung und die Nutzung der Verlustvorträge nachvollzogen werden kann und Abweichungen gegenüber der Steuerrechnung dokumentiert werden können. Die Definition der Felder entspricht deshalb der Umsetzung in der Steuerrechnung und enthält Quellverweise auf die Steuerrechnung

Die Sachverhalte zu § 8b KStG sind in den Erklärungsvordrucken unterteilt in inländische Sachverhalte (Mantelbogen) und ausländische Sachverhalte (Anlage AE). Die Erfassungsfelder werden für das Formular jedoch analog der Steuerrechnung zusammengefasst. Somit können die Werte aus der Steuerrechnung übernommen werden. Dabei verweisen die Quellen auf die Bemessungsgrundlagen zu den § 8b-Sachverhalten, also die vollen Beträge. Die ggf. vorzunehmende Korrektur auf 95 % ist bei den Dividenden und Gewinnen aus Beteiligungen anhand einer Berechnungsformel hinterlegt.

Das zu versteuernde Einkommen, die festgesetzten Steuern sowie die anrechenbaren Steuerbeträge der Anlage WA werden als Werte aus der Steuerrechnung übernommen, hier findet keine Berechnung statt.

Die Anlage ORG ist unterteilt in einen Bereich für den Organträger und einen Bereich für die Organgesellschaft. Im Bereich für den Organträger sind die Gewinnabführungen und Verlustübernahmen manuell zu erfassen, da diese Werte nicht in der Steuerrechnung enthalten sind. Im Rahmen der Organkreiszurechnung werden die aus der Steuerrechnung vorhandenen Werte angezeigt. Gleichzeitig werden das zuzurechnende Einkommen sowie der Korrekturbetrag zu den steuerfreien Bezügen als automatische Organkreis-Quelle aus den bereits eingereichten Steuererklärungen der Organgesellschaften ermittelt[365]. Das verbleibende Einkommen wird daraus berechnet und dem Wert aus der Steuerrechnung gegenübergestellt.

Für den Bereich der Organgesellschaft sind ebenfalls die entsprechenden Gewinnabführungsbeträge und Verlustübernahmebeträge zu erfassen. Die Werte zur Ermittlung des zurechenbaren Einkommens sind als Verweise auf die Steuerrechnung definiert und besitzen die Eigenschaft eines Custom Value, d. h. die automatisch übernommenen Werte können manuell überschrieben werden[366].

Der letzte Bereich beinhaltet die Angaben zur Zinsschranke. Er ist vom Aufbau der Steuerrechnung angepasst. Hierbei werden die Angaben zum Zinsaufwand, Zinsertrag

---

[365] Siehe Definition der Quelle Tax Declaration Fiscal Unity.
[366] Vgl. Eigenschaften eines Erfassungsfeldes in Kapitel 4.1.4.1.2.

und zu den Abschreibungen aus der Steuerrechnung als Vorschlagwert angezeigt. Eigene Werte der Gesellschaft können manuell überschrieben werden.

Tabelle 37: Bewegungsdaten einer Körperschaftsteuererklärung

Erklärungsvordruck	Erfassungs- /Berechnungsfeld
Mantelbogen	Jahresüberschuss
	ausländische Betriebsstätten-Einkünfte
	Zinsaufwand Organgesellschaften
	Zinsaufwand gesamt inkl. Organgesellschaften
	Zinserträge Organgesellschaften
	Zinserträge gesamt inkl. Organgesellschaften
	Abschreibungen Organgesellschaften
	Erhöhung steuerliches EBITDA
	Steuerliches EBITDA
	Zinsschranke 30%
	Zinsvortrag
	Laufender Zinsaufwand
	Zinsaufwand gesamt
	abzugsfähig i. H. d. Zinsertrags
	Verbleibender Zinsaufwand
	abzugsfähiger Zinsaufwand 30%
	Zinsvortrag neu
	Gesamtbetrag Spenden
	Abzugsfähige Spenden
	Verlustvortrag 31.12. Vorjahr
	Verbrauch laufendes Jahr
	Wegfall Verlustvortrag
	negatives laufendes Einkommen
	verbleibender Verlustvortrag 31.12. lfd. Jahr
	zu versteuerndes Einkommen
	Summe Abweichungen Handelsbilanz /Steuerbilanz
Anlage A	Nebenleistungen zu Steuern
	Aufsichtsratvergütungen 50%
	sonstige nicht abzugsfähige Aufwendungen
	Spenden und nicht abzugsfähige Beiträge

Mantelbogen / Anlage WA	§ 8b Abs. 1 KStG
	Korrektur § 8b Abs. 1 KStG
	§ 8b Abs. 2 KStG
	Korrektur §8b Abs. 2 KStG
	§8b Abs. 3 KStG
	Hinzurechnungsbetrag AStG
	sonstige (freier Text u. Betrag) z.B. § 8b Abs. 10 KStG
Anlage WA	anrechenbare Kapitalertragsteuer
	Anrechenbare Quellensteuer
	Anrechenbare Zinsabschlagsteuer
	Anrechenbarer Solidaritätszuschlag
Anlage ORG (Organträger)	geleisteter Jahresfehlbetrag an OG
	von OG erhaltene Gewinnabführung
	von OG erhaltene verdeckte Gewinnausschüttung
	dem OT zuzurechnendes Einkommen
	steuerfreie Bezüge
	Ausgleichszahlungen OT
	dem OT verbleibendes Einkommen der Organgesellschaften
Anlage ORG (Organgesellschaft)	Gewinnabführungen an OT
	Verlustübernahme von OT
	Ausgleichszahlungen des OT
	20/17 der eigenen Ausgleichszahlungen
	3/17 des Betrags lt. Zeile 26 der Anlage ORG
	dem OT zuzurechnendes Einkommen (vor Korrekturbetrag)
	Steuerfreie Bezüge § 8b Abs. 1 KStG [ohne vGA von OG, inkl. Mehrabführungen aus vororganschaftlicher Zeit sofern keine Verwendung aus stl. Einlagekonto]
	Steuerfreie Gewinne § 8b Abs. 2 KStG
	§ 8b Abs. 3 KStG
	Korrekturbetrag der Organgesellschaft §15 Nr. 2 KStG

Für die Werte der Organgesellschaften sind Organkreis-Quellen vorgesehen, sodass die Werte aktuell ermittelt werden. In der Definition dieser Organkreisverweise wird auf die Felder „gesamter Zinsaufwand lt. Steuererklärungen", „gesamter Zinsertrag lt. Steuererklärungen" und „gesamte Abschreibung lt. Steuererklärung" Bezug genommen. Anschließend wird der abzugsfähige Zinsaufwand neu berechnet. Dieser Bereich ist nur für Stand Alone Gesellschaften und Organträger relevant, sodass er für Organgesellschaften ignoriert werden kann. Bei der Berechnung werden zum Vergleich die Ergebnisse der Steuerrechnung angezeigt.

Die im Informationssystem umgesetzten Erfassungsfelder für die zuvor erläuterten Bewegungsdaten einer Körperschaftsteuererklärung sind in einer Übersicht in Tabelle 37 ausführlich dargestellt. Dabei ist zu berücksichtigen, dass z. B. zur Zinsschrankenregelung eine eigene Berechnung hinterlegt ist, sodass die erforderlichen Felder über die in den Erklärungsvordrucken enthaltenen Felder hinausgehen.

Erklärung für die Zerlegung zur Körperschaftsteuer

Eine Zerlegung zur Körperschaftsteuer ist nach § 2 ZerlG durchzuführen, sofern Betriebsstätten außerhalb des steuerberechtigten Landes vorhanden sind und der auf die Einkünfte aus Gewerbebetrieb verbleibende Körperschaftsteuerbetrag nach Abzug von Steueranrechnungsbeträgen mindestens 500.000 € absolut beträgt. Die Steuer ist in diesem Fall auf die Länder aufzuteilen. Für die Zerlegung sind die Maßstäbe des Gewerbesteuergesetzes anzuwenden, z. B. die Arbeitslöhne. Im Rahmen der hierfür einzureichenden Erklärung ist in der aktuellen Umsetzung lediglich das Dokument zu speichern und die Angaben zur Abgabe der Steuererklärung zu dokumentieren. Weitere Bewegungsdaten werden für die Körperschaftsteuer-Zerlegung nicht erfasst.

Erklärung zur gesonderten Feststellung des Einlagekontos

In der Erklärung zur Feststellung des Einlagekontos sind die folgenden Felder definiert. Entsprechend dem Erklärungsvordruck werden das steuerliche Einlagekonto, das durch Umwandlung von Rücklagen entstandene Nennkapital sowie der fortgeschriebene Endbetrag im Sinne des § 36 Abs. 7 KStG festgehalten. Zu diesen Werten gibt es keine Quelle in der Steuerrechnung, sodass eine Erfassung durch den Steuerreferenten erfolgt. Die Erfassung dieser Daten dient der späteren Bescheidprüfung.

Gesonderte und einheitliche Feststellung der Besteuerungsgrundlagen

Die Einkünfte einer Personengesellschaft sind auf die an der Personengesellschaft beteiligten Gesellschaften aufzuteilen. Dies geschieht in der Feststellungserklärung, in der die Besteuerungsgrundlagen für jeden Beteiligten einer Personengesellschaft aufgeführt sind. Zu den Besteuerungsgrundlagen gehören die anteiligen laufenden Einkünfte, steuerfreie Einkünfte (z. B. aus Dividenden nach § 8b KStG), nicht abzugsfähige Betriebsausgaben sowie die Ergebnisse der Sonderbilanz und der Ergänzungsbilanz. Darüber hinaus sind Werte zum Spendenabzug und zur Verlustverrechnung zu erfassen. Im Fall einer Organschaft sind die entsprechenden Einkünfte der Organgesellschaften einschließlich der Korrekturbeträge festzuhalten. Abschließend werden die anrechenbaren Steuern erfasst.

Diese Angaben sind für jeden Beteiligten zu machen, sodass der Erfassungsbereich dieser Steuererklärung als Multi Value Area definiert ist. Die erforderlichen Felder können somit für jede beteiligte Gesellschaft erfasst werden. In der aktuellen Fassung sind alle Felder als Erfassungsfeld bzw. als internes Berechnungsfeld für Zwischensummen definiert. Ein Verweis auf eine Quelle ist nicht definiert, da die Aufteilung der zuvor genannten Angaben in der Importdatei der Steuerrechnung nicht enthalten ist. Die hier erfassten Bewegungsdaten stehen anschließend für die Prüfung der Steuerbescheide bereit.

Gewerbesteuererklärung

Im Rahmen der Gewerbesteuererklärung werden für alle Gesellschaften der Gewinn aus Gewerbebetrieb, die Hinzurechnungen und Kürzungen, sowie der Gewerbeertrag vor und nach den entsprechenden organschaftspezifischen Korrekturen nach § 15 KStG erfasst. Dabei sind für die Felder Gewinn sowie Hinzurechnungen und Kürzungen Verweise auf die Steuerrechnung definiert, sodass die Werte übernommen werden können. Bei Abweichungen kann der aktuelle Wert aus der Steuererklärung erfasst werden. Der Gewerbeertrag wird berechnet, um ggf. manuell erfasste Werte zu berücksichtigen. Für den Fall eines Organträgers sind zusätzlich der Gewerbeertrag und der Korrekturbetrag der Organgesellschaften zu erfassen. Für diese Felder ist jeweils ein Feld definiert, das den entsprechenden Wert aus der Steuerrechnung anzeigt. Der aktuelle Gewerbeertrag der Organgesellschaften wird automatisch über eine Organkreisquelle aus den zu diesem Zeitpunkt zur Verfügung stehenden Erklärungen berechnet. Der aktuelle Korrekturbetrag der Organgesellschaften ist manuell zu erfassen. Die Felder der Organgesell-schaften werden in der Berechnung des Gewerbeertrags berücksichtigt, im Fall einer Stand Alone Gesellschaft oder einer reinen Organgesellschaft ist die definierte Quelle leer, sodass diese Felder mit 0 eingehen.

Zusätzlich wird analog zur Körperschaftsteuererklärung die Entwicklung des Verlust-vortrags erfasst. Die in der Steuerrechnung vorhandenen Werte werden dabei über-nommen und können durch aktuelle Werte überschrieben werden. Der verbleibende Verlustvortrag wird anschließend unter Berücksichtigung ggf. angepasster Werte be-rechnet.

Erklärung für die Zerlegung zur Gewerbesteuer

Für die Zerlegungserklärung zur Gewerbesteuer sind zwei Erfassungsbereiche definiert. Der erste Bereich enthält den gesamten Gewerbesteuermessbetrag, der zu zerlegen ist, sowie die gesamte Lohnsumme. Der zweite Bereich enthält die Zerlegungsdaten je Ge-meinde, d. h. die Lohnsumme der Gemeinde, den rechnerischen Anteil am Gewerbe-steuermessbetrag, den festgesetzten Anteil am Gewerbesteuermessbetrag und den Hebe-satz. Die Gewerbesteuer hierzu ist als Formel hinterlegt, d. h. der festgesetzte Anteil wird mit dem Hebesatz multipliziert. Dieser Erfassungsbereich ist als sog. Multi Va-lue Area definiert, da die enthaltenen Felder für jede Gemeinde zu erfassen sind. Im Rahmen der Erfassung entsteht folglich eine Tabelle, der beliebig viele Zeilen hinzuge-fügt werden können. Das Formular ist aktuell durch Erfassungsfelder definiert. Die Werte der Zerlegung werden jedoch im Modul Gewerbesteuer berechnet, sodass zu-künftig ein Verweis auf dieses Modul möglich ist und die Werte je Gemeinde automa-tisch übernommen werden können.

Sonstige

Unter der Erklärungsart „Sonstige" können alle weiteren Erklärungen und Anträge er-fasst werden, die vorkommen können, jedoch nicht regelmäßig abgegeben werden (z. B. Antrag auf Investitionszulage). In solchen Fällen ist es nicht erforderlich, bestimmte Bewegungsdaten in der Datenbank zu speichern. In der Datenbank wird somit nur eine Kopie dieser Erklärung mit den zugehörigen Dokumentationspflichten (Freigabe der Erklärung, Abgabedatum, etc.) erfasst. Das Formular enthält darüber hinaus lediglich ein Textfeld zur Eingabe der Bezeichnung der Erklärung bzw. Antrags.

4.1.4.2.3 Steuerbescheid

Auf Basis der beim Finanzamt eingereichten Steuererklärungen werden die entsprechenden Steuerbescheide erlassen und den Gesellschaften zugestellt. Die Steuerbescheide sind daraufhin im System zu erfassen von den zuständigen Steuerreferenten zu prüfen. Dabei werden in jedem Jahr etwa zwei- bis dreitausend Steuerbescheide im System erfasst; dies beinhaltet die korrigierten Fassungen der Steuerbescheide aufgrund von Rechtsbehelfen oder Betriebsprüfungen. Im Rahmen der Bescheidprüfung werden die Bewegungsdaten der Steuerbescheide eingetragen. Analog zur Erfassung der Steuererklärungen findet keine vollständige Datenerfassung statt, sondern es sind bestimmte Kenngrößen für die Erfassung zu definieren. Die Definition der zu erfassenden Werte richtet sich einerseits nach den Steuererklärungsdaten, mit denen ein Vergleich im Rahmen der Bescheidprüfung vorgenommen wird, andererseits nach den für weitere Auswertungen benötigten Informationen. Im Rahmen des Veranlagungsverfahrens gibt es eine Vielzahl verschiedener Steuerbescheide, die von der Finanzverwaltung erlassen werden. Für die Erfassung dieser Steuerbescheide ist folglich für jeden Bescheidtyp ein Formular anzulegen. Dabei sind die in Tabelle 38 aufgeführten Merkmale zu bestimmen.

Tabelle 38: Merkmale für ein Formular eines Steuerbescheids

Merkmal	Beschreibung
Name	Bezeichnung des Steuerbescheids
Valid from / to	Gültigkeitszeitraum
Custom Key	Zusätzlicher Schlüssel zur Datensatzidentifikation (optional)

Für jeden Steuerbescheidtyp ist eine eindeutige Bezeichnung zu vergeben, sodass eine Zuordnung der zu erfassenden Steuerbescheide möglich ist. Erforderliche Änderungen der Erfassungsmasken im Zeitablauf, z. B. aufgrund von Änderungen im Steuerrecht und somit zusätzlich benötigten Feldern oder nicht mehr enthaltenen Feldern, werden über den Gültigkeitszeitraum einer Steuerbescheidmaske verwaltet. Abhängig von dem Jahr, das später bei der Erfassung eingetragen wird, wird die zu diesem Zeitpunkt gültige Version der Bescheidmaske aufgerufen. Es kann daher sein, dass im Rahmen der Verwaltung der verschiedenen Erfassungsmasken ein Bescheidtyp mehrfach angelegt wird, jedoch mit abweichender Gültigkeit und entsprechend abweichenden Felddefinitionen.

Das Merkmal `Custom Key` ist ein zusätzliches Schlüsselfeld zu den sonst fest definierten Identifikationsfeldern, die im Rahmen der einzelnen Modulbeschreibungen näher erläutert werden. Dieses Kriterium ist für den Fall erforderlich, für den die sonstigen Identifikationsfelder nicht ausreichen, z. B. im Fall einer Gewerbesteuerzerlegung, bei der von verschiedenen Gemeinden der gleiche Bescheidtyp für das gleiche Jahr erlassen wird. Hierfür ist die Gemeinde als weiteres Identifikationsfeld auszuwählen, da ansonsten eine Unterscheidung der Bescheide nicht möglich ist und jeder neu eingehende Bescheid den zuvor erhaltenen Bescheid ersetzen würde. Ein solches Kriterium ist nicht für alle Bescheidtypen erforderlich. Deshalb ist beim Anlegen der Erfassungsmasken für den jeweiligen Bescheidtyp zu hinterlegen, ob und welches Kriterium als zusätzliches Identifikationsfeld erforderlich ist. Es handelt sich hierbei folglich um ein optionales Feld. Als Parameter für den `Custom Key` stehen die in Tabelle 39 aufgeführten Ausprägungen zur Verfügung.

Tabelle 39: Parameter für den `Custom Key`

Custom Key	Erläuterung
AGS	Amtlicher Gemeindeschlüssel zur Beschreibung der Lage einer Betriebsstätte
EW	Einheitswertnummer eines Grundstücks
AGS & EW	Kombination aus amtlichen Gemeindeschlüssel und Einheitswertnummer
IHK	Angabe der Industrie- und Handelskammer
Shareholder	Angabe des Beteiligten
Tax Ident No.	Steuernummer

Wie bereits in dem zuvor genannten Beispiel gezeigt, stellt der Amtliche Gemeindeschlüssel einen dieser Parameter dar. Dieser ist immer dann relevant, wenn eine Gesellschaft von mehreren Gemeinden einen Bescheid vom gleichen Typ erhält, wie z. B. den Gewerbesteuerbescheid im Fall einer Zerlegung. Ein weiterer Parameter zur Unterscheidung der Bescheide vom gleichen Typ ist die Angabe der beteiligten Gesellschaft. Dieser ist relevant bei den Bescheiden zur gesonderten und einheitlichen Feststellung von Besteuerungsgrundlagen. In diesen Bescheiden werden die Ergebnisse einer Personengesellschaft auf die beteiligten Anteilseigner der Personengesellschaft aufgeteilt und deren Einkünfte aus Sonder- und Ergänzungsbilanzen ausgewiesen. Diese Bescheide werden unter dem Namen der Personengesellschaft für jeden Beteiligten erlassen, sodass eine Unterscheidung nach den Beteiligten notwendig ist. Die weiteren Parameter sind für Bescheide aus dem Bereich der Grundbesitzabgaben und Kammerbeiträge anzuwenden. Ein Unterscheidungskriterium ist dabei die Einheitswertnummer eines Grundstücks, sodass die Bescheide zur Grundsteuer dem entsprechenden Grundstück zugeordnet werden können. Ein weiteres Anwendungsbeispiel sind die Grundbesitzabgabenbescheide. Eine Gesellschaft erhält dabei von den zuständigen Gemeinden Bescheide vom gleichen Typ für jedes Grundstück, sodass als Parameter sowohl der Amtliche Gemeindeschlüssel als auch die Einheitswertnummer des Grundstücks erforderlich sind. Eine Gesellschaft erhält für ein Jahr ebenfalls mehrere Bescheide zu den IHK-Beiträgen, da jede IHK die eigenen Beiträge festsetzt. Deshalb ist auch hier die Angabe der ausstellenden IHK zur Unterscheidung und Zuordnung der Beiträge hinzuzufügen. Ein weiterer Parameter ist die Steuernummer, die bei Vorgängen der Grundstücksveräußerung für einen Sachverhalt vergeben wird. Diese ist für Bescheide im Rahmen der Grunderwerbsteuer relevant, sodass die Bescheide einem bestimmten Vorgang des Grunderwerbs zugeordnet werden können.

Die im System zum aktuellen Stand angelegten Steuerbescheidformulare mit der entsprechenden Gültigkeit sowie dem ggf. erforderlichen zusätzlichen Custom Key sind in Abbildung 19 dargestellt. Die Definition der Erfassungsfelder ist für jeden Bescheidtyp vorzunehmen. Dabei sind die Verknüpfungen zu anderen Modulen sowie Berechnungsformeln zu bestimmen. Die Umsetzung der Erfassungsformulare bildet den Rechtsstand 2008 ab. Die Erfassungsmasken der verschiedenen Steuerbescheide greifen im Wesentlichen auf die Felder der Steuererklärungen zurück, sodass ein direkter Vergleich für die Bescheidprüfung möglich ist. Den in Tabelle 40 aufgeführten Steuerbescheiden der Ertragsteuern liegen Bewegungsdaten aus den in Kapitel 4.1.4.2.2 erläuterten Steuererklärungen zugrunde, sodass in den Formularen ein Feld für die Schnittstelle zum Modul Steuererklärung definiert ist. Hier ist im Rahmen der Erfassung der relevante Datensatz auszuwählen. Die Felddefinitionen enthalten jeweils eine Quelle Tax Declaration und verweisen folglich auf die ausgewählte Erklärung. Insgesamt kann es sein, dass auf Basis einer Steuererklärung verschiedene Bescheide erlassen werden. Eine entsprechende Zuordnung ist ebenfalls aus Tabelle 40 ersichtlich.

Abbildung 19: Liste der Steuerbescheid-Erfassungsformulare

ID	Name	Valid from	Valid to	Customer Key Type
13	Einheitswertbescheid	1995-01-01	n/a	[4]-EW
37	Ermittlung des abgezinsten Betrags nach §38 KStG	1995-01-01	n/a	[0]-None
2	Festsetzung Auszahlung §37(5) KStG	2006-01-01	n/a	[0]-None
38	Festsetzung des KSt-Erhöhungsbetrags nach § 38 Abs.5 und 6 KStG	1995-01-01	n/a	[0]-None
10	Feststellungen § 2a EStG	1995-01-01	n/a	[0]-None
31	Ges. Fest. der Best.-Grdl. für Zwecke der GrESt	1995-01-01	n/a	[6]-Tax Ident No
3	Ges. Fest. des verbleibenden Verlustabzugs KSt	1995-01-01	n/a	[0]-None
24	Ges. Fest. des verwendbaren Eigenkapitals	1995-01-01	2002-12-31	[0]-None
6	Ges. Fest. des vortragsfähigen Gewerbeverlustes	1995-01-01	n/a	[0]-None
4	Ges. Fest. der Best.-Grdl. KSt	1995-01-01	n/a	[0]-None
34	Ges. Fest. des Einlagekontos (§27 Abs.2 KStG)	2002-01-01	n/a	[0]-None
23	Ges. u. einh. Fest. von Best.-Grdl.	1995-01-01	2001-12-31	[5]-Shareholder
8	Ges. u. einh. Fest. von Best.-Grdl.	2002-01-01	n/a	[5]-Shareholder
27	Gewerbesteuer-Vorauszahlungen lfd. Jahr	1995-01-01	n/a	[1]-AGS
30	Gewerbesteuer Zinsbescheid	1995-01-01	n/a	[1]-AGS
5	GewSt-Messbetrag Veranlagung	1995-01-01	n/a	[0]-None
32	GewSt-Messbetrag VZ-Zwecke	1995-01-01	n/a	[0]-None
11	Gewerbesteuer Veranlagungsbescheid	1995-01-01	n/a	[1]-AGS
20	Körperschaftsteuer Vorauszahlungen lfd. Jahr	1995-01-01	n/a	[0]-None
1	KSt, SolZ, Zinsen und Nebenleistungen	2002-01-01	n/a	[0]-None
22	KSt, SolZ, Zinsen und Nebenleistungen	1995-01-01	2001-12-31	[0]-None
40	Mitteilung Organergebnis (Organgesellschaft/GewSt)	1995-01-01	n/a	[0]-None
35	Mitteilung Organergebnis (Organgesellschaft/KSt)	1995-01-01	n/a	[0]-None
21	Zerlegung Gewerbesteuermessbetrag Veranlagung	1995-01-01	n/a	[0]-None
33	Zerlegung Gewerbesteuermessbetrag VZ-Zwecke	1995-01-01	n/a	[0]-None
15	Zerlegung GrSt Messbetrag	1995-01-01	n/a	[4]-EW

Grundsätzlich werden im Rahmen der Quellverweise einzelne Werte eines Feldes übernommen. Handelt es sich jedoch um eine Multi Value Area, wie z. B. bei der gesonderten und einheitlichen Feststellung der Besteuerungsgrundlagen, so kann auch die gesamte Tabelle übernommen werden. Alle in der Steuererklärung erfassten Datensätze zu Beteiligten werden folglich für die Bescheidprüfung bereits eingetragen. Eine Bearbeitung dieser Daten ist anschließend möglich, dabei können auch neue Beteiligte hinzugefügt werden.

Tabelle 40: Zuordnung Steuerbescheide zu Steuererklärungen (Ertragsteuern)

Steuerbescheid	Steuererklärung für Quellverweis
KSt, SolZ, Zinsen und Nebenleistungen	Körperschaftsteuererklärung
Mitteilung Organergebnis (Organgesellschaft KSt)	
Gesonderte Feststellung des verbleibenden Verlustabzugs KSt	
Gesonderte Feststellung des Einlagekontos (§ 27 Abs. 2 KStG)	Erklärung zur gesonderten Feststellung des Einlagekontos
Gesonderte und einheitliche Feststellung von Besteuerungsgrundlagen	Gesonderte und einheitliche Feststellung der Besteuerungsgrundlagen
Gewerbesteuermessbetrag Veranlagung	Gewerbesteuererklärung
Gesonderte Feststellung des vortragsfähigen Gewerbeverlustes	
Mitteilung Organergebnis (Organgesellschaft GewSt)	

In der Liste in Abbildung 19 sind darüber hinaus Steuerbescheide enthalten, denen keine Steuererklärung vorausgeht. In diesem Fall sind reine Erfassungsfelder für die relevanten Bewegungsdaten definiert. Zum aktuellen Stand gehören hierzu die Vorauszahlungsbescheide, die Bescheide für Grundbesitzabgaben und Kammerbeiträge, die Gewerbesteuerbescheide bei Zerlegung sowie einzelne Feststellungsbescheide. Ziel ist es, für diese Bescheide ebenfalls Quellen zu definieren. Im Zusammenhang mit Vorauszahlungsbescheiden wird hierfür eine eigene Vorauszahlungsplanung benötigt. Die Grundbesitzabgaben und Kammerbeiträge können zukünftig aus dem dafür vorgesehenen Modul GAIS (Grundbesitzabgaben Informationssystem) verwendet werden. Eine Zerlegungsberechnung für die Gewerbesteuer wird bereits in einem eigenen Modul durchgeführt, sodass eine Verknüpfung hierzu definiert werden kann.

4.1.5 Anwendung im Rahmen des Compliance Prozesses

Nachdem in Kapitel 4.1.4 die technischen Grundlagen zur Verwaltung der Erfassungsformulare (Templates) gezeigt wurden und die Bewegungsdaten zu jedem Prozessschritt einschließlich der Verknüpfungen definiert wurden, beschreibt dieses Kapitel die Anwendung der jeweiligen Module im Rahmen des Compliance Prozesses. Jedes Modul unterstützt dabei einen Prozessschritt, sodass die Module in der Reihenfolge des Compliance Prozesses gezeigt werden. Dabei werden das Vorgehen für jeden Arbeitsschritt sowie die im Modul hinterlegten Funktionen und Auswertungen erläutert.

Der im Informationssystem abgebildete Prozess beginnt mit der Steuerrechnung. Aufgrund der aktuellen Funktionsverteilung gibt es zwei verschiedene Prozessabläufe zur Steuerrechnung. Zum einen werden die Steuerrechnungen für Organgesellschaften im Rechnungswesen erstellt. In diesem Fall sind die Steuerrechnungsdaten zur Plausibilitätsprüfung in das Informationssystem zu übernehmen, dies geschieht über das Modul Tax Computation Import (siehe Kapitel 4.1.5.1). Anschließend können die Steuerrechnungen im Modul Tax Computation angelegt und bearbeitet werden (siehe Kapitel 4.1.5.2). Zum anderen werden die Steuerrechnungen für Stand Alone Gesellschaften in der Steuerabteilung erstellt. In diesem Fall wird der Importvorgang übersprungen und die Steuerrechnungen werden im Modul Tax Computation durchgeführt. Die Dateneingabe erfolgt dabei manuell durch den Steuerreferenten.

Der zweite Prozessschritt umfasst die Erstellung der Steuererklärungen. Dabei sind die Daten mit der Steuerrechnung abzugleichen und innerhalb des Organkreises abzustimmen. Dieser Prozess wird durch das Modul Tax Declaration unterstützt (siehe Kapitel 4.1.5.3).

Als dritter Prozessschritt sind die aufgrund der eingereichten Steuererklärungen erlassenen Steuerbescheide zu prüfen und ggf. Rechtsbehelfe einzulegen. Dieser Vorgang wird durch das Modul Tax Assessment abgebildet (siehe Kapitel 4.1.5.4)

4.1.5.1 Modul Import Steuerrechnung (Tax Computation Import)

Das Import-Modul zur Steuerrechnung ist anzuwenden, wenn die Steuerrechnungen im Rechnungswesen erstellt werden. Mit Hilfe dieses Moduls können die Steuerrechnungsdaten automatisch ausgelesen und in der Datenbank des Informationssystems gespeichert werden. Der Import ist von einem Sachbearbeiter aus der Steuerabteilung für alle Gesellschaften durchzuführen. Die Daten der Steuerrechnung des Rechnungswesens zu allen dort verarbeiteten Gesellschaften sind in diesem Fall in einer Excel-Tabelle zusammengefasst. Aus dieser Excel-Tabelle sind nur bestimmte Werte in das Steuerinformationssystem zu übernehmen, daher sind diese benötigten Daten in einer separaten Spalte gekennzeichnet. Das Modul umfasst für diesen Prozess zwei Funktionen, zum einen das automatische Erstellen einer Maske für den Import und zum anderen das Importieren der Bewegungsdaten anhand einer solchen zuvor definierten Maske.

Abbildung 20: Übersicht Funktionen Tax Computation Import

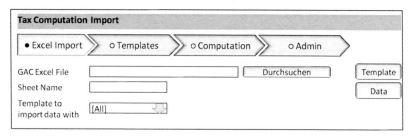

Die Funktion Template (siehe Abbildung 20) analysiert die angegebene Excel-Tabelle und erstellt aus den gekennzeichneten Feldern eine Formularmaske. Diese ist unter Angabe eines Namens zu speichern und kann anschließend für den Importvorgang verwendet werden. Die zugrundeliegende Tabelle muss bestimmten Kriterien entsprechen, sodass eine automatische Analyse sowie ein späterer Importvorgang durchgeführt werden kann. Der Aufbau ist dabei in Tabelle 41 dargestellt.

Tabelle 41: Struktur einer Excel-Tabelle für den Importvorgang

	Gesellschaft 1	Gesellschaft 2	Gesellschaft 3
[Entity]	CompanyCode1	CompanyCode2	CompanyCode3
[Feld 1]	Wert11	Wert12	Wert13
[Feld 2]	Wert21	Wert22	Wert23
	Wert	Wert	Wert
[Feld 3]	Wert31	Wert32	Wert33
[Feld 4]	Wert41	Wert42	Wert43

Die erste Spalte von Tabelle 41 enthält die Informationen für das zu erstellende Formular, welches letztendlich aus den dort eingetragenen Feldern besteht. Die Bezeichnung Entity ist für dieses Modul erforderlich und somit zwingend einzufügen. Die weiteren Feldbezeichnungen sind frei wählbar.[367] Ist eine Importmaske erstellt, kann diese nach-

---

[367] Es ist jedoch darauf zu achten, dass sämtliche Bezeichnungen in der ersten Spalte in eckigen Klammern stehen. Dies ist aus technischen Gründen für die automatische Erkennung von Markern erforderlich.

träglich im Menü `Templates` noch bearbeitet werden. Der Aufbau des Formulars entspricht dabei den Grundlagen aus Kapitel 4.1.5.1, sodass auch eine manuelle Anpassung möglich ist, z. B. um einzelne Felder zu löschen oder hinzuzufügen. Es ist zu beachten, dass bei Änderungen im Steuerrecht die zugrundeliegende Steuerrechnung des Rechnungswesens angepasst wird. Diese Anpassungen sind auch in der Maske für den Importvorgang nachzuvollziehen. Hierfür ist ein neues `Template` zu erstellen.

Die Funktion `Data` (siehe Abbildung 20) führt den Import der Bewegungsdaten aus. Hierzu sind die Excel-Datei und das relevante Tabellenblatt anzugeben, aus dem die Daten geladen werden sollen, sowie das zu verwendende Formular auszuwählen. Beim Data-Prozess wird für jede in der Tabelle enthaltene Gesellschaft ein Datensatz in der Datenbank angelegt, der die zuvor definierten Felder einschließlich Werte enthält. Hierfür wird das Feld `Entity` verwendet, über welches die enthaltenen Gesellschaften erkannt werden. Ist in dieser Zeile ein vierstelliger Company-Code eingetragen (siehe Markierung Tabelle 41), so werden für diese Gesellschaft die in dieser Spalte enthaltenen Werte in das Formular eingefügt und als Datensatz gespeichert. Offensichtlich werden dabei nur solche Werte importiert, die im Formular vorgesehen sind und die analog eine Markierung in der ersten Spalte aufweisen. Werte, Zwischensummen oder Berechnungsergebnisse, die keine Bezeichnung in der ersten Spalte aufweisen, werden folglich nicht importiert. Die auf diese Weise erzeugten Datensätze pro Gesellschaft werden angezeigt, bevor sie gespeichert werden können. Im Menü `Computations` sind alle vorhandenen Datensätze je Gesellschaft einzusehen. In diesem Bereich ist auch eine nachträgliche Bearbeitung der Datensätze möglich.

Weiterhin kann eine Datei mehrfach importiert werden, z. B. für den Fall, dass sich einzelne Werte geändert haben. Werden die gleichen Basisdaten (Gesellschaft, Jahr) ausgewählt, so werden die neuen Steuerrechnungsdaten als Version 2 gekennzeichnet. Für die weitere Verarbeitung ist somit erkennbar, dass es sich um einen aktualisierten Datensatz handelt. Wird von einem anderen Modul auf diese Datensätze zugegriffen, wird automatisch der aktuellste Datensatz verwendet.

4.1.5.2 Modul Steuerrechnung (Tax Computation)

4.1.5.2.1 Anlegen einer Steuerrechnung und Werterfassung

Wie bereits erwähnt, gibt es für die Durchführung der Steuerrechnung verschiedene Prozessabläufe. In Abhängigkeit des Prozesses liegt die Verantwortung zum Anlegen der Steuerrechnungen im Informationssystem bei verschiedenen Personen. Bei Durchführung der Steuerrechnung in der Steuerabteilung wird diese durch den für die jeweilige Gesellschaft zuständigen Steuerreferenten erstellt. Die Steuerrechnung wird mit Hilfe des Informationssystems vorgenommen, sodass auch das Anlegen der Steuerrechnung in die Zuständigkeit des jeweiligen Steuerreferenten fällt. Wird die Steuerrechnung bereits im Rechnungswesen erstellt und ist von der Steuerabteilung zu plausibilisieren, so ist das Anlegen sämtlicher Steuerrechnungen als zentrale Funktion durch einen hierfür bestimmten steuerlichen Sachbearbeiter in der Steuerabteilung durchzuführen.

Abbildung 21: Auswahlmenü Computations

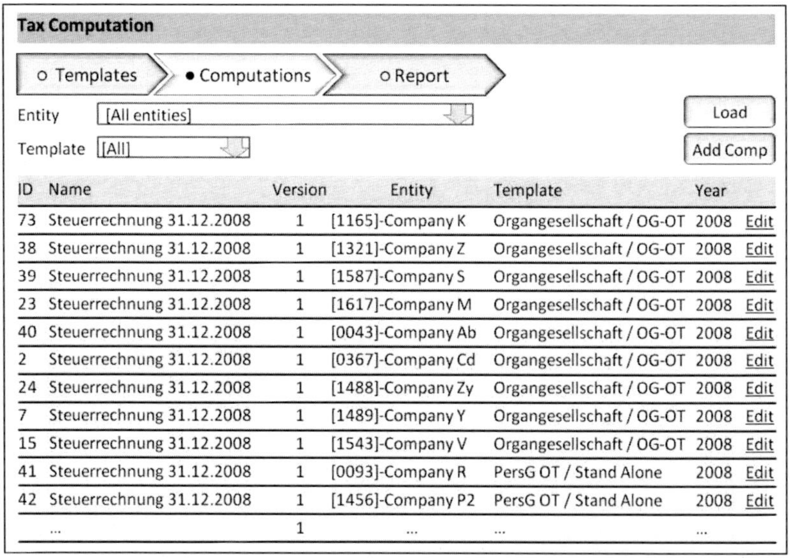

Tax Computation					
o Templates	• Computations	o Report			
Entity	[All entities]				Load
Template	[All]				Add Comp
ID	Name	Version	Entity	Template	Year
73	Steuerrechnung 31.12.2008	1	[1165]-Company K	Organgesellschaft / OG-OT	2008 Edit
38	Steuerrechnung 31.12.2008	1	[1321]-Company Z	Organgesellschaft / OG-OT	2008 Edit
39	Steuerrechnung 31.12.2008	1	[1587]-Company S	Organgesellschaft / OG-OT	2008 Edit
23	Steuerrechnung 31.12.2008	1	[1617]-Company M	Organgesellschaft / OG-OT	2008 Edit
40	Steuerrechnung 31.12.2008	1	[0043]-Company Ab	Organgesellschaft / OG-OT	2008 Edit
2	Steuerrechnung 31.12.2008	1	[0367]-Company Cd	Organgesellschaft / OG-OT	2008 Edit
24	Steuerrechnung 31.12.2008	1	[1488]-Company Zy	Organgesellschaft / OG-OT	2008 Edit
7	Steuerrechnung 31.12.2008	1	[1489]-Company Y	Organgesellschaft / OG-OT	2008 Edit
15	Steuerrechnung 31.12.2008	1	[1543]-Company V	Organgesellschaft / OG-OT	2008 Edit
41	Steuerrechnung 31.12.2008	1	[0093]-Company R	PersG OT / Stand Alone	2008 Edit
42	Steuerrechnung 31.12.2008	1	[1456]-Company P2	PersG OT / Stand Alone	2008 Edit
...		1	...	...	...

Das Anlegen und Bearbeiten einer Steuerrechnung erfolgt im Menü Computations. In der Ausgangsansicht können die vorhandenen Steuerrechnungen angezeigt werden. Dabei ist eine Selektion nach bestimmten Kriterien möglich, z. B. nach Gesellschaft oder Formular (siehe Abbildung 21).

Für jede Gesellschaft ist für jedes Jahr mindestens eine Steuerrechnung anzulegen. Damit die hierzu erfassten Bewegungsdaten eindeutig aus der Datenbank verwertet werden können, sind beim Anlegen einer Steuerrechnung die Schlüsselinformationen zu erfassen. In diesem Bereich sind die in Tabelle 42 definierten Felder enthalten.

Tabelle 42: Schlüsselfelder einer Steuerrechnung

Feld	Beschreibung
Entity	Gesellschaft
Template	Steuerrechnungsformular
Name	Bezeichung der Steuerrechnung
Year	Jahr der Steuerrechnung
Purpose	Zweck der Steuerrechnung, z. B. Jahresabschluss, Planung oder Simulation
Final Version	Markieren der endgültigen Version durch Ankreuzen
Comment	Kommentarfeld

Im Bereich dieser Daten sind die Gesellschaft und das Jahr auszuwählen, für die eine Steuerrechnung erstellt werden soll. Weiterhin muss das entsprechende Formular[368] der Steuerrechnung ausgewählt werden, die sich aus der Rechtsform der Gesellschaft und ihrer Eigenschaft im Organkreis ergibt. Diese Informationen sind den Stammdaten zu entnehmen. Als zusätzliche Information ist der Zweck der Steuerrechnung auszuwählen. Eine Steuerrechnung wird grundsätzlich im Rahmen des Jahresabschlusses erstellt (annual statement), kann aber auch für die Steuervorauszahlungsplanung (planning) oder für Simulationszwecke (simulation) erstellt werden. Für jeden dieser verschiedenen Anlässe sind pro Jahr mehrere Versionen möglich, auch im Jahresabschluss können sich noch Änderungen zum ersten Entwurf ergeben. Für die weitere Berechnung im Organkreis ist die endgültige Jahresabschlussversion heranzuziehen. Daher ist diese Version mit dem Vermerk Final zu versehen. Anhand dieser Basisdaten wird eine Steuerrechnung mit dem entsprechenden Formular erstellt.

---

[368] Siehe Kapitel 4.1.4.2.1.

Entsprechend den zuvor beschriebenen Prozessabläufen stehen für die Eintragung der Bewegungsdaten zwei Möglichkeiten zur Verfügung, die manuelle Erfassung oder ein automatischer Import. Ist die Steuerrechnung von der Steuerabteilung zu erstellen, werden die Werte manuell durch den für diese Gesellschaft zuständigen Steuerreferenten in das Formular eingetragen. Bei der Werterfassung sind die Hilfstexte zu den einzelnen Feldern zu beachten, z. B. sind dort die Vorzeichenregeln zur Erfassung des Wertes für dieses Feld erläutert. Im Sinne dieser Vorzeichenregeln ist sowohl der Zinsaufwand als auch der Zinsertrag für die Zinsschrankenberechnung mit positivem Vorzeichen zu erfassen. Für manche Wertefelder sind sowohl positive als auch negative Vorzeichen zulässig, z. B. bei der Eintragung der Abweichungen zwischen Handelsbilanz und Steuerbilanz. Hierbei ist es relevant, ob der Wert der Steuerbilanz höher oder niedriger als in der Handelsbilanz ausfällt und ob es sich um eine Position der Aktiv- oder Passivseite handelt. Aus diesen Kombinationen lässt sich ableiten, ob der Gewinn der Steuerbilanz höher oder niedriger ist im Vergleich zur Handelsbilanz. Sind steuerrechtlich höhere Abschreibungen zulässig, ist das Anlagevermögen der Steuerbilanz niedriger bewertet, sodass der Gewinn der Steuerbilanz ebenfalls niedriger ausfällt. Die entsprechende Anpassung zum handelsbilanziellen Gewinn ist folglich mit einem negativen Vorzeichen zu erfassen. Welche Differenzen dabei mit welchem Vorzeichen zu erfassen sind, ist in den Hilfstexten zu diesen Feldern beschrieben. Weiterhin ist darauf zu achten, dass zu bestimmten Bewegungsdaten nur ein bestimmter Anteil steuerlich zu berücksichtigen ist. In diesem Fall sind dennoch die vollen Beträge einzutragen, da der in der Steuerrechnung zu berücksichtigende Anteil automatisch über eine Berechnungsformel ermittelt wird. Hierzu gehören z. B. die Bewirtungskosten als nicht abzugsfähige Betriebsausgaben. Ebenso im Rahmen steuerfreier Dividenden werden die pauschal nicht abzugsfähigen Betriebsausgaben i. H. v. 5 % automatisch berechnet. Gleiches gilt für die Hinzurechnung der Finanzierungskosten im Rahmen der Gewerbesteuer, dabei werden sowohl der Anteil der Finanzierungskosten aus z. B. Leasing als auch der hinzuzurechnende Anteil der Kosten über eine Berechnungsformel ermittelt. Aus den auf diese Weise erfassten Bewegungsdaten wird im System die entsprechende Steuerlast berechnet.

Wird die Steuerrechnung hingegen vom Rechnungswesen erstellt, so sind die Bewegungsdaten zu jeder Gesellschaft bereits im Import-Modul vorhanden.[369] Um die Werte in das Erfassungsformular zu laden, ist lediglich der entsprechende Datensatz aus dem

---

[369] Der Import der Daten hat folglich vorab zu erfolgen, siehe hierzu Kapitel 4.1.5.1.

Importmodul in dem dafür vorgesehenen Schnittstellenfeld auszuwählen und eine Aktualisierung der Daten vorzunehmen. Diese Aufgabe ist im Rahmen des Anlegens der Steuerrechnungen vorzunehmen, sodass hierfür der gleiche Sachbearbeiter zuständig ist. Der Datensatz ist mit der Gesellschaftsnummer, dem Import-Formular und einer laufenden Nummer gekennzeichnet (siehe Abbildung 22).

Abbildung 22: Auswahl des Import-Datensatzes einer Steuerrechnung

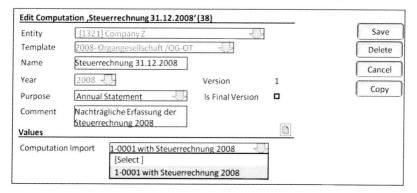

Der auf diese Weise erzeugte Datensatz enthält bereits die Anpassungen an den steuerbilanziellen Gewinn sowie die darüber hinaus erforderlichen steuerlichen Modifikationen. Dies liegt an der aktuellen Funktionsverteilung im Konzern, bei der das Rechnungswesen die Steuerrechnung für bestimmte Gesellschaften übernimmt. Bei einer geänderten Funktionsverteilung ist es jedoch denkbar, auf diese Weise die relevanten Bewegungsdaten aus der Finanzbuchhaltung zu übernehmen, um darauf aufbauend die steuerbilanziellen Korrekturen und steuerlichen Modifikationen vorzunehmen.

Insgesamt werden durch den Import lediglich die sonst zu erfassenden Bewegungsdaten in das Formular geladen. Die Verarbeitung dieser Daten in Form einer Steuerberechnung erfolgt erst im Rahmen des Formulars. Die Daten und Berechnungsergebnisse können anschließend gespeichert werden. Darüber hinaus ist über das Erfassungsformular eine Bearbeitung der Daten möglich. Hier können die importierten Werte überschrieben werden bzw. fehlende Werte ergänzt werden. Dies ist zum aktuellen Stand notwendig, um den durchschnittlichen Hebesatz für die Berechnung der Gewerbesteuer einzutragen.

Des Weiteren sind neben den Bewegungsdaten jeder Gesellschaft die automatischen Organkreisverknüpfungen im Steuerrechnungsformular enthalten, sodass sichergestellt werden muss, dass für jede Gesellschaft im Organkreis eine Steuerrechnung angelegt ist, um eine vollständige Organkreisberechnung zu erhalten. Welche Gesellschaft für das entsprechende Jahr zum Organkreis gehört, ist aus den Stammdaten auszuwerten. Eine solche Vollständigkeitsprüfung ist im Rahmen des Anlegens und des Imports der Steuerrechnungsdaten vorzunehmen. Deshalb ist auch dies eine zentrale Funktion, die durch den zuvor genannten Sachbearbeiter zu erfüllen ist.

4.1.5.2.2 Auswertungen

Die Auswertungen zu den Steuerrechnungen sind unter Reports aufzurufen. Zum aktuellen Stand ist ein Status Report verfügbar, der unter Angabe eines Jahres geladen werden kann. In dieser Auswertung werden alle für das angegebene Jahr gültigen Gesellschaften aufgelistet und der Stand der Steuerrechnung abgebildet (siehe Abbildung 23).

Abbildung 23: Ausschnitt aus dem Status-Report zur Steuerrechnung

ID	Name	Version	Entity	Is Final	Template
38	Steuerrechnung 31.12.2008	1	[1165]-Company K	☐	Organgesellschaft / OG-OT
39	Steuerrechnung 31.12.2008	1	[1321]-Company Z	■	Organgesellschaft / OG-OT
23	Steuerrechnung 31.12.2008	1	[1587]-Company S	■	Organgesellschaft / OG-OT
40	Steuerrechnung 31.12.2008	1	[1617]-Company M	■	Organgesellschaft / OG-OT
	- not covered-	0	[0378]-Company Ad	☐	-
2	Steuerrechnung 31.12.2008	1	[0367]-Company Cd	☐	Organgesellschaft / OG-OT
	- not covered-	0	[1206]-Company W	☐	-
24	Steuerrechnung 31.12.2008	1	[1488]-Company Zy	☐	Organgesellschaft / OG-OT
7	Steuerrechnung 31.12.2008	1	[1489]-Company Y	■	Organgesellschaft / OG-OT
15	Steuerrechnung 31.12.2008	1	[1543]-Company V	☐	Organgesellschaft / OG-OT
41	Steuerrechnung 31.12.2008	1	[0093]-Company R	☐	PersG OT / Stand Alone
42	Steuerrechnung 31.12.2008	1	[1456]-Company P2	☐	PersG OT / Stand Alone
...			...		...

Zu jeder Gesellschaft wird angezeigt, ob eine Steuerrechnung im System vorhanden ist, sodass sich daraus die Gesellschaften identifizieren lassen, für die noch keine Steuerrechnung angelegt wurde. Zusätzlich wird zu den vorhandenen Steuerrechnungen angezeigt, welches Formular verwendet wurde und ob es sich um eine finale Version handelt. Diese Information ist für die Organkreisberechnung erforderlich, da nur diese Versionen einbezogen werden und über diese Auswertung die fehlenden Gesellschaften identifiziert werden können.

Eine Auswertung im weiteren Sinne kann aus dem Erfassungsformular generiert werden. Hier besteht die Möglichkeit, die erfassten Bewegungsdaten einer Gesellschaft in eine Excel-Tabelle zu exportieren. Eine solche Übersicht kann zu Dokumentationszwecken einer bestimmten Version gespeichert oder ausgedruckt werden.

4.1.5.3 Modul Steuererklärung (`Tax Declaration`)

4.1.5.3.1 Anlegen und Freigeben einer Steuererklärung

Eine Steuererklärung ist durch den Sachbearbeiter zu erstellen und durch den Referatsleiter zu prüfen und freizugeben, bevor diese an die Gesellschaft und das Finanzamt weitergeleitet wird. Dieser Prozess wird gemeinsam mit der Erfassung der Bewegungsdaten in diesem Modul abgebildet. Das Hauptmenü hierzu ist im Bereich `Declarations` enthalten. Hier können neue Erklärungen angelegt sowie bereits vorhandene Erklärungen eingesehen und bearbeitet werden. Für jede erstellte Steuererklärung einer Gesellschaft ist ein entsprechender Datensatz im Steuerinformationssystem anzulegen. Beim Anlegen einer neuen Steuererklärung sind die in Tabelle 43 aufgeführten Basisdaten zu erfassen.

Als Schlüsselfelder zur Identifikation der Datensätze werden die Gesellschaft, das Jahr und die Art der Erklärung herangezogen. Für jede Gesellschaft sind für jedes Jahr verschiedene Steuererklärungen zu erfassen, sodass die Erklärungsart als eindeutiges Kriterium zur Unterscheidung der Datensätze enthalten sein muss. Bei der Angabe des Jahres ist darauf zu achten, ob die Erklärung für ein Wirtschaftsjahr oder zu einem Stichtag abgegeben wird. Zusätzlich ist das relevante Formular zur Erfassung der Bewegungsdaten zu wählen und eine Bezeichnung für die Erklärung zu vergeben. Darüber hinaus ist ein Status für den Freigabe-Prozess auszuwählen. Das System ist grundsätzlich so aufgebaut, dass in der Statusauswahl für jeden Prozessschritt nur die zu diesem Zeitpunkt relevanten Stati zur Verfügung stehen. Bei Anlage der Erklärung kann lediglich ein Entwurf-Status gewählt werden (Draft). Eine Ausnahme hierzu gilt, wenn die Erklärung extern erstellt wird und die Aufnahme in das Steuerinformationssystem nur noch der Erfassung der Bewegungsdaten und Dokumentationszwecken dient. In diesem Fall erhält die Erklärung sofort den Status zur Freigabe (Approved).

Tabelle 43: Basisdaten einer Steuererklärung

Feld	Beschreibung
Name	Bezeichnung der Erklärung
Template	zu verwendendes Formular für Bewegungsdaten
Fiscal Year / Key Date	Jahr oder Stichtag der Erklärung
Entity	Gesellschaft
Declaration Type	Art der Steuererklärung
Status	Status für Freigabe-Prozess (Draft, To be approved, Approved, Refused, Submitted)
Ext. Declaration , set approved	Markierung umgeht den Freigabe-Prozess und setzt die Erklärung sofort auf Status Approved, z. B. wenn Erklärung extern erstellt wird.
Comment	Kommentarfeld

Nachdem eine Steuererklärung mit den entsprechenden Basisdaten angelegt wurde, können die in Kapitel 4.1.4.2.2 definierten Bewegungsdaten erfasst werden. Zur Übernahme der Werte aus der Steuerrechnung ist der relevante Steuerrechnungsdatensatz auszuwählen. Entsprechende Organkreisverknüpfungen werden automatisch ermittelt und angezeigt. Die abweichenden Werte der Steuererklärung sind manuell zu erfassen. Sind alle Daten der Steuererklärung erfasst, wird der Freigabe-Prozess gestartet. Die Freigabe der Steuererklärung ist über die Auswahl des entsprechenden Status anzufordern (to be approved). Eine Ansicht der Bearbeitungsmaske ist in Abbildung 24 dargestellt. In der Abbildung 24 ist sowohl das Auswahlfeld für die relevante Steuerrechnung als auch die Status-Auswahl zum Anfordern der Freigabe enthalten.

Abbildung 24: Ansicht der Bearbeitungsmaske einer Steuererklärung

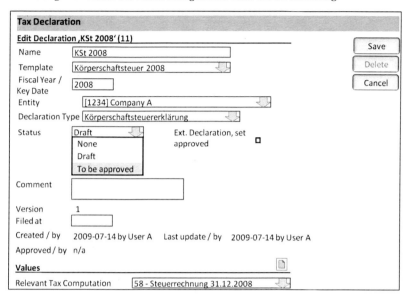

Wird der Status To be Approved gesetzt, wird automatisch eine Benachrichtigung mit der entsprechenden Anforderung an den Referatsleiter versendet. Ein Verweis auf den relevanten Datensatz im System ist in der Benachrichtigung enthalten. Gleichzeitig erhält der Referatsleiter die ausgefüllten Erklärungsvordrucke, sodass die vollständigen Daten vorliegen. Nach Prüfung der Erklärung hat der Referatsleiter die Daten freizugeben oder mit Änderungsvermerken abzulehnen. Dies geschieht erneut über die Auswahl des entsprechenden Status (Approved, Refused). Durch Speichern der Daten mit einem entsprechend neuen Status wird eine Benachrichtigung an den zuständigen Sachbearbeiter der Gesellschaft versendet.[370] Wurden Änderungsvermerke mitgeteilt, so ist der Prozess zur Freigabe zu wiederholen, bis die Freigabe erfolgt (Approved). Ist der Status Approved, ist die Steuererklärung an die Gesellschaft und das Finanzamt weiterzuleiten. Die Abgabe der Erklärung ist daraufhin im System zu dokumentierten, sodass der Vorgang abgeschlossen ist. Hierzu sind die Dokumente der Steuererklärung als Datei dem Bewegungsdatensatz anzuhängen und das Datum der Abgabe der Erklärung beim Finanzamt einzutragen. Es können mehrere Dokumente je Datensatz hochgeladen werden, erforderlich ist mindestens ein Dokument, da das Datum der Abgabe erst er-

---

[370] Hierbei wird auf die in den Stammdaten hinterlegten Zuständigkeiten zurückgegriffen, siehe Kapitel 4.1.3.1.3.

fasst werden kann, wenn eine Datei angehängt wurde. Der Status kann daraufhin auf `Submitted` gesetzt werden (siehe Abbildung 25).

Abbildung 25: Angaben zur Dokumentation der Abgabe einer Steuererklärung

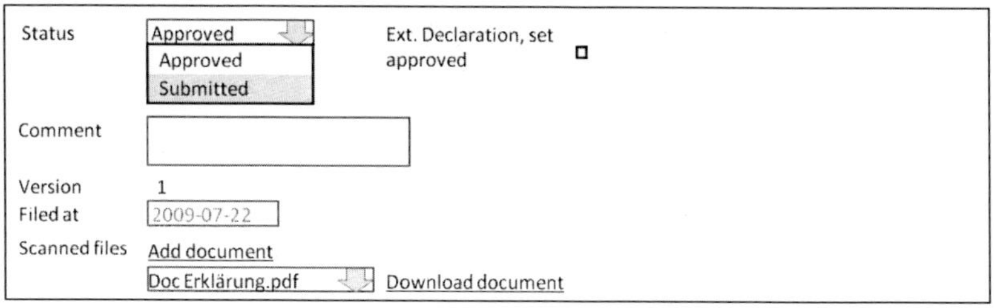

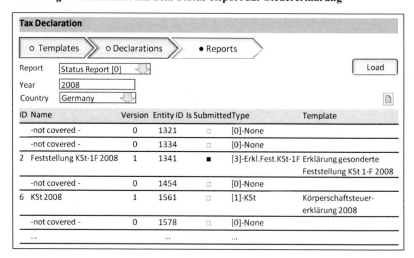

4.1.5.3.2 Auswertungen

Das Ziel der Erfassung der Bewegungsdaten zu den Steuererklärungen ist wie in Kapitel 4.1.4.2.2 erwähnt die Dokumentation zum Compliance Prozess sowie die Abstimmung der Werte im Vergleich zur Steuerrechnung und im Rahmen des Organkreises. Im Bereich `Reports` stehen deshalb zu den Steuererklärungen verschiedene Auswertungen zur Verfügung.

Abbildung 26: Ausschnitt aus dem Status-Report zur Steuererklärung

ID	Name	Version	Entity ID	Is Submitted	Type	Template
	-not covered -	0	1321	□	[0]-None	
	-not covered -	0	1334	□	[0]-None	
2	Feststellung KSt-1F 2008	1	1341	■	[3]-Erkl.Fest.KSt-1F	Erklärung gesonderte Feststellung KSt 1-F 2008
	-not covered -	0	1454	□	[0]-None	
6	KSt 2008	1	1561	□	[1]-KSt	Körperschaftsteuer-erklärung 2008
	-not covered -	0	1578	□	[0]-None	
	...		...		...	

Zum aktuellen Stand sind dies ein Status-Report, eine Abweichungsanalyse sowie eine Abstimmung zum Organkreis für die Körperschaftsteuer und für die Gewerbesteuer. Der Status-Report enthält eine Übersicht der im System vorhandenen Steuererklärungen für ein zuvor ausgewähltes Jahr (siehe Abbildung 26). Hierfür werden zu diesem Jahr alle gültigen Gesellschaften aus den Stammdaten ausgewertet und in der Liste zum Status-Report angezeigt. Zu jeder dieser Gesellschaften werden die vorhandenen Erklärungen angezeigt mit der Information, ob es sich dabei um eine abgeschlossene Erklärung handelt (Submitted). Hieraus lässt sich nun erkennen, welche Erklärungen in Bearbeitung sind, welche beim Finanzamt eingereicht sind und für welche Gesellschaften noch keine Erklärung erstellt wurde.

Die Abweichungsanalyse dient der Gegenüberstellung der Werte aus der Steuerrechnung und der Steuererklärung, um die Entwicklung der Bewegungsdaten aufzuzeigen und zu dokumentieren. Die Auswertung erfolgt jeweils für eine Gesellschaft, ein Jahr und eine Steuererklärung (siehe Abbildung 27). Nach Auswahl dieser Kriterien werden für die gewählte Art der Steuererklärung die relevanten Felder mit den erfassten Bewegungsdaten der Steuerrechnung und der Steuererklärung aufgezeigt und ggf. eine Differenz der Werte ausgewiesen. Die auftretenden Abweichungen sind durch den für diese Gesellschaft zuständigen Steuerreferenten dahingehend zu analysieren, woher sie stammen und ob sie plausibel sind. Sind die Werte in der Steuererklärung tatsächlich abweichend, ist die Differenz zu kommentieren und zu begründen. Ist die Differenz aufgrund einer falschen Eingabe in der Steuererklärung entstanden, so ist die Steuererklärung entsprechend zu korrigieren. Die für diese Auswertung relevanten Felder beinhalten die Felder der Steuererklärung, die auf eine Quelle in der Steuerrechnung verweisen und für die ein abweichender Wert erfasst werden kann, d. h. für die die Funktion Custom Value aktiviert ist.

Abbildung 27 zeigt ein Beispiel einer Abweichungsanalyse der Gesellschaft 1341 für das Veranlagungsjahr 2008 im Rahmen der Gewerbesteuer. In dem gezeigten Beispiel sind für die Felder „Gewinn Gewerbebetrieb nach EStG/KStG" und „Summe Hinzurechnungen" Werte erfasst. Für beide Felder stimmt der Wert in der Steuerrechnung mit dem Wert in der Steuererklärung überein, sodass die Differenzen jeweils 0 sind. Eine nähere Analyse ist in diesem Fall nicht durchzuführen.

Abbildung 27: Beispiel einer Abweichungsanalyse zur Steuererklärung

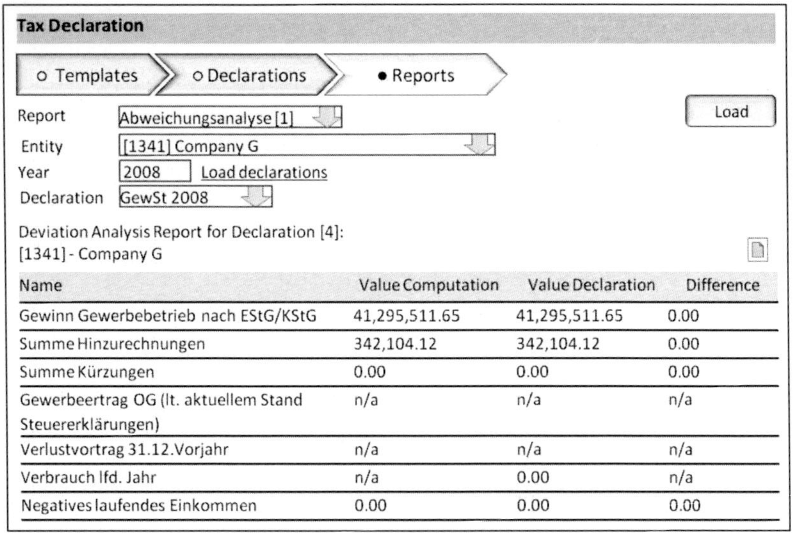

Name	Value Computation	Value Declaration	Difference
Gewinn Gewerbebetrieb nach EStG/KStG	41,295,511.65	41,295,511.65	0.00
Summe Hinzurechnungen	342,104.12	342,104.12	0.00
Summe Kürzungen	0.00	0.00	0.00
Gewerbeertrag OG (lt. aktuellem Stand Steuererklärungen)	n/a	n/a	n/a
Verlustvortrag 31.12.Vorjahr	n/a	n/a	n/a
Verbrauch lfd. Jahr	n/a	0.00	n/a
Negatives laufendes Einkommen	0.00	0.00	0.00

Eine weitere Auswertung dient zur Abstimmung der Organkreisergebnisse. Diese Aufgabe wird durch den für die Organträgergesellschaft zuständigen Steuerreferenten erfüllt. In der Steuererklärung der Organträgergesellschaft ist die Summe der Ergebnisse der Organgesellschaften enthalten. Gleichzeitig sind in den Steuererklärungen der Organgesellschaften die entsprechenden Werte ausgewiesen. Hierbei müssen die Gewinnabführungen bzw. Verlustübernahmen bei den Organgesellschaften dem Betrag beim Organträger entsprechen. Deshalb ist die Zusammensetzung des Ergebnisses beim Organträger mit den jeweiligen Ergebnissen auf Ebene der Organgesellschaften abzugleichen. Im Fall von Abweichungen sind diese mit Hilfe der Daten aus dem Rechnungswesen näher zu analysieren und die ggf. falsch gebuchten Werte zu korrigieren bzw. die Bewegungsdaten in den Steuererklärungen anzupassen. Im Ergebnis müssen die Werte beim Organträger mit den Werten der Organgesellschaften übereinstimmen.

Eine Abstimmung erfolgt dabei im Rahmen der Körperschaftsteuer und im Rahmen der Gewerbesteuer. Die Auswertung liefert nach Angabe einer Organträgergesellschaft und eines Jahres eine Aufstellung der für den Abgleich benötigten Werte der Organgesellschaften (siehe Abbildung 28). Die relevanten Organgesellschaften werden anhand des ausgewählten Jahres aus den Stammdaten zusammengestellt. Anschließend werden die für diese Gesellschaften in der entsprechenden Steuererklärung erfassten Bewegungsdaten angezeigt. Für die Körperschaftsteuer gehören hierzu die gebuchten Beträge der Gewinnabführung oder Verlustübernahme und das verbleibende Einkommen vor und nach Korrekturbeträgen, das dem Organträger zugerechnet wird, sowie die jeweils berücksichtigten Korrekturbeträge nach § 15 KStG. Zusätzlich werden zur Abstimmung der Zinsschrankenberechnung die bei der Organgesellschaft anfallenden Zinsaufwendungen, Zinserträge und Abschreibungen aufgeführt. Für die Gewerbesteuer sind der Gewerbeertrag vor und nach Korrekturbeträgen sowie die Korrekturbeträge zu § 15 KStG in der Auswertung enthalten.

Abbildung 28: Beispiel einer Abstimmung Organkreis Körperschaftsteuer

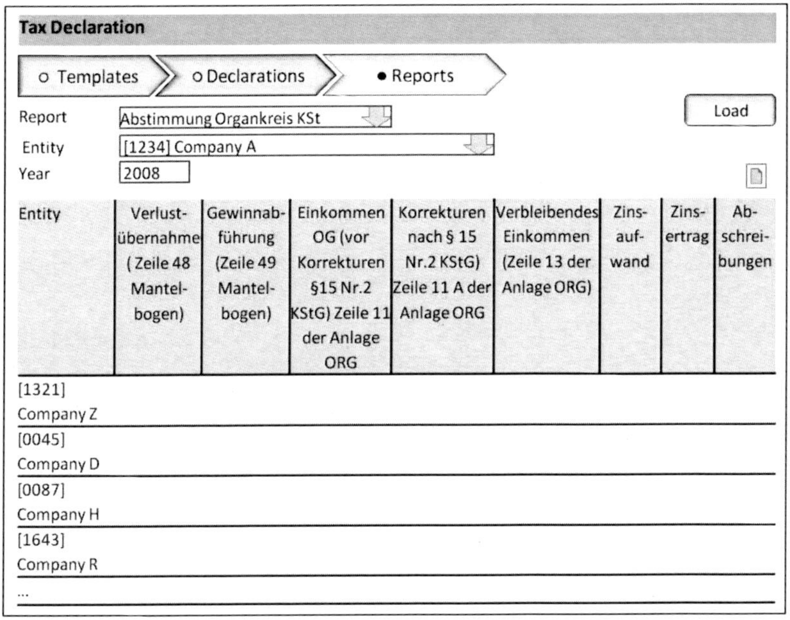

4.1.5.4 Modul Steuerbescheid und Rechtsbehelf (Tax Assessment)

4.1.5.4.1 Anlegen von Steuerbescheiden

Jeder eingehende Steuerbescheid ist zu Prüfungs- und Dokumentationszwecken in das Steuerinformationssystem aufzunehmen. Die Aufnahme in das System erfolgt durch das

Anlegen eines neuen Bescheids. Dieses Anlegen der Bescheide wird innerhalb der Steuerabteilung zentral durch einen hierfür bestimmten Sachbearbeiter erfüllt. Hierfür ist die Benutzerrolle Sekretariat definiert, durch die ein beschränkter Zugriff auf das System möglich ist.[371] Beim Anlegen eines Steuerbescheids wird jeder Bescheid als Dokument in der Datenbank hinterlegt, um über das Informationssystem aufrufbar zu sein. Ein gescannter Bescheid ist daher zuerst im Menü Scan des Systems hochzuladen. Zum Hochladen einer Datei ist diese Datei unter Durchsuchen auszuwählen und anschließend die Funktion Upload durchzuführen. Dabei können sowohl einzelne Bescheid-Dateien als auch mehrere Bescheid-Dateien in einem Zip-Ordner für den Upload ausgewählt werden. Im Fall eines Ordners werden die darin enthaltenen Bescheid-Dateien als einzelne Dokumente hochgeladen. Dabei erfolgt eine Prüfung des Datei-Formats und es werden nur Dateien geladen sofern es sich um pdf-Dateien handelt. Als Ergebnis des Upload-Vorgangs erscheint eine Liste der Bescheid-Dateien für die weitere Bearbeitung (siehe Abbildung 29). Die Bescheide dieser Liste erhalten den Status Open.

Abbildung 29: Menü Scan mit Bearbeitungsliste der Bescheide

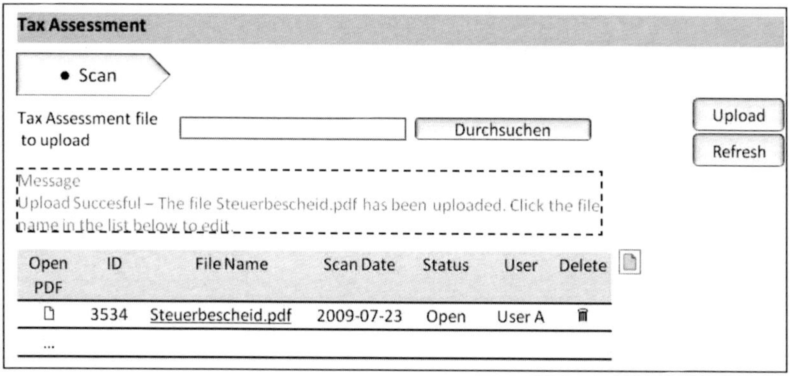

Zur weiteren Bearbeitung ist ein Bescheid aus der Liste auszuwählen und die grundlegenden Basisinformationen zu erfassen. Zu den Basisinformationen gehören z. B. die Gesellschaft, das Jahr, der Bescheidtyp sowie Angaben zur ausstellenden Behörde und das Bescheiddatum. Sobald ein Bescheid bearbeitet und die Basisinformationen erfasst wurden, wird dieser aus der Liste entfernt. Die Ansicht zeigt folglich einen aktuellen Bearbeitungsstand, d. h. alle Bescheide, für die noch die Basisinformationen zu erfassen sind. Tabelle 44 zeigt die erforderlichen Angaben zu einem Steuerbescheid.

---

[371] Siehe Kapitel 4.1.2.

Tabelle 44: Angaben zu einem Steuerbescheid

Feld	Beschreibung
Fiscal Year / Key Date	Veranlagungsjahr oder Stichtag
Type	Art des Steuerbescheids
Custom Key (optional)	Optionales zusätzliches Schlüsselfeld
Authority / Location	Ausstellende Behörde mit Angabe des Ortes
Tax Assessment Date	Datum des Steuerbescheids
Entity	Gesellschaft
Comments	Kommentarfeld

Im Rahmen der Basisinformationen ist zuerst das Veranlagungsjahr bzw. der Stichtag einzugeben, also der Zeitraum, auf den sich der Bescheid bezieht. Ein Steuerbescheid wird entweder für ein Veranlagungsjahr oder zu einem Stichtag erlassen, sodass nur das zutreffende Feld zu erfassen ist. Als nächstes ist der Bescheidtyp auszuwählen. Die Liste dieser Bescheidtypen ist an das zuvor eingetragene Jahr geknüpft und zeigt die in diesem Jahr gültigen Steuerbescheide. Nach Auswahl des entsprechenden Bescheids erfolgt im System eine Prüfung, ob zu diesem Bescheidtyp ein Custom Key[372] zu erfassen ist. Wenn dies der Fall ist, wird das entsprechende Feld für den zu diesem Bescheidtyp hinterlegten Parameter angezeigt. Die weiteren Felder enthalten das Datum des Steuerbescheids, die ausstellende Behörde mit Ortsangabe und die betroffene Gesellschaft. Die Gesellschaftsliste richtet sich wiederum nach dem Veranlagungsjahr für diesen Bescheid, damit auch hier eine zu diesem Zeitpunkt gültige Gesellschaft ausgewählt werden kann. Sind alle Daten erfasst, ist der Bescheid im System angelegt und steht für die Bescheidprüfung und Erfassung der Bewegungsdaten durch den zuständigen Steuerreferenten zur Verfügung.

Die Schlüsselfelder zur eindeutigen Identifikation eines Steuerbescheids beinhalten drei bzw. vier Angaben aus den o. g. Basisinformationen. Diese sind Gesellschaft, Jahr oder Stichtag, Bescheidtyp und ggf. der Custom Key. Die Kombination dieser Ausprägungen beschreibt genau einen Bescheid, z. B. Körperschaftsteuer 2006 für die Gesellschaft 2000. Es gibt jeweils nur einen aktuellen Bescheid mit diesen Merkmalen. Insgesamt sind jedoch mehrere Bescheide mit den gleichen Merkmalen denkbar, die jedoch ein

---

[372] Vgl. Kapitel 4.1.4.2.3.

abweichendes Erstellungsdatum aufweisen, z. B. aufgrund eines berichtigten Bescheids oder einer Korrektur nach einer Betriebsprüfung. Wird ein Steuerbescheid durch einen berichtigten Bescheid ersetzt oder ergeht ein korrigierter Bescheid, da sich durch die Betriebsprüfung rückwirkende Änderungen für das bereits festgesetzte Veranlagungsjahr ergeben haben, so stimmen die Merkmale für die Gesellschaft, den Bescheidtyp und das Jahr überein, z. B. Gesellschaft 2000, Körperschaftsteuer 2006. Die Bescheide in ihrer ursprünglichen sowie korrigierten Fassung werden anhand der Identifikationskriterien einander zugeordnet, sodass es im System nur einen aktuell gültigen Bescheid mit dieser Ausprägung gibt. Der neuere Bescheid überschreibt somit den älteren. Dies ist für weitere Auswertungen relevant. Das oben angesprochene Merkmal Custom Key dient dann zur zusätzlichen Unterscheidung, wenn die übrigen drei nicht ausreichen, z. B. im Rahmen einer Gewerbesteuererlegung. In diesem Fall erlässt jede Gemeinde einen Bescheid über den ihr zustehenden Anteil der Bemessungsgrundlage, das bedeutet die drei ersten Identifikationsmerkmale sind jeweils identisch, nämlich z. B. Gesellschaft 2000, Gewerbesteuerbescheid, 2006. Damit diese unterschiedlichen Bescheide sich nicht gegenseitig ersetzen, wird das vierte zusätzliche Merkmal benötigt, in diesem Fall die Gemeinde, auf die ein Anteil der Gewerbesteuer entfällt. Aus diesen Gründen ist das vierte Identifikationsmerkmal variabel und je Bescheidtyp definiert.[373]

4.1.5.4.2 Erfassen von Bewegungsdaten und Prüfung von Steuerbescheiden

Der nächste Schritt ist das Erfassen der Bewegungsdaten und gleichzeitig die Prüfung der Steuerbescheide.[374] Diese Aufgabe ist durch den für die jeweilige Gesellschaft zuständigen Steuerreferenten zu erfüllen. Der zu prüfende Bescheid ist im Menü Assessments auszuwählen und für die Bearbeitung zu öffnen. Aufgrund der Zuordnung gleicher Bescheide und Rechtsbehelfe zueinander gibt es hierfür ein Untermenü Overview, in dem die ggf. älteren Versionen sowie die aktuelle Version eines Bescheids aufgelistet sind und ggf. existierende Rechtsbehelfe angezeigt werden (siehe Abbildung 30).

---

[373] Vgl. Kapitel 4.1.4.2.3.
[374] Sind auf dem Dokument aus Kapitel 4.1.5.4.1 mehrere Bescheide enthalten, ist für jeden Steuerbescheid ein eigener Bewegungsdatensatz und Prüfungsergebnis zu erfassen. Hierzu können der in der Datenbank gespeicherten Datei weitere Bescheiddatensätze durch die Kopierfunktion hinzugefügt werden.

Abbildung 30: Menü Assessments mit Untermenü Overview

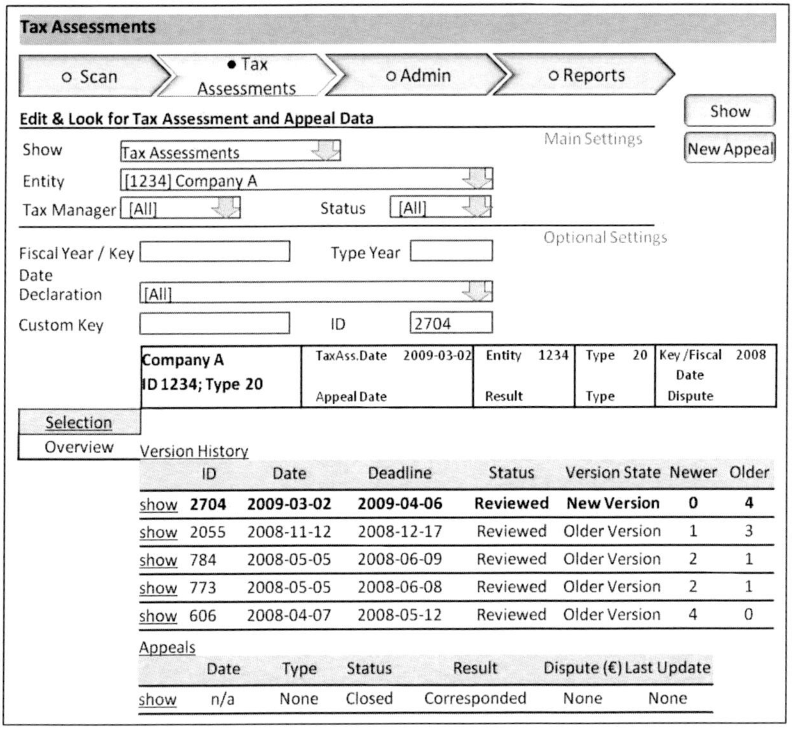

Tax Assessments			
o Scan	• Tax Assessments	o Admin	o Reports

Edit & Look for Tax Assessment and Appeal Data   [Show]

Show	Tax Assessments ⬎	Main Settings	[New Appeal]
Entity	[1234] Company A ⬎		
Tax Manager	[All] ⬎ Status [All] ⬎		

Fiscal Year / Key [ ]	Type Year [ ]	Optional Settings

Date
Declaration   [All] ⬎

Custom Key   [   ]   ID   [2704]

Company A ID 1234; Type 20	TaxAss.Date 2009-03-02 Appeal Date	Entity 1234 Result	Type 20 Type	Key /Fiscal 2008 Date Dispute

Selection
_____
Overview

Version History

	ID	Date	Deadline	Status	Version State	Newer	Older
show	2704	2009-03-02	2009-04-06	Reviewed	New Version	0	4
show	2055	2008-11-12	2008-12-17	Reviewed	Older Version	1	3
show	784	2008-05-05	2008-06-09	Reviewed	Older Version	2	1
show	773	2008-05-05	2008-06-08	Reviewed	Older Version	2	1
show	606	2008-04-07	2008-05-12	Reviewed	Older Version	4	0

Appeals

	Date	Type	Status	Result	Dispute (€)	Last Update
show	n/a	None	Closed	Corresponded	None	None

Der zu bearbeitende Bescheid ist aus dieser Liste zu öffnen. Im Rahmen der Prüfung dieses Bescheids sind die Werte im Bescheid mit den Werten der Erklärung abzugleichen. Hierfür ist die relevante Steuererklärung in dem dafür vorgesehenen Feld auszuwählen.[375] Daraufhin werden die Werte der Steuererklärung aus der Datenbank geladen und in das Erfassungsformular für den Steuerbescheid eingespielt. Diese erwarteten Werte sind anschließend mit dem vorliegenden Bescheid zu vergleichen. Stimmen die Werte überein ist keine zusätzliche Datenerfassung vorzunehmen. Weichen die Werte im Bescheid jedoch von den Steuererklärungswerten ab, sind die abweichenden Beträge in das Bescheid-Formular einzutragen, um die festgesetzten Werte zu dokumentieren und für weitere Auswertungen verfügbar zu machen. Eine Datenerfassung ist auch erforderlich, falls keine Werte aus der Steuererklärung vorgeschlagen werden. Auf Basis

---

[375] Für welche Bescheidarten und für welche Erfassungsfelder eine Verknüpfung zur Steuererklärung vorgesehen ist, ist dem Kapitel 4.1.4.2.3 zu entnehmen.

der vorliegenden Daten kann der Steuerreferent eine Beurteilung des Steuerbescheids vornehmen und zu einem Prüfungsergebnis gelangen.

Abbildung 31: Bescheidprüfung und Erfassen der Bewegungsdaten

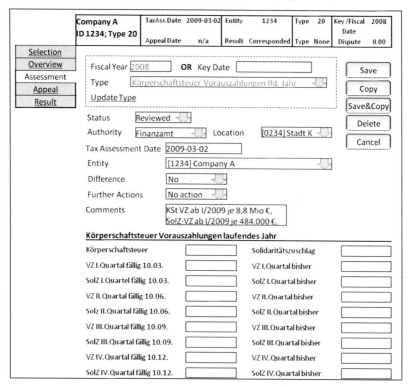

Neben der Erfassung der Bewegungsdaten ist eine Dokumentation des Prüfungsergebnisses vorzunehmen (siehe Abbildung 31). Das Ergebnis der Bescheidprüfung wird über zwei Angaben erfasst. Zum einen muss der Steuerreferent eintragen, ob der Steuerbescheid von der eingereichten Steuererklärung differiert. Dies erfolgt über eine einfache Auswahl Yes/No im Feld Differences. Zum anderen ist dann noch zu entscheiden, ob gegen diesen Bescheid ein Rechtsbehelfsverfahren eingeleitet werden soll. Auch dies geschieht über die einfache Auswahl No action/Further Action. Die Auswahl ist dabei unabhängig voneinander, d. h. ein Ergebnis schließt das andere nicht aus. Sollten Abweichungen zwischen dem Steuerbescheid und der Steuererklärung vorliegen, so kann trotzdem die Handlungsalternative No action gewählt werden. Ebenso kann die

Handlungsalternative `Further Action` auch dann zutreffen, wenn keine Differenzen zwischen Steuerbescheid und Erklärung vorliegen. Weitere Details oder Anmerkungen zum Prüfungsergebnis sind im Kommentarfeld einzutragen. Sind die Felder für das Ergebnis erfasst, wird der Status des Steuerbescheids automatisch von `open` auf `reviewed` gesetzt. Die Bescheidprüfung ist damit abgeschlossen. Ein sich daran anschließender Rechtsbehelf wird in Kapitel 4.1.5.4.4 erläutert.

4.1.5.4.3 Fristüberwachung und Erinnerungsfunktion

Eine weitere Funktion im Rahmen der Verwaltung von Steuerbescheiden ist die Überwachung der Rechtsbehelfsfrist. Zu jedem Steuerbescheid gibt es diese Frist, innerhalb derer ein Rechtsbehelf gegen den Bescheid eingelegt werden kann. Die erforderliche Information zur Berechnung der Rechtsbehelfsfrist ist das Datum des Steuerbescheids. Die Grundlage zur automatischen Ermittlung der Frist ist durch die Erfassung des Bescheiddatums bereits gegeben. Das System kann daraufhin automatisch das Ende der Rechtsbehelfsfrist ermitteln und überwachen. Die Frist beträgt einen Monat nach Bekanntgabe des Steuerbescheids, das bedeutet nach Erhalt des Bescheids. Für die Bekanntgabe wird vereinfacht angenommen, dass diese drei Tage nach Ausstellung des Bescheides erfolgt. Fällt das Ende der Rechtsbehelfsfrist auf einen Feiertag oder ein Wochenende, so gilt der nächste Werktag als Fristende. Die Berechnungslogik im Steuerinformationssystem addiert folglich zu dem erfassten Bescheiddatum drei Tage für die Zustellung und genau einen Monat für die Frist. Fällt das Fristende nach dieser Methode auf ein Wochenende, so wird automatisch der nächste Werktag ermittelt. Hinsichtlich der Feiertagsregelung wird für die Berechnung im System eine Vereinfachung vorgenommen, da die Feiertage bundesweit nicht einheitlich sind und der Aufwand für eine exakte Ermittlung nicht dem zusätzlichen Nutzen entsprechen würde. Das bedeutet, dass Feiertage ignoriert werden und das Fristende dadurch auch auf einen Feiertag fallen kann. Diese Vereinfachung ist jedoch unbedenklich, da die automatisch ermittelte Frist dadurch ggf. einen Tag zu früh endet, aber niemals zu spät. Bei Einhaltung des durch das Informationssystem angezeigten Fristendes wird eine Einhaltung der Rechtsbehelfsfrist immer gewährleistet. Die auf diese Weise berechnete Frist zur Prüfung des Bescheids wird in der Bescheidübersicht angezeigt.

Zur Sicherstellung der rechtzeitigen Prüfung der Steuerbescheide enthält das Informationssystem eine Erinnerungsfunktion. Die zuständigen Steuerreferenten werden zu bestimmten Zeiten vor Ablauf der Frist über eine Nachricht daran erinnert, dass ein bestimmter Bescheid bald rechtskräftig wird und noch nicht geprüft wurde. Hierfür werden täglich für alle Bescheide, die sich im Status Open befinden, die Anzahl der Tage zwischen aktuellem Datum und dem Datum für die Rechtsbehelfsfrist ermittelt. Insgesamt besteht die Erinnerungsfunktion aus zwei Stufen. Eine erste Nachricht an den zuständigen Steuerreferenten wird generiert, sobald die verbleibende Zeit zur Prüfung des Bescheids sieben Werktage beträgt. Eine zweite Nachricht wird generiert, sobald bis zum Ablauf der Frist nur noch drei Tage verbleiben. Diese zweite Nachricht wird sowohl an den Steuerreferenten als auch an den Referatsleiter versendet, um zu gewährleisten, dass der Bescheid nicht ungeprüft aufgrund einer Abwesenheit des Steuerreferenten bestandskräftig wird.

4.1.5.4.4 Anlegen und Bearbeiten von Rechtsbehelfen

Ein Rechtsbehelf wird direkt dem betroffenen Steuerbescheid hinzugefügt, sodass eine eindeutige Zuordnung möglich ist und sofort erkennbar ist, wenn zu einem Steuerbescheid ein Rechtsbehelf vorhanden ist. Das Anlegen und Bearbeiten eines Rechtsbehelfs erfolgt in dem dafür vorgesehenen Untermenü Appeal. Die Daten zur Gesellschaft, zum Bescheidtyp, zum Veranlagungsjahr sowie ggf. zum Custom Key werden automatisch übernommen, darüber hinaus sind die in Tabelle 45 enthaltenen Angaben zu machen.

Tabelle 45: Angaben zur Anlage eines Rechtsbehelfs

Feld	Beschreibung
Type	Art des Rechtsbehelfs
Appeal Date	Datum des Rechtsbehelfs
Facts of Case	Stichwort / Kurzbeschreibung zum Sachverhalt
Amount in Dispute	Streitwert
Chance of success	Erfolgswahrscheinlichkeit
Comment	Kommentarfeld
Suspension of Execution	Aussetzung der Vollziehung (ausgesetzter Betrag)

Im Rahmen der Bearbeitung eines Rechtsbehelfs ist auszuwählen, um welche Art des Rechtsbehelfs es sich handelt. Unter Rechtsbehelf sind Anträge auf Änderungen, Einsprüche und Klagen zusammengefasst. Im Verlauf eines Rechtsbehelfsverfahrens kann man verschiedene Arten durchlaufen, z. B. wenn der Einspruch beim Finanzamt abgelehnt wird kann in einem nächsten Schritt eine Klage eingereicht werden. Die Auswahl der Art des Rechtsbehelfs ermöglicht detaillierte Auswertungen, z. B. wie viele Einsprüche und wie viele Klagen in einem bestimmten Zeitraum eingereicht werden. Darüber hinaus ist zu einem Steuerbescheid mit Rechtsbehelf sofort erkennbar, um welche Art es sich handelt und ob auf einen Einspruch eine Klage gefolgt ist.

Abbildung 32: Bearbeitungsmaske im Untermenü `Appeal`

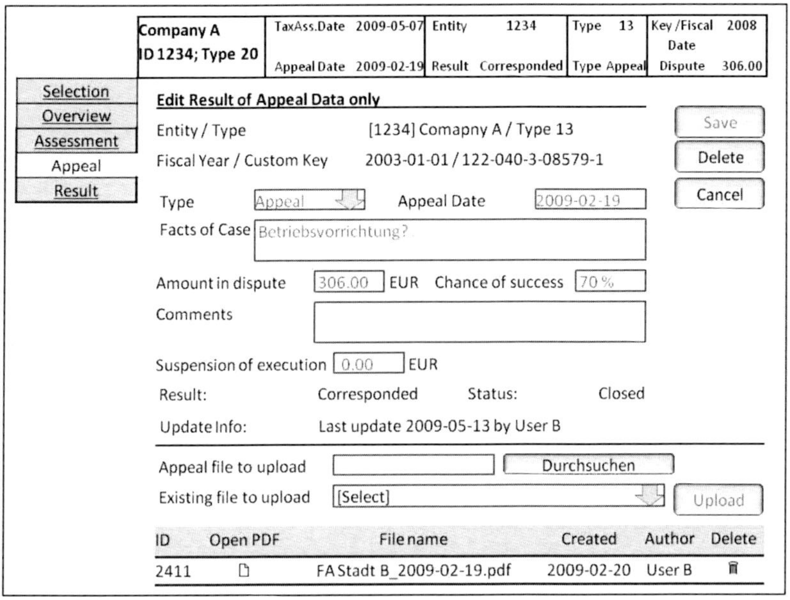

Zusätzlich sind das Datum des Rechtsbehelfs und eine kurze Beschreibung zum Sachverhalt zu erfassen. Der gesamte Sachverhalt ist dem angehängten Dokument zu entnehmen. Ist aufgrund des Rechtsbehelfs für einen bestimmten Betrag eine Aussetzung der Vollziehung beantragt, so ist dieser Betrag ebenfalls zu erfassen. Für weitere Zwecke und Auswertungen ist dem Verfahren ein Streitwert als Risikobetrag einzutragen. Dabei handelt es sich um den Steuerwert, um den es bei dem Rechtsbehelf geht. Aus dieser Information lässt sich ein Risiko-Reporting erstellen. Hierfür ist dieser Risikobetrag mit einer Eintrittswahrscheinlichkeit zu bewerten, d. h. die Chance auf Erfolg des Rechtsbehelfs muss durch den zuständigen Steuerreferenten beurteilt werden. Zum Abschluss sind die erforderlichen Dokumente, z. B. das Einspruchschreiben, in das Informationssystem hochzuladen, sodass die Details zum Sachverhalt einzusehen sind. Die Bearbeitungsmaske zu den oben genannten Angaben ist in Abbildung 32 dargestellt.

Ein neuer Rechtsbehelf bekommt den Status Open. Der weitere Verlauf eines Rechtsbehelfs wird im System über das Ergebnis und einen aktuellen Status abgebildet. Als Ergebnis zu einem Rechtsbehelf ist festzuhalten, ob diesem durch einen neuen Bescheid ganz oder teilweise entsprochen wurde, ob dem Rechtsbehelf nicht entsprochen wurde oder ob er zurückgenommen wurde. Nach Auswahl des entsprechenden Ergebnisses im Bereich Result wird der Rechtsbehelf abgeschlossen und erhält den Status Closed. Der Rechtsbehelf kann dabei endgültig abgeschlossen werden oder gleichzeitig ein neuer Rechtsbehelf eröffnet werden, z. B. für weitere Schritte einer nächsten Instanz.

4.1.5.4.5 Auswertungen

Im Menü Reports sind die für Steuerbescheide und Rechtsbehelfe relevanten Auswertungen hinterlegt. Hierzu gehören Abfragen der offenen Steuerbescheide, der laufenden Rechtsbehelfe, der Bescheide für die ein Rechtsbehelf angelegt wurde, sowie eine Abweichungsanalyse einzelner Bescheide. Die Auswertungen werden in der Systemoberfläche angezeigt; ein Export der Daten in eine Excel-Tabelle ist jedoch bei allen Abfragen möglich.

Die Abfrage Open Tax Assessments erstellt eine Liste aller Steuerbescheide, die im System den Status Open haben, d. h. noch nicht geprüft wurden (siehe Abbildung 33). Dabei wird zusätzlich das jeweilige Ende der Rechtsbehelfsfrist angezeigt. Um einen besseren Überblick des Bearbeitungsstandes der noch offenen Bescheide zu gewährleisten, werden diese nach der Rechtsbehelfsfrist sortiert.

Die Abfrage Open Appeals erstellt eine Übersicht der aktuell offenen Rechtsbehelfe (siehe Abbildung 34). Dabei werden neben der betroffenen Gesellschaft auch die Art und das Jahr des zugrundeliegenden Steuerbescheids angezeigt. Zusätzlich werden der Sachverhalt sowie der Streitwert ausgegeben, sodass diese Auswertung die Grundlage für einen Teil des Risiko-Reporting im Konzern liefert.

Abbildung 33: Auswertung Open Tax Assessments

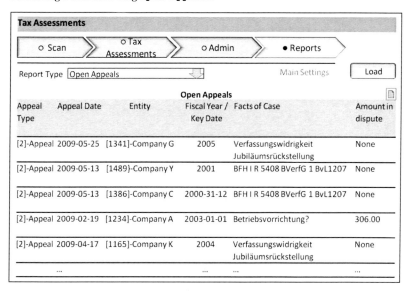

Tax Assessments

o Scan	o Tax Assessments	o Admin	• Reports

Report Type [Open Tax Assessments]   Main Settings   [Load]

Open Tax Assessments

ID	Entity	Fiscal Year / Key Date	Type	Tax Ass. Date	Deadline
3622	[1341] Company G	2003	KSt, SolZ, Zinsen u. Nebenleistungen	2009-07-03	2009-08-06
3623	[1341] Company G	2003	KSt nachträgliche Vorauszahlungen	2009-07-03	2009-08-06
3624	[1341] Company G	2003-12-31	Ges. Fest. gesonderter Verlustabzug	2009-07-03	2009-08-06
3542	[1234] Company A	2002	KSt, SolZ, Zinsen u. Nebenleistungen	2009-06-24	2009-07-29
3543	[1234] Company A	2002-12-31	Ges. Fest. von Best.-Grdl. KSt	2009-06-24	2009-07-29
3662	[1386] Company C	2004	KSt, SolZ, Zinsen u. Nebenleistungen	2009-07-21	2009-08-24
3663	[1386] Company C	2004-31-12	Ges. Fest. von Best.-Grdl. KSt	2009-07-21	2009-08-24
	...		...	...	...

Abbildung 34: Auswertung Open Appeals

Tax Assessments

o Scan	o Tax Assessments	o Admin	• Reports

Report Type [Open Appeals]   Main Settings   [Load]

Open Appeals

Appeal Type	Appeal Date	Entity	Fiscal Year / Key Date	Facts of Case	Amount in dispute
[2]-Appeal	2009-05-25	[1341]-Company G	2005	Verfassungswidrigkeit Jubiläumsrückstellung	None
[2]-Appeal	2009-05-13	[1489]-Company Y	2001	BFH I R 5408 BVerfG 1 BvL1207	None
[2]-Appeal	2009-05-13	[1386]-Company C	2000-31-12	BFH I R 5408 BVerfG 1 BvL1207	None
[2]-Appeal	2009-02-19	[1234]-Company A	2003-01-01	Betriebsvorrichtung?	306.00
[2]-Appeal	2009-04-17	[1165]-Company K	2004	Verfassungswidrigkeit Jubiläumsrückstellung	None
	...		...	...	...

Ein weiterer Management-Report ist die Ausgabe der Steuerbescheide, für die ein Rechtsbehelfsverfahren angelegt wurde (siehe Abbildung 35). Für die Auswertung werden laufende sowie abgeschlossene Rechtsbehelfe einbezogen, sofern in den Selektionskriterien keine andere Auswahl getroffen wird. Hier besteht die Möglichkeit, nur laufende Rechtsbehelfe oder nur abgeschlossene Rechtsbehelfe zu berücksichtigen.

Abbildung 35: Auswertung `Tax Assessments with Appeal`

Tax Assessments

○ Scan	○ Tax Assessments	○ Admin	● Reports

Report Type [Tax Assessments with Appeal ⌄]   Main Settings   [Load]

Appeal Status [None ⌄]

Tax Assessments with Appeal

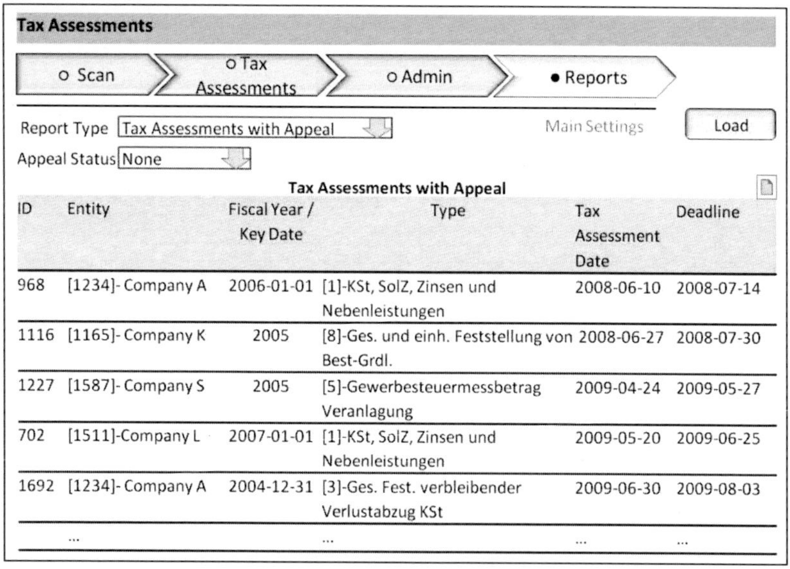

ID	Entity	Fiscal Year / Key Date	Type	Tax Assessment Date	Deadline
968	[1234]- Company A	2006-01-01	[1]-KSt, SolZ, Zinsen und Nebenleistungen	2008-06-10	2008-07-14
1116	[1165]- Company K	2005	[8]-Ges. und einh. Feststellung von Best-Grdl.	2008-06-27	2008-07-30
1227	[1587]- Company S	2005	[5]-Gewerbesteuermessbetrag Veranlagung	2009-04-24	2009-05-27
702	[1511]-Company L	2007-01-01	[1]-KSt, SolZ, Zinsen und Nebenleistungen	2009-05-20	2009-06-25
1692	[1234]- Company A	2004-12-31	[3]-Ges. Fest. verbleibender Verlustabzug KSt	2009-06-30	2009-08-03
...		...		...	...

Wie in Kapitel 4.1.4.2.3 erläutert, können für einen Teil der Steuerbescheide[376] die zu erfassenden Bewegungsdaten aus den Daten der Steuererklärungen als Vorschlagwerte geladen werden. In diesen Fällen ist auch außerhalb der Erfassungsmasken zu den Steuerbescheiden eine Gegenüberstellung der Werte der Steuererklärung und der Werte der Steuerbescheide zur Durchführung einer Abweichungsanalyse möglich. Eine entsprechende Auswertung `Deviation Analysis` liefert die Bewegungsdaten der Steuererklärung und des Steuerbescheids und ermittelt ggf. die Differenz aus beiden Werten. Dabei werden vergleichbar zur Abweichungsanalyse in der Steuererklärung nur die Felder aufgenommen, die einen Verweis auf das Modul Steuererklärung haben und für die die Funktion `Custom Value` aktiviert ist. Die Auswertung bezieht sich jeweils auf einen einzelnen Steuerbescheid, sodass nach Auswahl einer Gesellschaft und eines Jahres ein hierzu vorhandener Steuerbescheid auszuwählen ist (siehe Abbildung 36). Die hier aufgezeigten Differenzen sind im Rahmen der Bescheidprüfung zu analysieren und

---

[376] Vgl. Tabelle 24.

durch den zuständigen Steuerreferenten zu kommentieren bzw. zu begründen. Ggf. ist daraufhin ein Rechtsbehelfsverfahren einzuleiten.

Abbildung 36: Auswahlmenü für eine Abweichungsanalyse

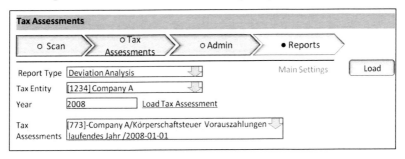

4.2 Konzept zur Einbindung von Steuerplanungsaufgaben in das Informationssystem

Durch die Abbildung der Compliance Aufgaben und der Erfassung der steuerlichen Bewegungsdaten ist die Grundlage für ein weiterführendes, steuerplanerisches System geschaffen. Die Steuerplanung baut grundsätzlich auf den gleichen Datensätzen auf, sodass das zuvor beschriebene System bereits Ansätze zur nationalen Steuerplanung bietet. Die Datengrundlage zur Steuerplanung ist jedoch um zukünftige Steuerbelastungen zu erweitern, sodass als erstes die Fortschreibung der bestehenden, laufenden Steuerberechnung vorzunehmen ist (siehe hierzu auch Kapitel 3.3.3.3). Darauf aufbauend können Simulationsrechnungen durchgeführt werden, um die Wirkung steuergestalterischer Maßnahmen abzubilden. Für eine umfassende Steuerplanung sind darüber hinaus die Steuerpositionen zu überwachen und Ansätze zur Steuergestaltung aus den Daten des Systems abzuleiten. Abschließend ist die Steuerberechnung auf den gesamten Konzern auszuweiten, sodass eine internationale Steuerplanung und Steueroptimierung möglich ist.

4.2.1 Bestimmung der Steuerbelastung für einen Planungszeitraum und Simulationsrechnungen

Zur Ermittlung der Konzernsteuerbelastung ist ein entsprechendes Modell zur Berechnung der Steuerlast zu verwenden. Die Anforderungen an ein solches Modell wurden in Kapitel 3.3 bereits dargestellt. Für die nationalen Konzerngesellschaften dient das bereits im Rahmen der Steuerrechnung umgesetzte Modell der detaillierten Berechnung der Steuerbelastung. Als Ausgangspunkt für die Steuerplanung ist in den vorhandenen Steuerrechnungen der Ist-Zustand der einzelnen Gesellschaften abgebildet. Hierfür werden als Basis die Daten aus dem Rechnungswesen verwendet. Im Einzelnen sind dies die Daten der Gewinn- und Verlustrechnungen und die Daten der Jahresabschlussbilanzen. In den bestehenden Steuerrechnungen sind die Überleitungen und Modifikationen vom handelsrechtlichen Ergebnis zum steuerlichen Einkommen bereits enthalten (siehe Abschnitt 4.1.4.2.1). Diese Anpassungen wurden entweder durch das Rechnungswesen zur Verfügung gestellt oder sind durch die Steuerabteilung vorgenommen worden.

Aus der Zusammensetzung der aktuellen Steuerlast ist für Zwecke der Steuerbelastungsplanung die Entwicklung dieser Steuerlast zu prognostizieren. Hierfür ist der Planungszeitraum zu bestimmen, für den die Steuerlast bestimmt werden soll. Die Grundlage für die Steuerbelastung bildet die allgemeine Unternehmensplanung, sodass der im Konzern verwendete Planungszeitraum von z. B. 3-5 Jahren auch für steuerliche Zwecke übernommen werden sollte.[377] Ein größerer Planungszeitraum ist insofern auch nicht sinnvoll, da eine Vorhersage sowohl der operativen Entwicklung als auch des steuerlichen Umfelds dafür nicht verlässlich ist.

Der Prognosebedarf zur Ermittlung der zukünftigen Steuerbelastung setzt sich aus nichtsteuerlichen Daten und steuerlichen Daten zusammen.[378] Bei den steuerlichen Daten handelt es sich vor allem um die im Planungszeitraum geltenden Steuersätze und steuerlichen Vorschriften, für die bereits bekannte oder absehbare Änderungen in die Planungsrechnung einfließen sollten. Wesentlich bedeutender sind die nichtsteuerlichen Daten in Form der zu erwartenden Unternehmensergebnisse, ohne die eine steuerliche Belastungsplanung nicht vorgenommen werden kann. Als Datenbasis ist daher auf die Ergebnisplanung aus dem Controlling zurückzugreifen. Dies zeigt, dass ein Austausch

---

[377] Siehe hierzu Storz, P., Steuerplanung, 1984, S. 70; Daumann, R., Prognoseproblematik, 1991, S. 50.
[378] Vgl. Daumann, R., Prognoseproblematik, 1991, S. 55; Henselmann, K., Erfolgsmessung, 1994, S. 104 ff.

an Informationen zwischen den Abteilungen erforderlich ist, welcher die Kommunikations- und Weisungsbeziehungen aus dem organisatorischen Aufbau der Zentralabteilungen verdeutlicht. Für eine steuerliche Belastungsplanung sind neben den Planergebnissen der einzelnen Gesellschaften weitere Informationen zur Abbildung der Steuerlast notwendig, die sich aus spezifischen steuerrechtlichen Vorschriften ergeben und in der Regel zu den Daten des Rechnungswesens gehören. Im Idealfall berücksichtigt die Planungsrechnung aus dem Controlling diese steuerlichen Anforderungen, sodass alle erforderlichen Informationen verfügbar sind. Eine Einbindung der Planungsrechnung in das Informationssystem erleichtert dabei die Kommunikation und den Informationsaustausch. Hierzu ist lediglich eine Verknüpfung verschiedener Arbeitsbereiche herzustellen, sodass Daten des Controllingbereichs für Anwendungen der Steuerabteilung zur Verfügung stehen. Die Voraussetzungen hierfür sind durch eine gemeinsame Datenbank und Einbindung des Systems in das Konzernintranet bereits gegeben.

Zur Berechnung der Steuerlast ist, wie bereits im Rahmen der laufenden Steuerrechnung gezeigt, das Ergebnis der Steuerbilanz zugrundezulegen. Die Planungsrechnung ist jedoch an der Handelsbilanz orientiert, weshalb zusätzliche steuerliche Positionen aufzunehmen sind, um eine Überleitung zum Steuerbilanzergebnis vorzunehmen. Im Gegensatz zur laufenden Steuerrechnung für Compliance Zwecke sind dabei jedoch die Detailanforderungen an eine Plan-Steuerrechnung deutlich geringer ausgeprägt. Die Abbildung des Steuerbilanzergebnisses erfolgt über das operative Ergebnis, das Finanzergebnis und einen Posten zur Abbildung der Abweichungen zwischen Handelsbilanz und Steuerbilanz. Für die weitere Berechnung der steuerlichen Bemessungsgrundlage sind Positionen wie z. B. steuerfreie Einkünfte, nicht abzugsfähige Betriebsausgaben usw. aufzunehmen. Soll aus dem Steueraufwand auch eine Konzernsteuerquote ermittelt werden, sind zusätzlich latente Steuerpositionen zu planen. Die Berechnung ist für jede Gesellschaft für den festgelegten Planungszeitraum durchzuführen.

Die zu erfassenden Daten sind der Planungsrechnung des Controllings zu entnehmen. Im Rahmen der Ergebnisplanung ist sicherzustellen, dass das operative Planergebnis den einzelnen Gesellschaften zugewiesen wird. Bei einer Kombination aus bottom-up und top-down Planung ist ein möglicherweise geplantes Mehrergebnis auf die einzelnen Gesellschaften zu verteilen.[379] Ebenso ist das Finanzergebnis so zu planen, dass es jeder Gesellschaft zugerechnet werden kann. Die weiteren benötigten Informationen sind spe-

---

[379] Vgl. Risse, R., Steuercontrolling, 2010, S. 136 f.

ziell für steuerliche Zwecke in die Planungsrechnung zu integrieren. In der Regel erfolgt jedoch keine Berücksichtigung der steuerlichen Modifikationen im Rahmen der Ergebnisplanung, sodass diese fehlenden Informationen durch die jeweiligen Gesellschaften oder die Steuerabteilung zu prognostizieren sind. Hierfür kann ein in Tabelle 46 aufgezeigtes Formular verwendet werden, das in das Informationssystem eingebunden wird.

Tabelle 46: Formular zur Abfrage von Steuerplanungsdaten

	Jahr 1	Jahr 2	Jahr 3
Operatives Ergebnis			
Finanzergebnis			
= Ergebnis vor Steuern			
Überleitung zur Steuerbilanz			
= Steuerbilanzergebnis			
Steuerfreie Einkünfte			
Nicht abzugsfähige Betriebsausgaben			
Sonstige steuerliche Modifikationen			
= Einkommen vor Verlustabzug			
Verlustabzug			
= zu versteuerndes Einkommen			
Steuersatz			
= tatsächliche Steuerbelastung			
Latenter Steueraufwand/-ertrag			
= gesamter Steueraufwand			
Konzernsteuerquote (gesamter Steueraufwand / Ergebnis vor Steuern)			

In dieses Formular sind in einem ersten Schritt die vorhandenen Werte der Ergebnis- und Finanzplanung einzuspielen, sodass das operative Ergebnis und das Finanzergebnis bereits eingetragen sind. Die Prognose der zusätzlichen steuerlichen Werte kann auf den Vorjahreszahlen aufgebaut werden und ggf. in Abhängigkeit der Entwicklung der Ergebniszahlen fortgeführt werden.[380] Für die Überleitung zur Steuerbilanz sind z. B. die Vorjahreswerte oder ein entsprechendes Verhältnis zum Ergebnis vor Steuern zu ver-

---

[380] Vgl. Krahmer, E., Konzernanalyse, 1998, S. 16 f.; siehe auch Risse, R., Steuercontrolling, 2010, S. 137

wenden. Für die weiteren Modifikationen kann hierzu vergleichbar anhand der vergangenen Jahre ein Verhältnis zwischen dem Steuerbilanzergebnis und den steuerfreien Einnahmen bzw. den nicht abzugsfähigen Betriebsausgaben hergeleitet werden, das auf die Planzahlen übertragen werden kann. Diese Prognose bildet die Grundlage für die Berechnung der zukünftigen Steuerbelastungen. Das gezeigte Formular kann bereits Formeln zur Berechnung der Zwischenergebnisse sowie der Steuerlast enthalten. Aufgrund dieses vereinfachten Schemas ist ein kombinierter Ertragsteuersatz zu verwenden. Insbesondere kann der Steuersatz variabel sein, sodass hier bereits Steuersatzänderungen berücksichtigt werden können. Abschließend ist die latente Steuerposition aus der Überleitung zur Steuerbilanz abzuleiten, um eine Berechnung der Konzernsteuerquote zu ermöglichen.

Die Aufgabe der Steuerabteilung oder der Steuerverantwortlichen der Gesellschaften besteht darin, diese Entwicklung aus den Vorjahreszahlen zu prüfen und bereits absehbare Ereignisse separat zu erfassen, sodass Einmaleffekte aus z. B. einer außerordentlichen Dividendenzahlung erfasst sind. Diese Änderungen können über das Informationssystem direkt in das Formular eingetragen werden. Das gezeigte Schema stellt eine stark vereinfachte Berechnung der zukünftigen Steuerlast dar. Entsprechend der individuellen Zielsetzung eines Konzerns kann dieses Formular um detaillierte Ausprägungen der enthaltenen Kategorien erweitert werden, bis hin zu einer in Kapitel 4.1.4.2.1 dargestellten ausführlichen Steuerrechnung. Der Aufwand einer Fortschreibung der vollständigen Steuerrechnung ist dabei jedoch relativ hoch, sodass der hierdurch erzeugte Mehrwert zu berücksichtigen ist.[381] Darüber hinaus handelt es sich lediglich um die Entwicklung von Vorjahreswerten, wodurch bei Verwendung der ausführlichen Steuerrechnung auch eine Scheingenauigkeit entstehen kann. Zur Verbesserung der Planung ist die einfache Methodik der Weiterentwicklung von Vorjahreswerten aufzugeben, da diese nur eine vage Prognose widerspiegelt.

Für eine ausführlichere mehrperiodische Belastungsplanung sind neben dem Ergebnis- und Finanzplan die weiteren betrieblichen Pläne in Form eines Bilanzplans, Gewinnverwendungsplans, Abschreibungsplans sowie Investitionsplans hinzuzuziehen.[382] Der Abschreibungsplan enthält den Anlagenplan mit den vorhandenen Sachanlagen. Über die ursprünglichen Anschaffungskosten, den Buchwert, die Abschreibungsdauer sowie

---

[381] Vgl. hierzu Daumann, R., Prognoseproblematik, 1991, S. 181.
[382] Vgl. Heinhold, M., Steuerplanung, 1979, S. 71. Siehe auch Daumann, R., Prognoseproblematik, 1991, S. 168 ff.

den Zeitpunkt der Anschaffung lässt sich der jeweilige Abschreibungsaufwand für jede Periode genau bestimmen. Zusätzlich sind daraus Informationen zu möglichen Ersatzinvestitionen abzuleiten, die ebenfalls in die Prognosedaten einfließen können. Darüber hinaus wird der Ausschüttungsplan benötigt, um die aus Dividendenzahlungen entstehenden Steuern zu berücksichtigen. Solche Pläne werden in der Finanzabteilung zur Bestimmung des cash flow-Bedarfs für die laufende Periode bereits erstellt. Darauf aufbauend ist eine Ausschüttungsplanung für die Planperioden denkbar. Ein weiterer wichtiger Bestandteil für das Management der Konzernsteuerquote sind die latenten Steuern. Da diese auf den Differenzen zwischen Handelsbilanz und Steuerbilanz basieren, ist die Aufstellung von Plan-Steuerbilanzen sinnvoll. Die Ergebnisauswirkungen aufgrund der Abweichungen von Handelsbilanz zu Steuerbilanz sind für die Berechnung der Steuerlast bereits relevant, sodass bei Vorhandensein von Steuerbilanzen für den Prognosezeitraum auch eine direkte Anknüpfung an das Steuerbilanzergebnis möglich ist. Je ausführlicher die zugrundliegenden Unternehmenspläne fortgeschrieben werden, desto eher bietet es sich an, eine detaillierte Steuerberechnung für Planungszwecke zu verwenden, da die erforderlichen Einzelpositionen den prognostizierten Plänen entnommen werden können.

Eine solche mehrjährige Prognose ist jedes Jahr zu aktualisieren und um eine zusätzliche Periode zu erweitern, sodass ein gleichbleibender Prognosezeitraum entsteht. Durch einen Abgleich mit den tatsächlich verwirklichten Werten im ersten Jahr der Planung können Korrekturen für die weiteren Jahre vorgenommen werden, die diese neuen und verbesserten Erkenntnisse abbilden. Insgesamt durchlaufen die verschiedenen Perioden somit mehrere Korrekturen.[383] Diese Plan-Anpassungen sind sowohl für die Ergebnisplanung als auch für die steuerlichen Daten vorzunehmen.

Wie sich aus dem gezeigten Formular ergibt, kann die Konzernsteuerquote direkt für jedes Plan-Jahr berechnet werden. Darüber hinaus sollte auch der Steuerbarwert als Belastungsmaß der Steuerplanung berechnet werden. Die Steuerzahlungen der einzelnen Plan-Jahre sind ebenfalls in der Prognose enthalten, so dass hieraus der Steuerbarwert für den Planungszeitraum ermittelt werden kann.

Als Ergebnis dieser steuerlichen Prognose für einen Planungszeitraum liegen für jede Gesellschaft die Steuerbelastungen und ihre Zusammensetzung für mehrere Jahre vor.

---

[383] Vgl. Daumann, R., Prognoseproblematik, 1991, S. 53.

Auf dieser Datenbasis können nun verschiedene Szenarien simuliert werden. Dies ist erforderlich, damit die steuerlichen Auswirkungen unternehmerischer Entscheidungen oder geplanter Steuergestaltungsmaßnahmen im Vorfeld bestimmt werden können und diese Information in die Entscheidung einfließen kann. Als Grundlage dient sowohl die Steuerberechnung des Konzerns für Variationen in der aktuellen Periode als auch die steuerliche Planungsrechnung für die Abbildung von Variationen im Planungszeitraum. Über entsprechende Änderungen der Daten lassen sich die verschiedenen Entscheidungssituationen simulieren und die daraus resultierende Steuerlast berechnen. Zur Durchführung einer solchen Simulationsrechnung sind Kopien der vorhandenen Datensätze anzulegen, die entsprechend bearbeitet werden können ohne das tatsächliche Unternehmensmodell zu verändern. Durch Kopieren des gesamten Unternehmensmodells bleiben die Verknüpfungen zwischen den verschiedenen Gesellschaften erhalten und Änderungen in der Steuerbelastung einer Gesellschaft zeigen sich sofort in der Gesamtbelastung des Konzerns. Dabei gibt es verschiedene Ansatzpunkte für eine Belastungssimulation. Zum einen kann es sich bei der Simulation um die Veränderung finanzwirtschaftlicher Daten handeln, zum anderen sind aber auch strukturelle Variationen durchführbar.

Bei der Variation finanzwirtschaftlicher Daten ist die Möglichkeit zur Veränderung dieser Daten vorzusehen. Grundsätzlich sind diese Finanzdaten als Bewegungsdaten in der Steuerrechnung enthalten und können dort direkt abgeändert werden. Allerdings sind in dem Unternehmensmodell auch ökonomische Daten hinterlegt, die z. B. in die Berechnungslogik einfließen. Für Simulationsrechnungen ist daher eine Eingabemaske zu schaffen, in der hinterlegte Daten wie z. B. Steuersätze oder Zinssätze verändert werden können. Darüber hinaus sollte auch die Möglichkeit bestehen, die in das Belastungsmodell einfließenden Teilpläne der Unternehmung zu bearbeiten, sodass hierdurch ebenfalls Auswirkungen veränderter Prognosewerte auf die Steuerbelastung aufgezeigt werden können. Über den gesamtübergreifenden Finanzplan lassen sich für steuerliche Gestaltungen z. B. Gewinnverlagerungen, Finanzierungsentscheidungen und Ausschüttungen abbilden. Ebenso kann der zugrundeliegende Abschreibungsplan hinsichtlich der verwendeten Methode oder der Abschreibungsdauer variiert werden. Bevor eine solche Maßnahme durchgeführt wird, kann somit die Auswirkung auf die Gesamtsteuerbelastung bestimmt werden.

Bei einer Veränderung der Konzernstruktur können sich ebenfalls Auswirkungen auf die Steuerbelastung ergeben, daher ist vor der Durchführung von Umstrukturierungen oder Unternehmensverkäufen ebenfalls sinnvoll, diese vorab im Rahmen der Simulation durchzuführen. Solche aperiodischen Vorgänge sind sehr komplex und lassen sich nicht vollständig durch das vorliegende Modell darstellen. Allerdings ist es möglich, bestimmte Strukturen über die Stammdaten nachzubilden. Z. B. können Gesellschaften aus dem Konzernverbund oder lediglich aus einem Organkreis herausgenommen werden. Aufgrund der im System hinterlegten Verknüpfungen zu den Stammdaten und der automatischen Organkreisberechnung können die Auswirkungen von Änderungen bei einer Gesellschaft auf den gesamten Organkreis ermittelt werden. Hierüber kann die Gesamtsteuerbelastung verschiedener Organkreisstrukturen verglichen werden, z. B. ob eine Gesellschaft in den Organkreis aufgenommen werden soll oder nicht. Für Simulationen der Konzernstruktur ist jedoch ein Modell der Steuerrechnung zu verwenden, das die entsprechenden Verknüpfungen zur Ergebnisabführung enthält. Bei einem simulierten Verkauf einer Gesellschaft sind darüber hinaus der entsprechende Verkaufserlös sowie möglicherweise aufzudeckende stille Reserven manuell in der entsprechenden Steuerrechnung der Verkäufergesellschaft zu erfassen, um eine vollständige Entscheidungsgrundlage zu haben.

4.2.2 Überwachung der Steuerposition und Ansätze zur Steuergestaltung

Zusätzlich zur Aufstellung einer steuerlichen Prognose für den gegebenen Planungszeitraum gehört es zu den Aufgaben der Steuerabteilung, die laufende Steuerposition zu überwachen und zu optimieren. Vor allem im Zusammenhang mit der Konzernsteuerquote ist ein stabiles Niveau der Steuerbelastung anzustreben, wodurch ein Management dieser Zielgröße erforderlich wird. Insgesamt ist hierfür die Ausprägung dieser Kennziffer zu überwachen. Da die Konzernsteuerquote bereits im Rahmen des Steuerbelastungsmodells ermittelt wird, sind hierfür keine separaten Anforderungen zu stellen. Die Konzernsteuerquote ist für den gesamten Planungszeitraum auszuweisen. Zur Unterstützung der Überwachung können entweder fest Bereiche oder prozentuale Abweichungen definiert werden, die eine automatische Mitteilung bei Überschreiten dieser Grenzen auslösen. Die Steuerabteilung kann daraufhin gezielt analysieren, welche Einflüsse die starke Schwankung ausgelöst haben und ob darauf zu reagieren ist. Denkbar zur Überwachung der Steuerposition sind zusätzliche Kenngrößen, die individuell aus den vorhandenen Daten des Belastungsmodells ermittelt werden können.

Die Steuerbelastung reagiert darüber hinaus auf verschiedene Einflussfaktoren, deren Auswirkung auf die Steuerposition zu überwachen ist. Die Gesamtsteuerbelastung hingegen ist sehr komplex, sodass einzelne Faktoren zu bestimmen sind, die anstatt der gesamten Steuerbelastung zur Beurteilung der Situation herangezogen werden und aus denen ein Bedarf zum steuerplanerischen Eingreifen abgeleitet werden kann. Die relevanten Faktoren sind den in Kapitel 2.3.2.2. erörterten Planungsbereichen und Maßnahmen zu entnehmen. Zur Überwachung sind die zu berücksichtigenden Parameter zu bestimmen und im Rahmen des Informationssystems zur Verfügung zu stellen, um eine Unterstützung für die Steuerplanung zu gewährleisten. Tabelle 47 enthält eine Auswahl dieser Parameter zu den unterschiedlichen Geschäftsfeldern, die den Ausführungen in Kapitel 2.3.2.2 entnommen wurde.

Im Bereich der Finanzierungsentscheidung ist es ein Ziel der Steuerplanung, den Zinsaufwand in ein Hochsteuerland zu verlagern, um einen größtmöglichen Effekt auf die Steuerbelastung zu erzielen. Die gewählte Finanzierungsstruktur ist regelmäßig zu überprüfen, da sich die bestmögliche Verteilung aufgrund veränderter Rahmenbedingungen ändern kann. Hierzu sind einerseits die Steuersätze der verschiedenen Länder zu überwachen. Diese Information kann durch das Steuerinformationssystem zur Verfügung gestellt werden. Bei veränderten Steuersätzen ist zu prüfen, ob der Finanzierungsaufwand wie gehabt im höher besteuerten Land anfällt. Die veränderten Rahmenbedingungen können sich aber auch auf die Konzerngesellschaften beziehen, z. B. im Hinblick auf die Ertragslage. Damit sich der Zinsaufwand steuermindernd auswirken kann, hat die Gesellschaft Gewinne zu erzielen. Rutscht diese Gesellschaft in eine Verlustsituation, sind die zugrundeliegenden Finanzierungsstrukturen zu überarbeiten. Aus diesem Grund ist durch das Steuerinformationssystem gezielt eine Übersicht der einzelnen Gesellschaften mit den zugehörigen Gewinnen bzw. Verlusten und den anzuwendenden Steuersätzen zu erstellen. Zusätzlich sollten die Finanzierungsverbindungen zwischen den Gesellschaften angezeigt werden.

Im Zusammenhang mit der Finanzierungsentscheidung stehen darüber hinaus die verschiedenen Zinsabzugsbeschränkungen im Fokus der Steuerplanung. Die Zielsetzung der Steuerplanung ist die Gewährleistung eines vollständigen Abzugs der Zinsen von der steuerlichen Bemessungsgrundlage, wofür gezielte Maßnahmen erforderlich sein können. Zur Beurteilung der Steuerposition im Hinblick auf die Abzugsfähigkeit des Zinsaufwands sind die laufenden Steuerrechnungen sowie die im vorigen Kapitel beschriebenen Plandaten heranzuziehen. Die für eine Überwachung benötigten Daten sind aus den nationalen Abzugsbeschränkungen abzuleiten und daher im jeweiligen Informationssystem der Länder einzubinden.

Tabelle 47: Zusammenfassung der Parameter zu den Steuerplanungsbereichen

Geschäftsfeld	Parameter (Auswahl)
Finanzierungsentscheidung	- Thin Capitalization Rules (z. B. Zinsschranke) - Steuersätze, Erfolgssituation
Verrechnungspreise	- Funktionsanalyse (Bandbreiten für Fremdvergleich) - Dokumentationsanforderungen (Sachverhalt, Angemessenheit)
Verlustnutzung	- Verlustabzugsbeschränkungen (Mindestbesteuerung, Fristen für Verlustvortrag) - Gruppenbesteuerung (Möglichkeiten und Voraussetzungen)
Restrukturierungen	- Voraussetzungen für Steuerneutralität (UmwStG) - Sperrfristen auf Kapitalgesellschaftsanteile - Verlust- und Zinsvorträge
Akquisitionen	- Steuerrisiken und Steuerklauseln - Mantelkaufregelungen
Ausschüttungsplanung	- Methoden zur Vermeidung der Doppelbesteuerung - Steuersätze (Quellensteuern, Ertragsteuern) - Holdinggesellschaften (Standortfaktoren, Voraussetzungen)

Für die Zinsschrankenregelung nach § 4h EStG ist eine Berechnung des abzugsfähigen Zinsaufwands im Rahmen der laufenden Steuerrechnung vorgesehen, die auch auf den Planungszeitraum übertragen werden sollte. Die erforderlichen Informationen sind der

Zinssaldo aus Zinsaufwand und Zinsertrag, der Jahresüberschuss zuzüglich Zinsen und Abschreibungen sowie ein ggf. bestehender Zins- oder EBITDA-Vortrag. Ergibt sich aus der Berechnung nicht abzugsfähiger Zinsaufwand, kann über Gewinnverlagerungen oder Anpassungen der Finanzierungsstruktur ein vollständiger Abzug erreicht werden. Dies ist umso einfacher, je früher das Greifen der Zinsschranke erkannt wird. Ist anhand der Planzahlen eine Verschiebung des Verhältnisses von EBITDA und Zinsaufwand bereits abzusehen, können die entsprechenden Maßnahmen frühzeitig eingeleitet werden. Ist durch die Zinsschrankenregelung ein Zinsvortrag entstanden, so ist dieser ebenfalls in den Plansteuerrechnungen zu erfassen und Gegenmaßnahmen zum Abbau dieses Vortrags durchzusetzen. Der separate Ausweis der Berechnung zur Zinsabzugsbeschränkung gehört daher ebenfalls in die zu überwachenden Parameter der Steuerplanung. Die Planungsrechnungen der anderen Gesellschaften dienen dabei als Basis zur Entwicklung möglicher Steuergestaltungen. Als zusätzliche Information für die Steuerplanung sollte das nicht ausgeschöpfte Abzugspotential für Zinsen je Gesellschaft ausgewiesen werden, um eine mögliche Empfängergesellschaft für zusätzlichen Zinsaufwand auszuwählen.

Die darin bereits enthaltene Inventur der Zinsvorträge bildet einen weiteren Ansatzpunkt zur Überwachung der Steuerposition. Zwar ist der Vortrag zeitlich nicht begrenzt, also sind keine Fristen zu überwachen. Allerdings ist der Zeitpunkt der Entstehung insofern relevant, dass eine Entwicklung des nichtabzugsfähigen Zinsaufwands erkennbar ist. Für die Folgejahre ist eine eventuelle Nutzung oder eine Erhöhung zu erfassen und zu einem neuen Bestand zu addieren. Eine Übersicht über alle Gesellschaften ermöglicht somit, Steuergestaltungsbedarf zur Nutzung dieser Zinsvorträge abzuleiten. Zur Generierung einer entsprechenden Strategie sind wiederum die Daten des Finanzplans hinzuzuziehen und dazu die Ermittlung des abzugsfähigen Zinsaufwands aus der Steuerrechnung. Aus der Entwicklung der Ertragslage und den prognostizierten zukünftigen Zinsaufwendungen und Zinserträgen ist zu sehen, ob durch eine Finanzierungsgestaltung der nichtabzugsfähige Aufwand auf eine Gesellschaft mit nicht ausgeschöpftem Abzugspotential verlagert werden kann. Alternativ kann der Abzug auch über eine Gewinnverlagerung erreicht werden. Hierfür ist ebenfalls sicherzustellen, dass die verlagernde Gesellschaft durch diese Maßnahme nicht in die Anwendung der Zinsschranke rutscht. Zur Bestimmung der steuerlichen Wirkungen möglicher Gestaltungsmaßnahmen sind Simulationsrechnungen vorzunehmen, die im folgenden Kapitel betrachtet werden

Ein weiteres Geschäftsfeld der Steuerplanung sind die Verrechnungspreise. Die steuerlich optimierten Margen sind anhand aktueller Informationen zu den Bandbreiten des Fremdvergleichs regelmäßig zu überprüfen. Vielmehr ist bei Verrechnungspreisen jedoch die Anerkennung der gewählten Struktur zu gewährleisten. Daher dient das Steuerinformationssystem als Datenbank für die erforderlichen Dokumentationen zu den Funktionsanalysen, der Sachverhaltsdokumentation sowie der Angemessenheitsdokumentation. Auf Basis dieser Dokumentation ist unter Berücksichtigung weiterer steuerlicher Daten, wie z. B. Steuersätze, auch eine Verbesserung der Steuerposition zu erreichen.

Ein weiterer Ansatzpunkt zur Steuerplanung ist die Verlustnutzung. Die steuerliche Abzugsfähigkeit von Verlusten ist auf jeden Fall zu gewährleisten. Hierzu sind die relevanten Verlustabzugsbeschränkungen zu beachten, die durch das steuerliche Informationssystem bereit zu stellen sind. Neben der in Deutschland umgesetzten Mindestbesteuerung ist in vielen Ländern nur ein zeitlich befristeter Verlustvortrag möglich. In den bisher betrachteten steuerlichen Zielgrößen und Bewegungsdaten ist eine Auskunft über möglicherweise nicht verrechenbare oder nicht abziehbare Verluste jedoch nicht enthalten, da durch Verlustvorträge die laufende Steuerposition nicht direkt erhöht wird und insbesondere in der Konzernsteuerquote bereits als Steuerertrag einfließt. Folglich ist eine separate Überwachung der Verlustvorträge vorzunehmen. Hierfür ist eine Inventur mit der Höhe der Verlustvorträge, dem Entstehungszeitpunkt, einer bisherigen Nutzung und möglicherweise einer zeitlich begrenzten Nutzung anzufertigen und laufend zu führen. Die Entwicklung der Verlustvorträge gibt Aufschluss darüber, ob ein Verlustvortrag ggf. seit mehreren Jahren unverändert besteht oder demnächst verfällt. Zur Beurteilung der Nutzbarkeit von Verlustvorträgen sind die Finanzpläne mit den Ertragsentwicklungen hinzuzuziehen. Besteht die Gefahr, dass ein Verlustvortrag im folgenden Jahr verfällt, sind steuerplanerische Maßnahmen zu ergreifen und die Verwertung des Verlustvortrags sicherzustellen. Eine klassische Lösung ist die Verrechnung mit Gewinnen anderer Konzerneinheiten, sodass die Möglichkeiten und Voraussetzungen für eine Gruppenbesteuerung durch das Informationssystem zur Verfügung zu stellen sind. Anhand dieser verschiedenen Daten kann eine Steuerstrategie zur Nutzung des Verlustvortrags entworfen werden.

Ein weiteres Geschäftsfeld sind Restrukturierungen. In diesem Zusammenhang sind vor allem die Voraussetzungen für eine steuerneutrale Umstrukturierung zu berücksichtigen. Daher sollten als Parameter die im Umwandlungssteuergesetz enthaltenen Bedingungen für einen steuerneutralen Vorgang in das Informationssystem aufgenommen werden, z. B. bestimmte Haltefristen. Hierzu ist für alle Gesellschaften eine Übersicht mit bestehenden Sperrfristen durch die Datenbank zur Verfügung zu stellen. Ist eine dieser Gesellschaften Bestandteil einer Umstrukturierungsmaßnahme, so kann daraufhin entsprechend reagiert werden oder die Konsequenzen in Kauf genommen werden. Im Fall von Restrukturierungen ist darüber hinaus auf die bereits zuvor genannte Verlustinventur zurückzugreifen, um zu verhindern, dass bestehende Verlustvorträge untergehen. Hierzu vergleichbar besteht auch die Gefahr, dass ein Zinsvortrag untergeht. Daher ist eine Übersicht der Gesellschaften mit bestehenden Zinsvorträgen ebenfalls durch das Informationssystem bereit zu stellen.

Für den Fall einer geplanten Akquisition sind die enthaltenen Steuerrisiken und Steuerklauseln relevant. Die Ergebnisse einer Tax Due Diligence sind im Rahmen des Informationssystems zu dokumentieren, sodass daraufhin die erforderlichen Steuerklauseln in den Vertrag aufgenommen werden können. Die Steuerklauseln selbst sind ebenfalls zu dokumentieren, damit im Fall einer eintretenden Nachzahlung die vereinbarten Haftungsverhältnisse nachgewiesen werden können und das Unternehmen keinen Nachteil erleidet. Als weitere Informationen sind die Regelungen zum Mantelkauf durch das System abzubilden. Werden die einzelnen Ausprägungen der Bedingungen zur Anwendung bzw. zur Nicht-Anwendung durch das System verwaltet, kann daraus ein entsprechender Handlungsbedarf zur Vermeidung eines Mantelkaufs abgeleitet werden. In diesem Zusammenhang sind insbesondere die Beteiligungsverhältnisse zu erfassen. Die Vorschriften zum Mantelkauf enthalten darüber hinaus eine Sanierungsklausel, sodass die darin enthaltenen Voraussetzungen ebenfalls zu prüfen und zu verwalten sind. Hierfür sind Daten zu den Arbeitsplätzen, den Lohnsummen und der Entwicklung des Betriebsvermögens nachzuhalten. Droht eine dieser Größen unter den zulässigen Wert zu sinken, kann durch entsprechende Maßnahmen gegengesteuert werden, um den sonst resultierenden steuerlichen Nachteil zu vermeiden.

Als weiterer Bereich der Steuerplanung sind Dividendenzahlungen zu überwachen. Zur Erreichung der Zielsetzung einer möglichst geringen Steuerbelastung auf Ausschüttungen sind die anzuwendenden Steuersätze zu überwachen, insbesondere die Quellensteuersätze. Hierzu sollten durch das Informationssystem jeder Ausschüttung die Ausschüttungsbelastung gegenübergestellt werden. Daraus können Anregungsinformationen hergeleitet werden, ob eine bestimmte Dividendenzahlung möglicherweise zu hoch belastet ist und durch steuergestalterische Maßnahmen wie z. B. die Weiterleitung über eine andere Gesellschaft eine Quellensteuerersparnis erreicht werden kann. In diesem Zusammenhang ist der Einsatz von Holdinggesellschaften relevant, sodass die Voraussetzungen und Standortfaktoren für Holdinggesellschaften erforderlich sind und durch eine steuerliche Datenbank bereitzuhalten sind.

Abschließend steht die allgemeine Zusammensetzung der steuerlichen Bemessungsgrundlage im Fokus der Überwachung der Steuerplanung. Ein wichtiger Bestandteil sind z. B. Ergebnisschmälerungen, die sich nicht auf die steuerliche Bemessungsgrundlage auswirken. Daher sind die Abzugsbeschränkungen verschiedener Betriebsausgaben zu beachten und der nicht abzugsfähige Aufwand zu kontrollieren. Die nicht abzugsfähigen Betriebsausgaben sind zu unterscheiden in solche, die grundsätzlich nur zu einem Teil abziehbar sind und somit nicht durch gestalterische Maßnahmen verringert werden können und solche, die aufgrund einer bestimmten Konstellation nicht zum Abzug kommen und im Rahmen der Steuerplanung zu vermeiden sind. Zu den nicht in den Bereich der Steuerplanung fallenden Abzugsbeschränkungen des deutschen Steuerrechts zählen z. B. Teile der Bewirtungskosten sowie der Aufsichtsratsvergütungen. Die nicht abziehbaren Ausgabenteile werden dem Grunde nach akzeptiert, allerdings sollte ihre Höhe aus steuerlicher und auch unternehmerischer Sicht bestimmte Grenzen im Verhältnis zum Jahresüberschuss nicht übersteigen. Welches Verhältnis hierbei angemessen ist lässt sich nur individuell an den vergangenen Jahren des Unternehmens ableiten. Die Kontrolle der nicht abzugsfähigen Beträge dient dazu, die Steuerposition auf dem gleichen Niveau zu halten. Die Ausgabe einer solchen Kennzahl durch ein Informationssystem ermöglicht es, bei höheren Abweichungen zur Norm gezielt die nicht abzugsfähigen Aufwendungen zu prüfen und zu beurteilen. Als Gegenmaßnahme können Vorgaben zur Verringerung dieser Ausgaben gemacht werden bzw. eine Verlagerung auf eine andere Gesellschaft vorgesehen werden, die entweder einem geringeren Steuersatz unterliegt oder bei der diese Abzugsbeschränkung erst gar nicht greift.

4.2.3 Möglichkeiten der Integration ausländischer Konzerneinheiten

In den vorhergehenden Abschnitten wurde die laufende und zukünftige Steuerbelastung jeweils national berechnet. Dies basiert auf der zugrundeliegenden Datenrestriktion, dass die hierfür erforderlichen Ausgangsdaten des Rechnungswesens in dem benötigten Detaillierungsgrad ebenfalls nur national verfügbar sind. Für eine internationale Steuerplanung sind darüber hinaus jedoch weltweite Steuerbelastungen zu bestimmen. In einem ersten Schritt soll daher analog zum nationalen Vorgehen sowohl die laufende Gesamtsteuerbelastung des Konzerns als auch darauf aufbauend die Belastung für einen Planungszeitraum bestimmt werden.

Zur Ermittlung einer weltweiten Steuerbelastung sind die Daten aus der Steuerrechnung der ausländischen Gesellschaften heranzuziehen. Die hierfür benötigten Informationen aus den ausländischen Steuerrechnungen sind von den einzelnen Gesellschaften bzw. von einer zentralen ausländischen Steuerabteilung zu liefern. In einem ersten Schritt sind diese Daten in das Steuerinformationssystem aufzunehmen. Die Bewegungsdaten der ausländischen Gesellschaften sind hierfür in ein Formular zur Steuerberechnung einzutragen. Aufgrund der unterschiedlichen steuerlichen Vorschriften in jedem Land sind die Zusammensetzung der steuerlichen Bemessungsgrundlage sowie die Berechnung der Steuer für jede Steuerberechnung eines Landes unterschiedlich ausgeprägt. Im Grundsatz ist der Aufbau einer Steuerberechnung jedoch vergleichbar. Daher kann zur Vereinheitlichung der Daten ein stark vereinfachtes Berechnungsschema verwendet werden, das z. B. dem Formular in Tabelle 46 entspricht. Das Formular kann in das Steuerinformationssystem eingebunden werden, sodass ein weltweiter Zugriff darauf möglich ist. Die Daten sind unter Angabe der betroffenen Gesellschaft zu erfassen. Anschließend kann durch die Konzernsteuerabteilung eine Gesamtsteuerbelastung ermittelt werden, indem die vorhandenen Datensätze zusammengeführt werden.

Alternativ zur Erfassung der Daten bei den ausländischen Gesellschaften kann eine Anbindung an die lokal vorhandene Steuerrechnung umgesetzt werden. Soweit eine für das jeweilige Ausland angepasste Umsetzung des Compliance Systems erfolgt ist, sind die Daten der Steuerrechnung bereits im System und in der zentralen Datenbank vorhanden. In diesem Fall kann eine automatische Übertragung in das vereinfachte Berechnungsschema erfolgen.

Auf Basis dieser Datengrundlage kann eine Prognose der Steuerbelastung für einen Planungszeitraum erfolgen. Das Vorgehen ist in diesem Fall mit der Prognose für die nationalen Gesellschaften vergleichbar. Die erforderlichen Unternehmenspläne zum operativen Ergebnis und zum Finanzergebnis werden international erstellt, sodass für die Ausgangsdaten die gleiche Datengrundlage verwendet werden kann. Sind die Steuerberechnungen für das laufende bzw. vergangene Jahr erhoben, können aus diesen Vorjahreswerten ebenfalls Prognosen für den Planungszeitraum abgeleitet werden. Die Steuerverantwortlichen der ausländischen Gesellschaften sind wiederum für eine Kontrolle dieser Werte hinzuzuziehen, um alle bereits absehbaren Ereignisse möglichst früh berücksichtigen zu können.

Im Rahmen dieses Planungsmodells können die Konzernsteuerquoten sowie der Steuerbarwert für jede Gesellschaft berechnet werden. Die fortgeschriebenen Belastungszahlen können daraufhin als Modell für Simulationsrechnungen verwendet werden. Durch Variation der Ausgangsdaten oder der Unternehmensentwicklung können die steuerlichen Konsequenzen sowie die Wirkung auf die steuerlichen Zielgrößen abgeschätzt werden. Die Möglichkeiten und die Genauigkeit internationaler Simulationsrechnungen steigen mit den vorhandenen Unternehmensplänen zum Anlagenvermögen, zu Ausschüttungen und Finanzierungen. Durch Variationen in diesen Daten können insbesondere die steuergestalterischen Maßnahmen abgebildet werden. Solche Anpassungen können jedoch jeweils nur auf Ebene einer Gesellschaft vorgenommen werden, zur Darstellung von Maßnahmen im Bereich der konzerninternen Beziehungen sind manuelle Änderungen bei allen betroffenen Gesellschaften durchzuführen. Die Ergebnisse daraus liefern eine Tendenz der steuerlichen Auswirkungen solcher Maßnahmen. Im Rahmen der Entscheidungsfindung ist jedoch eine ausführliche Beurteilung vorzunehmen.

5   Zusammenfassung der Ergebnisse

1) Die Steuerabteilung eines Konzerns ist den finanziellen Zielsetzungen der Konzernfinanzen untergeordnet. Sie bildet eine eigene Zentralstelle und ist organisatorisch in das Corporate Center einer strategischen Managementholding eingebunden. Die Steuerabteilung besitzt die zur Aufgabenerfüllung erforderlichen Weisungsrechte gegenüber anderen Abteilungen, die sich vor allem auf die Informationsweitergabe beziehen. Darüber hinaus hat die Steuerabteilung an die Konzernführung zu berichten.

2) Die Aufgaben der Steuerabteilung umfassen im ersten Aufgabenbereich die Tax Compliance mit der Zielsetzung der Steuerrisikominimierung. Der Compliance Prozess umfasst dabei die Erstellung von Steuerrechnungen und Steuererklärungen, die Prüfung von Steuerbescheiden sowie die Betreuung von Außenprüfungen.

3) Die Konzernsteuerplanung bildet den zweiten Aufgabenbereich der Steuerabteilung. Dabei geht es einerseits um die Berechnung von zukünftigen Steuerbelastungen sowie andererseits um die Steuerplanung und Steuergestaltung. Zur Optimierung der Steuerbelastung sind die in der Praxis relevanten Zielgrößen heranzuziehen; hierzu gehören der Steuerbarwert und die Konzernsteuerquote.

4) Im Rahmen der Steueroptimierung sind vor allem die Bereiche der Finanzierung, Verrechnungspreise, Verlustnutzung, Ausschüttungsplanung, Restrukturierung und Akquisition zu berücksichtigen. Zur Überwachung der für diese Geschäftsfelder relevanten Parameter sind entsprechende Informationen vorzuhalten, die durch ein steuerliches Informationssystem bereit gestellt werden können.

5) Aus den vielseitigen und komplexen Aufgaben einer Steuerabteilung ergibt sich die Notwendigkeit eines Steuercontrollings, um die Ausrichtung der Tätigkeiten an den verschiedenen Zielsetzungen der Risikominimierung und Steueroptimierung zu gewährleisten sowie in das Zielsystem des Unternehmens einzuordnen. Dabei sind die Interdependenzen der Aufgabenbereiche zu berücksichtigen. Insgesamt entsteht ein umfangreicher Informationsbedarf, sodass das Ziel des Steuercontrollings die Koordination der steuerlichen Planung und Kontrolle mit der Informationsversorgung darstellt.

6) Die Funktionen des Steuercontrollings sind durch ein Planungs- und Kontrollsystem sowie vor allem durch ein steuerliches Informationssystem zu unterstützen. Bei der Umsetzung eines solchen Systems sind die internen und externen Informationsanforderungen sowie die steuerrechtlichen Anforderungen zur Erfüllung der Mitwirkungs- und Dokumentationspflichten zu berücksichtigen. Darüber hinaus sind Anforderungen hinsichtlich der Umsetzung eines Steuerbelastungs- und Planungsmodells sowie Anforderungen an die technische Umsetzung zu erfüllen.

7) Das dargestellte Compliance System bezieht sich auf eine konkrete Umsetzung im Unternehmen im Rahmen eines Projekts. Zur Unterstützung der Compliance Aufgaben ist es erforderlich, die umfangreichen Bewegungsdaten der nationalen Gesellschaften zentral verfügbar zu machen. Hierzu werden im Rahmen der einzelnen Prozessschritte die relevanten Bewegungsdaten aus den Steuerrechnungen, den Steuererklärungen und den Steuerbescheiden durch die Mitarbeiter der Steuerabteilung erfasst und in einer zentralen Datenbank gespeichert. Diese Daten stehen somit für die nachfolgenden Arbeitsschritte als Kontrollgröße oder reine Informationsgröße zur Verfügung. Sie bilden gleichzeitig die Grundlage für eine spätere Steuerplanung.

8) Zu Erfüllung der Compliance Aufgaben hat das System die erforderlichen Gesellschaftsstammdaten abzubilden und darin z. B. die Darstellung der einzelnen Gesellschaften im Konzernverbund. Darüber hinaus sind weitere Funktionen in das System eingebunden, z. B. die Fristenkontrolle im Bereich der Steuerbescheidprüfung sowie ein Dokumentenmanagement zur Verwaltung der relevanten Unterlagen.

9) In Bezug auf die technische Umsetzung des Systems waren vor allem die Flexibilität des Systems sowie die Abbildung der komplexen Verknüpfungen zwischen den einzelnen Datensätzen relevant. Aufgrund häufiger Änderungen des Steuerrechts ist eine einfache und schnelle Anpassung der Erfassungsmasken sowie der Steuerberechnung erforderlich, die in der vorliegenden Umsetzung von den Mitarbeitern der Steuerabteilung durchgeführt werden kann.

10) Zur Erweiterung des vorliegenden Systems um Steuerplanungsfunktionen ist die zukünftige Steuerbelastung der nationalen Gesellschaften zu bestimmen. Die hierfür erforderlichen Ausgangsdaten stammen aus dem Rechnungswesen und den Bewegungsdaten des Compliance Prozesses. Zur Umsetzung eines mehrperiodischen Be-

lastungsmodells ist die laufende Steuerrechnung auf einen Planungszeitraum fortzu-schreiben, wofür eine Anbindung an den Finanzplan des Unternehmens vorzunehmen ist. Die Herausforderung ist dabei die Transformation der vorliegenden handelsrechtlichen Maße auf steuerliche Bemessungsgrundlagen. Hieraus ergibt sich die Forderung nach Plan-Steuerbilanzen.

11) Aus den Daten der Steuerplanungsrechnung können die steuerlichen Zielgrößen in Form des Steuerbarwerts und der Konzernsteuerquote sowie zusätzlich der Vermögensendwert berechnet werden. Darüber hinaus ermöglichen diese Daten die Durchführung von Simulationsrechnungen, um eine Veränderung der steuerlichen Annahmen sowie eine Variation der Ausgangsdaten vorzunehmen.

12) Zusätzliche Funktionen der Steuerplanung beinhalten die Überwachung der Steuerposition, um Anregungen und Ansätze für steuergestalterische Maßnahmen zu erhalten. Das Informationssystem kann hierzu die relevanten Parameter zur Verfügung stellen. Als zusätzliche Erweiterung zur Steuerplanung sind darüber hinaus die ausländischen Konzerneinheiten in das System zu integrieren.

Literaturverzeichnis

Arndt, H.-W. (Steuerrecht, 2002): Steuerrecht, 3. Aufl., Heidelberg 2002

Ax, R./ Große, T./Melchior, J. (Abgabenordnung, 2007): Abgabenordnung und Finanz-gerichtsordnung, 19. Aufl., Stuttgart 2007

Bader, A. (Holdinggesellschaften, 2007): Steuergestaltungen mit Holdinggesellschaften: Standortvergleich steuerlicher Holdingkriterien in Europa, 2. Aufl., Herne 2007

Baetge, J./Lienau, A. (Analyse, 2005): Die Analyse der Steuerbelastung mit Hilfe der Konzernsteuerquote im Rahmen der Analyse der Erfolgslage, in: Siegel, T./Klein, A./Schneider, D./Schwintowski, H.-P. (Hrsg.), Unternehmen, Versicherungen und Rechnungswesen: Festschrift zur Vollendung des 65. Lebensjahres von Dieter Rückle, Berlin 2005, S. 427-444

Baumhoff, H./Bodenmüller, R. (Verrechnungspreispolitik, 2003): Verrechnungspreispo-litik bei der Verlagerung betrieblicher Funktionen ins Ausland, in: Grotherr, S. (Hrsg.), Handbuch der internationalen Steuerplanung, 2. Aufl., Herne 2003, S. 345-384

Becker, J./Fuest, C./Spengel, C. (ZfbF 2006): Konzernsteuerquote und Investitionsver-halten, in: ZfbF 2006, S. 729-734

Beinert, S./Lishaut, I. van (FR 2001): Steuerfragen bei Anteilskäufen und Sperrfristen, in: FR 2001, S. 1137-1153

Bergmoser, U./Theusinger, I./Gushurst, K.-P. (BB 2008): Corporate Compliance: Grundlagen und Umsetzung, in: BB 2008, S. 1-11

Beußer, T. (DB 2007): Die Verlustabzugsbeschränkung gem. § 8c KStG im Unternehmensteuerreformgesetz 2008, in: DB 2007, S. 1549-1553

Bien, R./Wagner, T. (BB 2009): Erleichterungen bei der Verlustabzugsbeschränkung und der Zinsschranke nach dem Wachstumsbeschleunigungsgesetz, in: BB 2009, S. 2627-2634

Bircher, B., (Planungssystem, 1989): Planungssystem, in: Szyperski, N. (Hrsg.), Hand-wörterbuch der Planung, Stuttgart 1989, S. 1503-1515

233

Birk, D. (Steuerrecht, 2008): Steuerrecht, 11. Aufl., Heidelberg 2008

Blumers, W. (Steuerplanungsüberlegungen, 2003): Steuerplanungsüberlegungen beim Kauf von ausländischen Unternehmen, in: Grotherr, S. (Hrsg.), Handbuch der internationalen Steuerplanung, 2. Aufl., Herne 2003, S. 217-223

Blumers, W./Beinert, S./Witt, S.-C. (DStR 2001): Unternehmenskaufmodelle nach der Steuerreform, in: DStR 2001, S. 233-239

Bogenschütz, E. (Aspekte, 2004): Steuerliche Aspekte des Kaufs und Verkaufs inländischer Unternehmen durch Steuerausländer, in: Schaumburg, H. (Hrsg.), Unternehmenskauf im Steuerrecht, 3. Auflage, Stuttgart 2004, S. 319-364

Borstell, T. (Verrechnungspreispolitik, 2003): Verrechnungspreispolitik bei konzerninternen Lieferungsbeziehungen, in: Grotherr, S. (Hrsg.), Handbuch der internationalen Steuerplanung, 2. Aufl., Herne 2003, S. 323-343

Brähler, G. (Umwandlungssteuerrecht, 2008): Umwandlungssteuerrecht – Grundlagen für Studium und Steuerberaterprüfung, 4. Aufl., Wiesbaden 2008

Breithecker, V./Schmiel, U. (Steuerbilanz, 2003): Steuerbilanz und Vermögensaufstellung in der Betriebswirtschaftlichen Steuerlehre, Bielefeld 2003

Breuninger, G. (Verlustnutzung, 2004): Postakquisitorische Verlustnutzung, in: Schaumburg, H. (Hrsg.), Unternehmenskauf im Steuerrecht, 3. Auflage, Stuttgart 2004, S. 219-239

Bruski, J. (FR 2002): Step-Up-Modelle beim Unternehmenskauf, in: FR 2002, S. 181-190

Brück, M./Sinewe, P. (Unternehmenskauf, 2010): Steueroptimierter Unternehmenskauf, 2. Aufl., Wiesbaden 2010

Bühner, R. (Konzernzentralen, 1996): Gestaltung von Konzernzentralen: Die Benchmarking-Studie, Wiesbaden 1996

Bürkle, J. (BB 2007): Corporate Compliance als Standard guter Unternehmensführung des Deutschen Corporate Governance Kodex, in: BB 2007, S. 1797-1801

Büssow, T./Taetzner, T. (BB 2005): Sarbanes-Oxley Act Section 404: Internes Kontrollsystem zur Sicherstellung einer effektiven Finanzberichterstattung im Steuerbereich von Unternehmen – Pflicht oder Kür?, in: BB 2005, S. 2437-2444

Dahlke, J./Seitz, A. (BB 2008): Fachliche und technische Grundlagen der Umsetzung eines Steuerbilanzsystems in der Praxis, in: BB 2005, S. 1890-1894

Daumann, R. (Prognoseproblematik, 1991): Die Prgognoseproblematik in den Modellen der Steuerplanung, Wien 1991

Dellmann, K. (Grundlagen, 1992): Eine Systematisierung der Grundlagen des Controlling, in: Spremann, K./Zur, E. (Hrsg.), Controlling: Grundlagen – Informationssysteme – Anwendungen, Wiesbaden 1992, S. 113-140

Dempfle, U. (Konzernsteuerquote 2006): Charakterisierung, Analyse und Beeinflussung der Konzernsteuerquote, Wiesbaden 2006

Devereux, M.P./Griffith, R. (Discrete Investment Choices, 1999): The Taxation of Discrete Investment Choices, The Institute of Fiscal Studies, Working Paper No. W98/16, London 1999

Dieterlen, J./Schaden, M. (BB 2000): Sofort abzugsfähiger Verlust oder step up durch down-stream merger auch nach In-Kraft-Treten des Steuersenkungsgesetzes in Erwerberfällen?, in: BB 2000, S. 2552-2553

Dörr, I./Fehling, D. (Ubg 2008): Gestaltungsmöglichkeiten zum Öffnen der Zinsschranke, in: Ubg 2008, S. 345-352

Eilers, S. (Tax Due Diligence, 2004): Tax Due Diligence, in: Schaumburg, H. (Hrsg.), Unternehmenskauf im Steuerrecht, 3. Auflage, Stuttgart 2004, S. 83-108

Elschner, C./Overesch, M. (DB 2006): Die steuerliche Standortattraktivität für Investitionen und hochqualifizierte Arbeitskräfte im internationalen Vergleich, in: DB 2006, S. 1017-1021

Endres, D. (Steuerplanung, 2005): Reduktion der Konzernsteuerquote durch internationale Steuerplanung, in: Oestreicher, A. (Hrsg.), Internationale Steuerplanung: Beiträge zu einer Ringveranstaltung an der Universität Göttingen im Sommersemester 2003, Herne 2005, S. 163-190

Endres, D./Oestreicher, A. (IStR 2003): Grenzüberschreitende Ergebnisabgrenzung: Verrechnungspreise, Konzernumlagen, Betriebsstättengewinnermittlung – Bestandsaufnahme und Neuentwicklungen, in: IStR 2003, Beihefter zu Heft 15, S. 1-16

Endres, D./Spengel, C./Reister, T. (WPg 2007): Neu Maß nehmen: Auswirkungen der Unternehmensteuerreform 2008, in: WPg 2007, S. 478-489

Federmann, R. (StuW 1998): Über Steuermanagement und Steuermanager(innen), in: StuW 1998, S. 237-247

Fey, A./Neyer, W. (DB 2009): Entschärfung der Mantelkaufregelung für Sanierungsfälle, in: DB 2009, S. 1368-1376

Fischer, W./Looks, C./im Schlaa, S. (BB 2010): Dokumentationspflichten für Verrechnungspreise – Aktuelle Erfahrungen mit der Betriebsprüfung und zukünftige Entwicklungen, in: BB 2010, S. 157-162

Förster, G. (Verlustverrechnung 2005): Verlustverrechnung im Beteiligungskonzern, in: Oestreicher, A. (Hrsg.), Konzernbesteuerung: Beiträge zu einer Ringveranstaltung an der Universität Göttingen im Sommersemester 2004, Herne/Berlin 2005, S. 33-64

Franke, W., (Steuerverwaltungskosten, 1980): Zur Fixkostenstruktur betrieblicher Steuerverwaltungskosten: Ansätze zur Senkung mittelbarer Steuerbelastungen, Berlin 1980

Freidank, C.-C. (Controlling 1996): Ansatzpunkte für die Entwicklung eines Steuer-Controlling, in: Controlling 1996, S. 148-155

Grotherr, S. (Grundlagen, 2003): Grundlagen der internationalen Steuerplanung, in: Grotherr, S. (Hrsg.), Handbuch der internationalen Steuerplanung, 2. Aufl., Herne 2003, S. 3-28

Grotherr, S. (IStR 2005): Überlegungen zur Ausgestaltung von speziellen Verfahrensregelungen für Advance Pricing Agreements, in: IStR 2005, S. 350-360

Gröschel, M. (Softwarewiederverwendung, 2000): Objektorientierte Softwarewiederverwendung für nationale und internationale Steuerbelastungsvergleiche, Lohmar 2000

Grünewald, H.-G. (Informationssysteme, 1989): Informationssysteme für Planung, in: Szyperski, N. (Hrsg.), Handwörterbuch der Planung, Stuttgart 1989, S. 692-708

Gutekunst, G. (Steuerbelastungen, 2005): Steuerbelastungen und Steuerwirkungen bei nationaler und grenzüberschreitender Geschäftstätigkeit, Lohmar 2005

Haarmann, W. (Konzernsteuerquote, 2002): Aussagekraft und Gestaltbarkeit der Konzernsteuerquote, in: Herzig, N./Günkel, M./Niemann, U. (Hrsg.), Steuerberater-Jahrbuch 2001/2002, Köln 2002, S. 367-379

Haas, W. (Aspekte, 2004): Steuerliche Aspekte des Kaufs und Verkaufs ausländischer Unternehmen durch Steuerinländer, in: Schaumburg, H. (Hrsg.), Unternehmenskauf im Steuerrecht, 3. Auflage, Stuttgart 2004, S. 365-397

Haase, F. (BB 2009): Die grenzüberschreitende Organschaft: eine Bestandsaufnahme, in: BB 2009, S. 980-987

Haeseler, H. (Steuermanagement, 1998): Steuer-Management und Steuer-Controlling, in: Seicht, G. (Hrsg.), Jahrbuch für Controlling und Rechnungswesen 1998, Wien 1998, S. 261-289

Hahn, D. (PuK, 2001): PuK: Planung und Kontrolle – Wertorientierte Controllingkonzepte, 6. Aufl., Wiesbaden 2001

Hannemann, S./Peffermann, P. (BB 2003): IAS-Konzernsteuerquote: Begrenzte Aussagekraft für die steuerliche Performance eines Konzerns, in: BB 2003, S. 727-733

Hebig, M., (Steuerabteilung, 1984), Steuerabteilung und Steuerberatung in der Großunternehmung: eine empirische Untersuchung, Berlin 1984

Hegemann, J./Querbach, T. (Umwandlungsrecht, 2007): Umwandlungsrecht – Grundlagen und Steuern, Wiesbaden 2007

Heinhold, M. (Steuerplanung, 1979): Betriebliche Steuerplanung mit quantitativen Methoden, München 1979

Henselmann, K. (Erfolgsmessung, 1994): Erfolgsmessung und Steuerbelastung: Eine Analyse geltender Vorschriften und ausgewählter Reformvorschläge zur Erfolgsmessung und ihre Wirkung auf die Steuerbelastung, Heidelberg 1994

Herzig, N. (WPg 1998): Globalisierung und Besteuerung, in: WPg 1998, S. 280-296

Herzig, N. (DB 2000): Gestaltung steuerorientierter Umstrukturierungen im Konzern, in: DB 2000, S. 2236-2245

Herzig, N. (WPg-Sonderheft 2003): Gestaltung der Konzernsteuerquote: eine neue Herausforderung für die Steuerberatung?, in: WPg-Sonderheft 2003, S. S80-S92

Herzig, N. (Modelle, 2004): Step up-Modelle, in: Schaumburg, H. (Hrsg.), Unternehmenskauf im Steuerrecht, 3. Auflage, Stuttgart 2004, S. 131-149

Herzig, N./Dempfle, U. (DB 2002): Konzernsteuerquote, betriebliche Steuerpolitik und Steuerwettbewerb, in: DB 2002, S. 1-8

Herzig, N./Bohn, A. (IStR 2009): Internationale Vorschriften zur Zinsabzugsbeschränkung: Systematisierung denkbarer Alternativmodelle zur Zinsschranke, in: IStR 2009, S. 253-261

Herzig, N./Liekenbrock, B. (DB 2010): Zum EBITDA-Vortrag der Zinsschranke, in: DB 2010, S. 690-695

Herzig, N./Vera, A. (DB 2001): Die Stellung der Steuerabteilung in der Unternehmensorganisation, in: DB 2001, S. 441-447

Herzig, N./Zimmermann, M. (DB 1998): Steuercontrolling – Überflüssige Begriffsverbindung oder sinnvolle Innovation?, in: DB 1998, S. 1141-1150

Hoffmann, W.-D. (Ausschüttungsverhalten, 2003): Steueroptimales Ausschüttungsverhalten und Repatriierungsstrategien, in: Grotherr, S. (Hrsg.), Handbuch der internationalen Steuerplanung, 2. Aufl., Herne 2003, S. 503-521

Holzhäuser, B.P./Schmidt, F. (Tax Due Diligence, 2010): Tax Due Diligence, in: Beisel, D./Friedhold, E.A. (Hrsg.), Beck'sches Mandats Handbuch: Due Diligence (Sonderdruck), 2. Aufl., München 2010, S. 433-571

Horváth, P. (Controlling, 2006): Controlling, 10. Aufl., München 2006

Hötzel, O. (Unternehmenskauf, 1997): Unternehmenskauf und Steuern, Düsseldorf 1997

Huber, E./Seer, R. (StuW 2007): Steuerverwaltung im 21. Jahrhundert: Risikomanagement und Compliance, in: StuW 2007, S. 355-371

Hüffer, U. (NZG 2007): Die leistungsbezogene Verantwortung des Aufsichtsrats, in: NZG 2007, S. 47-54

Jacobs, O.H. (Unternehmensbesteuerung, 2007): Internationale Unternehmensbesteuerung: Deutsche Investitionen im Ausland – Ausländische Investitionen im Inland, 6. Aufl., München 2007

Jacobs, O.H./Spengel, C. (IStR 1992): Besteuerung und Finanzierung verbundener Unternehmen in Deutschland, Fankreich und Großbritannien (Teil II), in: IStR 1992, S. 125-131

Jacobs, O.H./Spengel, C. (Intertax 2000): Measurment and Development of the Effective Tax Burden of Companies – An Overview and International Comparison, in: Intertax 2000, S. 334-351

Jacobs, O.H./Spengel, C./Hermann, R./Stetter, T. (StuW 2003): Steueroptimale Rechtsformwahl: Personengesellschaften besser als Kaptialgesellschaften, in: StuW 2003, S. 308-325

Jäger, A./Rödl, C./Campos Nave, J.A. (Compliance, 2009): Praxishandbuch Corporate Compliance: Grundlagen, Checklisten, Implementierung, Weinheim 2009

Keller, C. (SteuerStud 2009): Die Außenprüfung nach §§ 193 ff. AO, in: SteuerStud 2009, S. 300-309

Keller, T. (Holdingkonzepte, 1993): Unternehmensführung mit Holdingkonzepten, 2. Aufl., Köln 1993

Kessler, W. (IStR 1993): Internationale Organschaft in Dänemark, in: IStR 1993, S. 303-310

Kessler, W. (Euro-Holding): Die Euro-Holding: Steuerplanung, Standortwahl, Länderprofile, München 1996

Kessler, W./Lindemer, J. (DB 2010): Die Zinsschranke nach dem Wachstumsbeschleunigungsgesetz, in: DB 2010, S. 472-476

King, M.A./Fullerton, D. (Taxation, 1984): The Taxation of Income from Capital, Chicago 1984

Kirsch, H. (StuB 2002): Angabepflichten für Ertragsteuern nach IAS und deren Generierung im Finanz- und Rechnungswesen, in: StuB 2002, S. 1189-1196

Kiso, D. (Entwurfskonzept, 1997): Ein Entwurfskonzept für Modelle der internationalen Steuerplanung: dargestellt am Beispiel der konzerninternen Außenfinanzierung durch Mobilien-Leasing, Hamburg 1997

Klöne, H. (Steuerplanung): Steuerplanung: Betriebswirtschaftliche Planungs- und Entscheidungsverfahren, Neuwied 1980

Kneip, C./Jänisch, C. (Tax Due Diligence, 2005): Tax Due Diligence: Steuerrisiken und Steuergestaltung beim Unternehmenskauf, München 2005

Kort, M. (NZG 2008): Verhaltensstandardisierung durch Corporate Compliance, in: NZG 2008, S. 81-86

Krahmer, E. (Konzernanalyse, 1998): Entwicklung von Softwaresystemen zur Konzernanalyse, Dissertation, Mannheim 1998

Kröner, M./Benzel, U. (Konzernsteuerquote 2008): Konzernsteuerquote: Die Ertragsteuerbelatung in der Wahrnehmung durch die Kapitalmärkte, in: Kessler, W./Kröner, M./Köhler, S., Konzernsteuerrecht, 2. Aufl., München 2008, S. 1091-1130

Kröner, M./Beckenhaub, C. (Konzernsteuerquote 2008): Konzernsteuerquote: Einflussfaktoren, Planung, Messung, Management, München 2008

Kuhn, S./Röthlisberger, R./Niggli, S. (ST 2003): Management der effektiven Konzernsteuerbelastung, in: ST 2003, S. 636-644

Künstler, T./Seidel, F. (Compliance, 2009): Tax Compliance, in: Wecker, G./van Laak, H. (Hrsg.), Compliance in der Unternehmenspraxis, Wiesbaden 2009

Küpper, H.-U. (Controlling, 2008): Controlling: Konzeption, Aufgaben, Instrumente, Stuttgart 2008

Kußmaul, H./Ruiner, C./Schappe, C. (GmbHR 2008): Ausgewählte Gestaltungsmaßnahmen zur Vermeidung der Anwendung der Zinsschranke, in: GmbHR 2008, S. 505-514

Laux, H./Liermann, F. (Organisation, 2003): Grundlagen der Organisation: Die Steuerung von Entscheidungen als Grundproblem der Betriebswirtschaftslehre, Berlin 2003

Lösler, T. (NZG 2005): Das moderne Verständnis von Compliance im Finanzmarktrecht, in: NZG 2005, S. 104-108

Lühn, A. (Konzernsteuerplanung, 2009): Quantitative internationale Konzernsteuerplanung: Gestaltungsinstrumente, steuerrechtliche Grundlagen und Entwicklung eines Simulationsmodells, Wiesbaden 2009

Mann, R. (Controlling, 1987): Praxis strategisches Controlling mit Checklisten und Arbeitsformularen, 4. Aufl., Landsberg 1987

Marettek, A. (BFuP 1979): Entscheidungsmodell der betrieblichen Steuerbilanzpolitik – unter Berücksichtigung ihrer Stellung im System der Unternehmenspolitik, in: BFuP 1970, S. 7-31

Mellewigt, T. (Konzernorganisation, 1995): Konzernorganisation und Konzernführung: Eine empirische Untersuchung börsennotierter Konzerne, Frankfurt am Main 1995

Mengel, A./Hagemeister, V. (BB 2006): Compliance und Arbeitsrecht, in: BB 2006, S. 2466-2471

Müller, R. (DStR 2002): Die Konzernsteuerquote: Modephänomen oder ernst zu nehmende neue Kennziffer?, in: DStR 2002, S. 1684-1688

Ortgies, K. (Konzernsteuerquote, 2006): Die Konzernsteuerquote: Implikationen für Konzernsteuerpolitik und staatliche Steuerpolitik, Lohmar 2006

Petrak, L./Schneider, J. (BC 2008): Compliance und Steuern: Praxistipps zur Vermeidung wirtschaftlicher Risiken, in: BC 2008, S. 11-15

Prinz, U. (Kaufpreisfinanzierung, 2004): Steuerorientierte Kaufpreisfinanzierung, in: Schaumburg, H. (Hrsg.), Unternehmenskauf im Steuerrecht, 3. Auflage, Stuttgart 2004, S. 151-198

Reichmann, T. (Controlling, 2001): Controlling mit Kennzahlen und Managementberichten – Grundlagen einer systemgestützten Controlling-Konzeption, 6. Aufl., München 2001

Rieder, H.P. (Organisation, 1996): Organisation des Zentralbereichs „Finanz & Controlling" in einem Industrie-Konzern, Bern 1996

Risse, R. (Steuercontrolling, 2010): Steuercontrolling- und Reporting: Konzernsteuerquote und deren Bedeutung für das Steuermanagement, Wiesbaden 2010

Rödder, T. (Gestaltungsbeispiele, 2004): Gestaltungsbeispiele für die Verbesserung des Steuerstatus des Unternehmensverkäufers, in: Schaumburg, H. (Hrsg.), Unternehmenskauf im Steuerrecht, 3. Auflage, Stuttgart 2004, S. 67-82

Rödding, A. (DStR 2009): Änderungen der Zinsschranke durch das Wachstumsbeschleunigungsgesetz, in: DStR 2009, S. 2649-2652

Röthlisberger, R./Zitter, G. (ST 2005): Tax Risk Management: Aktuelle Herausforderung für alle Steuerverantwortlichen, in: ST 2005, S. 295-301

Sagasser, B./Bula, T./Brünger, T. (Umwandlungen, 2002): Umwandlungen: Verschmelzung – Spaltung – Formwechsel – Vermögensübertragung, 3. Aufl., München 2002

Salzberger, W. (IStR 2008): Seminar G: Tax Risk Management, in: IStR 2008, S. 555-556

Schaden, M./Käshammer, D. (BB 2007): Die Neuregelung des § 8a KStG im Rahmen der Zinsschranke, in: BB 2007, S. 2259-2266

Schaumburg, H. (Grundsätze, 2004): Grundsätze des steuerorientierten Unternehmenskaufs und -verkaufs, in: Schaumburg, H. (Hrsg.), Unternehmenskauf im Steuerrecht, 3. Auflage, Stuttgart 2004, S. 1-27

Schänzle, T. (Konzernstrukturen, 2000): Steuerorientierte Gestaltung internationaler Konzernstrukturen, Lohmar 2000

Scheffler, W. (WiSt 1991): Veranlagungssimulation versus Teilsteuerrechnung, in: WiSt 1991, S. 69-75

Scheffler, W. (IStR 1992): Einfluss der Besteuerung auf die Finanzierungspolitik eines internationalen Konzerns, in: IStR 1992, S. 118-125

Scheffler, W. (IStR 1993): Grenzüberschreitendes Leasing als Instrument der konzerninternen Außenfinanzierung (Teil II), in: IStR 1993, S. 538-543

Scheffler, W. (Besteuerung, 2007): Besteuerung von Unternehmen II: Steuerbilanz und Vermögensaufstellung, 5. Aufl., Heidelberg 2007

Scheffler, W. (Steuerplanung, 2010): Besteuerung von Unternehmen III: Steuerplanung, Heidelberg 2010

Scheffler, W./Eickhorst, D. (BB 2004): Funktionsverlagerung in das Ausland: Einschränkung der steuerlichen Vorteile durch Auflösung von stillen Reserven?, in: BB 2004, S. 818-823

Schiffers, J. (StuW 1997): Teilsysteme einer zukunftsgerichteten Steuerberatung: Steuerplanung, steuerliches Informationssystem und Steuercontrolling, in: StuW 1997, S. 42-50

Schmidt-Ahrens, L. (Steuerplanung, 2005): Steuerplanung aus der Sicht eines international tätigen Unternehmens, in: Oestreicher, A. (Hrsg.), Internationale Steuerplanung: Beiträge zu einer Ringveranstaltung an der Universität Göttingen im Sommersemester 2003, Herne 2005, S. 143-161

Schneeloch, D. (Steuerpolitik, 2002): Besteuerung und betriebliche Steuerpolitik, Band 2, 2. Aufl., München 2002

Schneider, U.H. (ZIP 2003): Compliance als Aufgabe der Unternehmensleitung, in: ZIP 2003, S. 645-650

Schnorberger, S. (DB 2003): Verrechnungspreis-Dokumentation und StVergAbG - Offene Fragen und Probleme, in: DB 2003, S. 1241-1247

Schreiber, U. (Unternehmensbesteuerung, 1987): Rechtsformabhängige Unternehmensbesteuerung?, Köln 1987

Schreiber, U. (Besteuerung, 2008): Besteuerung der Unternehmen: Eine Einführung in Steuerrecht und Steuerwirkung, 2. Aufl., Berlin 2008

Schreiber, U./Spengel, C./Lammersen, L. (Steuerbelastungen, 2001): Effektive Steuerbelastungen bei Vorliegen ökonomischer Renten, Mannheim 2001

Schreyögg, G. (WiSt 1994): Zum Verhältnis von Planung und Kontrolle, in: WiSt 1994, S. 345-351

Schulte-Zurhausen, M. (Organisation, 2005): Organisation, 4. Aufl., München 2005

Schweitzer, M./Friedl, B. (Controlling, 1992): Beitrag zu einer umfassenden Controlling-Konzeption, in: Spremann, K./Zur, E. (Hrsg.), Controlling: Grundlagen – Informationssysteme – Anwendungen, Wiesbaden 1992, S. 141-167

Seer, R. (Ubg 2009): Zeitnahe Außenprüfung bei Groß- und Konzernbetrieben, in: Ubg 2009, S. 673-732

Sistermann, C./Brinkmann, J. (DStR 2009): Wachstumsbeschleunigungsgesetz: Die Änderungen bei der Mantelkaufregelung: Entschärfung der Verlustabzugsbeschränkungen durch Konzernklausel und Verschonung in Höhe der stillen Reserven, in: DStR 2009, S. 2633-2638

Spengel, C. (Steuerbelastungsvergleiche, 1995): Europäische Steuerbelastungsvergleiche: Deutschland – Frankreich – Großbritannien, Düsseldorf 1995

Spengel, C. (Unternehmensbesteuerung, 2003): Internationale Unternehmensbesteuerung in der Europäischen Union: Steuerwirkungsanalyse, Empirische Befunde, Reformüberlegungen, Düsseldorf 2003

Spengel, C. (Einflussfaktoren, 2005): Einflussfaktoren und Möglichkeiten zur Optimierung der Konzernsteuerquote - Ein internationaler Vergleich, in: Picot, A./Brandt, W. (Hrsg.), Unternehmenserfolg im internationalen Wettbewerb: Strategie - Steuerung - Struktur, Tagungsband des 58. Deutschen Betriebswirtschaftertags 2004, Stuttgart 2005, S. 175-208

Spengel, C./Kamp, A. (Steuerkonsilidierung, 2008): Steuerkonsolidierung – Konzernsteuerquote, in: Freidank, C.-C./Peemöller, V. (Hrsg.), Corporate Governance und Interne Revision, Berlin 2008, S. 515-528

Spengel, C./Lammersen, L. (StuW 2001): Methoden zur Messung und zum Vergleich von internationalen Steuerbelastungen, in: StuW 2001, S. 222-238

Spengel, C./Wiegard, W. (DB 2005): Deutschland ist ein Hochsteuerland für Unternehmen, in: DB 2005, S. 516-520

Stetter, T. (Steuerbelastungsvergleiche, 2005): Computergestützte internationale Steuerbelastungsvergleiche: Bausteinbasiertes Metamodell zur Modellierung von Steuersystemen, Lohmar 2005

Storz, P. (Steuerplanung, 1984): Steuerplanung im Unternehmen mit einem computergestützten Modell, München 1984

Streck, M./Binnewies, B. (DStR 2009): Tax Compliance, in: DStR 2009, S. 229-234

Vera, A. (StuW 2001): Das steuerliche Zielsystem einer international tätigen Großunternehmung: Ergebnisse einer empirischen Untersuchung, in: StuW 2001, S. 308-315

Vera, A. (Organisation, 2001): Organisation von Steuerabteilungen und Einsatz externer Steuerberatung in deutschen Großunternehmen: eine empirische Analyse, Lohmar 2001

Vetter, E. (DB 2007): Die Änderungen 2007 des Deutschen Corporate Governance Kodex, in: DB 2007, S. 1963-1968

Vetter, E. (Compliance, 2009): Compliance in der Unternehmenspraxis, in: Wecker, G./van Laak, H. (Hrsg.), Compliance in der Unternehmenspraxis, Wiesbaden 2009

Wacker, W.H. (Steuerplanung, 1979): Steuerplanung im nationalen und transnationalen Unternehmen, Berlin 1979

Wagner, F.W./Dirrigl, H. (Steuerplanung, 1980): Die Steuerplanung der Unternehmung, Stuttgart 1980

Weber, J. (Koordinationssicht, 1992): Die Koordinationssicht des Controlling, in: Spremann, K./Zur, E. (Hrsg.), Controlling: Grundlagen – Informationssysteme – Anwendungen, Wiesbaden 1992, S. 169-183

Weber, J. (Controlling, 2002): Einführung in das Controlling, 9. Aufl., Stuttgart 2002

Wessing, J. (SAM 2007): Compliance: Ein Thema auch im Steuerstrafrecht?, in: SAM 2007, S. 175-181

Wiese, G.T. (DStR 2007): Der Untergang des Verlust- und Zinsvortrages bei Körperschaften: Zu § 8c KStG i.d.F. des Regierungsentwurfs eines Unternehmensteuerreformgesetzes 2008, in: DStR 2007, S. 741-745

Ziegenhagen, A./Thewes, M. (BB 2009): Die neue Sanierungsklausel in § 8c Abs. 1a KStG, in: BB 2009, S. 2116-2120

Zimmermann, M. (Steuercontrolling, 1997): Steuercontrolling: Beziehungen zwischen Steuern und Controlling, Wiesbaden 1997

Sonstige

BFH vom 27.9.2001   X R 134/98   BStBl II 2002, S. 176

BMF vom 27.12.1999   BStBl I 1999, S. 1049

Wachstumsbeschleunigungsgesetz vom 22.12.2009   BGBl 2009, S. 3950

Richtlinie 90/435/EWG des Rates vom 23.7.1990, Abl. L 225 vom 20.8.1990, S. 6-9

Richtlinie 90/434/EWG des Rates vom 23.7.1990, Abl. L 225 vom 20.8.1990, S. 1-5

STEUER, WIRTSCHAFT UND RECHT

Herausgegeben von vBP StB Prof. Dr. Johannes Georg Bischoff, Wuppertal, Dr. Alfred Kellermann, Vorsitzender Richter am BGH (a. D.), Karlsruhe, Prof. (em.) Dr. Günter Sieben, Köln, und WP StB Prof. Dr. Norbert Herzig, Köln

Band 309
Sybille Wünsche
Europäische Unternehmensbesteuerung im Verhältnis zu Drittstaaten – Die Schweiz im Spannungsfeld zwischen Steuerwettbewerb und Steuerregulierung
Lohmar – Köln 2011 ◆ 332 S. ◆ € 63,- (D) ◆ ISBN 978-3-8441-0034-1

Band 310
Martin Wehrße
Grenzüberschreitende Besteuerung von Personengesellschaften im internationalen Vergleich – Qualifikationskonflikte, Doppel- und Nichtbesteuerung, Reformüberlegungen
Lohmar – Köln 2011 ◆ 384 S. ◆ € 65,- (D) ◆ ISBN 978-3-8441-0046-4

Band 311
Judith Scholz
Anti-Treaty-Shopping-Regelungen – § 50d Abs. 3 EStG im internationalen Vergleich
Lohmar – Köln 2011 ◆ 560 S. ◆ € 76,- (D) ◆ ISBN 978-3-8441-0066-2

Band 312
Andreas E. Dahlke
Harmonisierung der Konzernbesteuerung in der Europäischen Union – Ökonomische Analyse einer einheitlichen konsolidierten körperschaftsteuerlichen Bemessungsgrundlage
Lohmar – Köln 2011 ◆ 688 S. ◆ € 85,- (D) ◆ ISBN 978-3-8441-0068-6

Band 313
Andrea Kamp
Steuercontrolling im internationalen Konzern – Aufbau eines Steuerinformationssystems
Lohmar – Köln 2011 ◆ 268 S. ◆ € 57,- (D) ◆ ISBN 978-3-8441-0074-7